JN438460

길에서 만난 사람들

길에서 만난 사람들

안길웅 수필집

수필과비평사

■ 작가의 말

내가 살아온 세상의 색 바랜 이야기들을 더듬더듬 기억하여 적다보니 한 권의 책이 되었으나 요즘 세대들에게는 너무나 생경한 이야기들뿐이라 내내 생각生覺이 어지러워진다.

나는 강점기에 태어났고 동족상잔의 피바람이 불었던 6 · 25사변을 겪으며 너무나 춥고 배고픈 소년시절을 보냈다. 그 시절 나의 꿈이나 희망은 오직 배부르게 먹는 것뿐이었다. 엄혹한 사회 환경에 적응하기도 버거웠던 처지였기에 꿈이 어떻고 이상理想이 어쩌고 하는 것은 뜬 구름 잡는 소리라고 생각했다. 세월이 참 많이 흐르고 많이도 변하다보니 호랑이 담배 피우던 시절에 전설이나 풍속이야기 같아서 요즘 세대들이 이 글을 공감하기는 쉽지 않겠지만 네덜란드의 철학자 스피노자는 '현재가 과거보다 다르길 바란다면 과거를 공부하라.' 하였다. 그렇다. 그 시절 그런저런 세상이야기들은 오늘과 연결된 다리일 수도 있고 '시간의 기억'일 수도 있다.

한 사람의 시간은 아주 짧고 단순할지 모르나 우리 모두의 시간을 이어가다보면 아름다운 추억이고 문화이며 역사라고 할 수 있다.

여기에 실린 이야기는 내 곁을 맴돌거나 내 육신에 속절없이 드나들던 '시간의 기억'이고 이를 책으로 엮어지기까지 옆에서 응원해준 아내가 고맙고 '김애자' 선생의 격려와 성원에 감사한다. 또한 발간을 지원해준 충주문화관광재단에도 감사한 마음을 여기에 적어둔다.

■ **추천사**

"안길웅 선생님 작품세계"

김애자
(한국문협 충주지부, 충북수필문학, 에세이스트 이사)

수필은 작가가 살아온 삶의 과정을 문학적인 언술로 담아내는 자전적 글이다. 어느 시대에 어디서 어떻게 태어났는지, 작가의 가족사며 시대적인 배경까지 드러나기 때문에 수필집 한 권만 읽고 나면 그 작가가 살아온 삶의 여정을 대충은 짐작하게 된다.

안길웅 작가는 경기도 이천에서 태어났다. 조부까지 4대가 한 집에서 살면서 나누었던 따뜻한 가족사와 6 · 25전쟁, 4 · 19와 5 · 16사태까지 역사의 격동기를 겪었던 인물이다. 자신의 의사와는 상관없이 끊임없이 일어나는 사건들을 통해 삶의 가치관과 국가관이 형성되었고 올바른 삶의 지표를 견고하게 세운다.

여기서 직가기 세운 올바른 삶의 지표란 한 직장에서 40여년 동안 근무한 것만으로도 충분히 알 수 있다. 농경사회에서 산업사회로 발전하는 과정에서 소규모 회사(중소기업)에 입사해 유리제품 생산회사를 중견기업으로 키우기까지 수많은 시련을 감내했을 터이니 그는 오직 한 우물만을 팠다. 그 성실함이 회사에 주춧돌이 되어 해외로 수출시장이 열렸고, 해외지사로 출장도 잦았다. 회사를 키운 공로자로 40년간 근무하는 특혜를 누렸던 작가는 퇴직 후엔 아내의 고향인 충주로 내려왔다. 그는 충주로 내려와서도 버스로 서울을 오가며 예절교사 자격증을 취득했다. 그리곤 초등학교와 중고등학교 예절강사로 활동하였다. 뿐만 아니라 한국화와 서예를 익혀 자신의 노후를 풍요롭게 가꿀 줄 아는 지혜까지 겸비했다.

작가의 작품 대다수는 추억을 소환하여 쓴 글이다. 1부에서 3부까지는 수필로 엮었으나 4부에선 단편소설로 묶었다. 수필만 엮기엔 단편 소설이 아까워 끼워 넣기로 한 것으로 짐작된다. 작가는 청소년시절부터 문학에 대한 꿈을 간직하고 있었으나 가정 형편이 어려워 대학에서 중퇴하고 군에 입대한 후부터는 문학을 지향하던 꿈을 접었다. 접힌 꿈은 오랜 세월동안 가슴 속 깊은 곳에서 죽은 듯 묻혀있었다. 하지만 퇴직하고부터 죽은 듯 묻혀 있던 꿈이 꿈틀거리기 시작했다. 점차 동적인 충동으로 이어져 무엇이건 쓰지 않고는 견딜 수 없는 갈망으로 변신하였다.

혼자 책상 앞에서 보내는 시간이 길어졌다. 무엇을 어떻게 써야 할지 망설이다 시작한 것이 단편 소설이라고 했다. 그리곤 2018년 중원문학 공모전에 〈호암 지연가〉란 단편을 써 들고 나섰다. 공모전에서 최우수작품으로 선정되면서 이름이 알려졌고, 작품 심사를 맡았던 필자와 연이 닿아 수필로 장르를 바꾸었다. 1년간 수필쓰기를 연마해 2019년에 《수필과비평》으로 등단하였다.

이렇게 늦깎이로 등단한 작가는 세수 80세에 이르러 첫 작품집을 엮게 되었다. 늦었으나 세상의 이치를 바르게 판단할 줄 아는 작가는 먼저 〈그릇〉이란 작품을 수장으로 삼고 인류가 그릇을 사용하게 된 '그릇'의 역사와 변천사를 밝혔다. 그런 다음 '그릇'의 쓰임새로 사람 됨됨이를 가늠하는 비유 중에서 정치인들의 옳지 못한 행위를 해학으로 풀어내 독자들에게 교훈을 준다.

"'그릇'이란 쏟아지거나 흩어지는 물질들을 담는 도구의 포괄적인 명칭이다. 또한 사람의 '역량'을 가늠하는 비유로도 쓰이고, '잘못'의 동의어라고도 볼 수 있다.

선거철이 되면 후보자들은 허리를 90도로 꺾어가며

> 자신만이 그 자리에 가장 적합한 '그릇'이니 선택해 달라고 읍소한다. 그러나 권한이 주어지면 무섭게 본전을 뽑아야 한다며 밥그릇부터 챙기다 결국 금이 가고 이가 빠진 그릇이 되어 쓰레기장에 버려지는 일이 다반사다."

이처럼 분수를 모르고 정치적인 야심을 앞세운 정치인늘을 향해 작가는 장자의 말씀을 빌려

"작은 주머니는 큰 것을 넣을 수 없고, 짧은 두레박줄로는 깊은 우물을 퍼 올릴 수 없다"고 쐐기를 박는다.

다음은 〈깡통워낭〉이다. 12간지에서 두 번째로 들어 있는 소를 주제로 삼았고 12지간을 만들게 된 경위를 서술했다. 그리스 신화에 등장하는 대지의 여신 '가이아 이론'은 과학적 근거와도 무관하지 않을뿐더러 동양권에선 사계四季로 반복되는 천체의 주기적 현상을 구분 짓기 위해 열두 가지 동물을 간지지신으로 설정하게 되었음을 나름대로 해석하였다. 이로서 12지간에서 해당되는 동물과 사람의 사주팔자와 연관시키는 알고리즘은 현대문명 사회에서도 여전히 이어져 오고 있음을 밝혔다.

간지干支에 등장하는 동물 중, 소는 농경사회에선 밭과 논갈이뿐만 아니라 무거운 짐을 나를 때에도 소는 없어선 안 되는 일꾼이었고 재산목록 1호로 꼽혔다. 게다가 인간들에

게 죽기 전까지 부림을 당하고 죽은 다음에도 살과 뼈와 가죽까지 인간에도 주고 가는 희생적인 동물이라 주인들은 소를 가족처럼 아꼈다.

작가의 집에서 키우던 소는 6·25전란 때 인민군들이 쳐들어와 군수품 운반과 군인들 영양보충 감으로 끌고 가버렸다. 농사철에 소를 구하지 못해 할아버지는 속 타는 날이 잦았고, 소띠였던 어머니는 소 대신 몸소 짐을 져나르며 불행한 시대의 시그널을 통과했다.

동족상잔의 비극을 불러왔던 전쟁은 1953년 7월 27일 유엔군 사령관 클라크와 중공군 사령관 팽덕화이가 정전 협정 조인을 맺고서야 남한에 평화가 찾아왔다. 작가의 할아버지께서도 농사를 짓기 위해 새끼 밴 암소 한 마리를 사들였다. 복덩이로 들어온 암소가 새끼를 낳자 송아지는 소년의 벗이 되었다.

> "코뚜레도 없이 굴레에 깡통워낭을 단 송아지가 우리 집 외양간에 들어왔다. 구리워낭이 아니라 깡통이라니, 어린 내가 보기에도 송아지 꼴이 한심했다. 할아버지 일을 돕던 박 씨의 작품이다. 미제통조림 깡통에 엽전을 노끈에 묶어 추를 만든 것이다.
>
> 나는 이때부터 녀석을 '깡통'이라 부르며 여름 방학 내

내 숲으로 끌고 다니며 풀을 뜯겨 송아지 티를 벗겼는데 겨울방학이 되어 집에 돌아와 보니 외양간은 비어 있었고, 깡통워낭은 구유 안에 버려져 있었다.

녀석은 어느 집으로 팔려갔는지 모르지만 잘 살기를 기도했다. 그러나 나중에 박 씨를 통해 알고 보니 마을 사람들이 깡통녀석을 '도리기' 했다는 소릴 듣고 얼마나 충격이 심했던지 체증이 생겨 먹기만 하면 구역질을 하고 토하는 바람에 한동안 어른들의 속을 태웠다. 나는 깡통을 잡아먹은 사람들은 황소처럼 머리에 뿔이 나게 해달라고 밤마다 이불 속에서 저주의 주문을 걸었다."

소년이 송아지를 끌고 다니며 풀을 뜯기던 풍경은 이제 더는 볼 수 없게 되었다. 경운기와 트랙터란 농기 기계가 등장하면서 소는 목에 워낭 대신 소의 족보를 알리는 번호를 귀에 달고 대량으로 사육되고 있다.

작가의 작품 중 가장 수필다운 형식으로 쓴 글은 〈대추나무와 입동〉이라 하겠다. 묘목시장에서 대추나무 한 그루를 사다 감나무와 포도나무 사이에 심은 것은 감나무가 제 역할을 제대로 수행하지 못한 타이었다. 이름만 감나무일 뿐 가을에 고작 열서너 개 정도 달린 감마저 탄저병이 들어 한 개도 제대로 먹을 수 없었다. 차라리 죽으면 몽땅 베어내면 될 일이지만 남쪽으로는 가지를 길게 뻗어 차마 죽일 수는 없었다. 해서 작가는 대추나무 한 그루를 포도나무 사이에 심어 놓았으니 감나무로선 열 받을 일이다. 하나 3년 후에 감나무에게 기적 같은 일이 일어났다.

감나무는 첩처럼 옆으로 끼어든 대추나무에게 자리를 빼앗길 수 없어 살아남기 위한 전략을 강단지게 세웠던 모양이다. 북쪽으로 뻗어나가 마른 가지에서 새잎이 돋는가 싶더니 5월로 접어들어 감꽃을 소담하게 피우고, 가을에 한 접이나 되는 감을 주인에게 안겨주었다. 작가는 반신불구에 가까운 감나무를 베어내지 않고 참아준 자신에게 스스로 잘 한 일이라 여겼다. 감을 따고 감나무에 퇴비를 안겨줄 요량으로 뿌리 위 겉흙을 긁어보니 대추나무 잔뿌리가 감나무 뿌리에 엉켜 붙어 감나무가 섭취할 영양분을 걸터듬어 가지를 무성하게 키웠음을 보게 된다.

이 사실을 알게 된 아내는 대추나무를 베어내야 한다고 다그쳤다. 어쩔 수 없어 작가도 아내의 성화를 받아드려 24절기 중에 열아홉 번째 드는 입동 날에 대추나무에게 '탐욕죄'를 적용하고 참수형을 내린 다음 자신의 행위에 대해 참회한다.

> "대추나무가 사라지니 울안 한쪽이 텅 비었다. 아내는 섭섭함을 느끼는 나의 심정을 애써 외면하고 대추나무를

베어내니 속이 후련하다고 톤을 높였다. 하지만 나의 기분은 영 찜찜하였다.

식물들은 광합성을 하려면 일조권을 빼앗기지 않아야 한다. 더구나 대추나무는 감나무가 죽을지도 모른다는 우려에서 주인이 포도나무와 감나무 사이에 심었으니 땅이 비좁았던 것이다. 대추나무로신 포도와 감나무와 안위를 지켜줄 입장이 아니거니와 감나무보다 키를 높여야만 광합성을 충분하게 할 수 있었던 것이다. 이런 터에 주인은 소유권자의 권한으로 입동일 오시午時에 대추나무에게 '탐욕 죄'를 적용하여 참수 시켰던 것이다. 이를 두고 '사필귀정'이란 말로 자신의 소행을 덮을 수 있겠는가? 이래서 올 입동은 유쾌하지 못하게 넘어가고 말았다."

안길웅 작가는 이 시대의 선비라고 해도 과장된 말은 아닐 터이다. 행동거지가 예의에서 벗어난 것을 본 적이 없기 때문이다.

안길웅 작가가 괴산군 화양서원을 찾아간 것은 청주에서 열린 세미나에 참석했다가 돌아오는 길에 들렸다고 했다. 화양서원은 노론의 영수였던 우암 송시열의 제사를 모시기 위해 권상하를 주축으로 노론학파들이 세운 건물이다. 이 서원 안에는 명나라의 신종과 의종의 제당으로 지은 '만동묘萬東廟'도 들어있다. 권상하가 스승의 유언을 받들어 건축한 이 건물의 출입구를 보고 안길웅 작가는 크게 개탄한 글을 〈만등묘〉란 작품 속에 남겼다.

> "사당의 출입구는 수직으로 30계단 가량의 돌계단을 올라가야 하는데 계단의 단 높이가 30㎝ 정도라 보폭을 넓어야 하는 디딤 폭은 20㎝ 정도여서 발이 다 걸리지 않는다.
>
> 몸을 똑바로 세우고는 오르기가 어려운 구조다. 누구나 계단을 기어오르듯 해야 하고, 내려올 때도 옆으로 내려와야 했는데 왜 이런 구조로 축조했을까? 이는 참으로 치사하고 더러운 간계에 의해 설계된 구조임이 틀림없다. 기실 명나라 황제 사당에 감히 똑바로 서서 오르지 말고 엎드려 조아리며 기어오르고 내려 갈 때도 등을 보이지 못하도록 설계한 것이다.
>
> 이 설계는 누가 했을까? 당연 조선백성이다. 그들은 당세를 등에 업고 관민을 가리지 않고 제수전 명목으로 시도 때도 없이 헌금을 요구하였으며, 전답을 헌금으로 바치게 하고 그도 모자라 사형까지 감행해가며 권세를 남용하여 부를 챙겼다."

화양서원 안에서 세워진 '만동묘'는 이렇게 역사의식이 똑 바른 사람들에게는 많은 교훈을 주는 곳이다. 임진왜란을 도왔다는 명분으로 명나라는 오랫동안 조공을 바치게 했고, 연호도 명나라연호를 쓰게 했으며, 세자책봉도 명나라 황제의 허락을 받아야 내릴 수 있었다. 이순신 장군이 쓴 《난중일기》에 보면 명나라 군사들이 명분만 내 세우고 전장에선 비굴할 정도로 행동했고, 조선 백성들에게 온갖 행패를 부린 것을 알 수 있다. 그러나 힘이 약했던 조선은 이번엔 청 태종이 명나라를 치자며 군대지원을 요구했으나 인조가 거절했다. 청 태종은 이를 빌미로 12만 대군을 이끌고 쳐 들어왔다. 청나라 군대가 남한산성울 둘러싸자 인조는 세자와 신하 500명을 이끌고 나와 청 태종에게 세 번 절하고 아홉 번 머리를 조아리며 충성을 맹세하는 굴욕을 겪었다.

이렇게 병자호란을 일으켰던 청나라 간섭은 더 치욕적이었다. 그런 와중에서도 명나라 황제에 대한 제사를 지냈으니 주자학파들의 고집도 대단하였다. 특히 우암 송시열에게 학파를 물려받은 권상하로 시작한 신종과 의종의 제사는 고종 때까지 이어졌다. 대원군이 서원철폐를 내려 신주와 현판을 다른 곳으로 옮겼으나 고종이 다시 부활 시켰기 때문이다. 일본이 청나라와 손을 잡고 청일전쟁을 일으키자 이번엔 우리나라 주권이 일본으로 넘어갔다. 일본인들은 조선의 고유한 민속과 한글까지 말살시키려 했고, 만동묘비

글자를 끌로 쪼아 땅에 묻고 제사도 금지시켰다.

이처럼 유여곡절이 많은 '화양서원'과 '만동묘'는 1999년 문화재청에서 국가사적 제417호로 지정하면서 손실되었던 건물을 다시 복원하고 화양서원 보전연구회까지 만들어 선비체험 장소로 운영되고 있다. 이걸 안길웅 작가는 못마땅하게 여겼던 것이다.

필자는 화양서원을 생각하면 숙종의 변덕스러움을 떠올리게 된다. 송시열이 경종을 세자로 봉하는 것을 반대하여 숙종은 우암에게 사약을 내렸다. 자기가 죽여 놓고, 후일 우암 제당 현판을 써주었다는 건 기막힌 아이러니가 아닐 수 없다. 역사의 수레바퀴는 이 모두를 껴안고 지금도 돌아가고 있다. 그 수레바퀴 속에서 수많은 사건과 수많은 인물들이 나타나고 사라질 적마다 조선의 역사는 고통스러웠다. 역사의 고통은 백성들의 고통이었고 백성들의 아픔이었음을 우리는 잊어선 안 될 것이다.

수필 3부에 〈매미〉는 동화 한 편을 읽을 때처럼 할아버지와 손자가 주고받는 대화가 재미있다. 코로나로 온라인 수업으로 들어간 손자가 할아버지와 며칠 지내기로 하고 할아버지 집으로 내려왔으나 막상 아빠가 떠나자 울적해하는 손자를 데리고 호숫가에 있는 평상으로 나갔다. 평상 옆에는 삼백 년 가까이 된 느티나무 그늘이 깊어 사람이 붐볐으나 그날은 텅 비어 손자와 할아버지가 낮잠이나 한 잠 자자며 나란히 누웠다. 그러나 나무에서 매미들이 한꺼번에 울어 대어 아무래도 낮잠 자기는 글렀다 싶어 작가는 시를 한 수 읊고 손자는 매미란 노래를 부르기로 했다. 할아버지가 손자를 위해 전국노래자랑을 진행하던 송해 선생의 흉내를 냈다.

"전국노래자랑 애청자 여러분, 안녕하세요. 아름다운 호숫가에서 열리는 노래자랑에 참석하신 느티나무님. 칠 년 만에 돌아오신 매미님들, 그리고 어린 새끼들 때문에 이곳 호수에서 여름을 보내고 있는 청둥오리 가족과, 부르는 데는 없으나 갈 곳은 많다고 우겨대는 뭉개 구름님도 안녕하시지요? 오늘 이 자리에 명가수 한 분을 초대합니다. 뜨거운 박수로 노래를 청해주시기 바랍니다. 들으실 곡은 〈매미동무〉 짝짝 짝 짝."

할아버지 소개를 받아 손자가 노래를 시작했다.

"매미 동무는 마음이 좋다~, 날마다 배나무에 와서 울어도~
꼭대기 배 하나 안 따 먹는다~
꼭대기에 배 하나 안 따먹는~다."

아이는 고개를 아래위로 까닥거리며 노래를 불렀다. 노래는 호수건너로 멀리멀리 퍼져 나갔고, 노래를 끝낸 아이가 양팔로 느티나무를 안아보며 할아버지도 코로나 안 걸리고 오래 사셨으면 좋겠다고 한다. 이렇게 할아버지와 손자가 도란거리다 평상에서 잠이 든다.

얼마 후 잠에서 먼저 깨어난 손자는 어둑해지며 검은 구름이 몰려오자 할아버지를 깨워 둘이서 집을 향해 뛸 때 소나기는 이미 발뒤꿈치까지 쫓아왔다. 손자 녀석과 손을 잡고 소나기에 쫓기던 그날의 추억을 작가는 평생 잊지 못할 것이다.

안길웅 작가는 초등학교 저학년 시절에 죽을 고비를 넘겼다. 정전협정조인이 내려지기 전해인 1952년에 전선에선 총성이 끊이지 않았으나 일부 후방지역 학교에선 문을 열고 아이들을 수업을 이어나갔다. 작가도 그해 3월에 까만 운동화를 신고 왼쪽 가슴에 수실로 이름을 새긴 손수건을 달고 가족들 축하를 받으며 입학했고 공민반으로 들어갔다. 당시는 전쟁을 겪었던 터라 학생들은 나이는 8세에서 10대 후반까지 섞여서 여름방학이 끝나면 정규반으로 편성하기로 되어있었다.

여름방학을 앞둔 소년에게 뜻하지 않은 불행이 닥쳤다. 청소 당번 날 갑자기 소나기가 퍼붓자 책보를 어깨에 둘러

매고 집으로 돌아가기 위해 개울 앞에 이르렀을 때 개울은 큰물로 범람하였다. 개울을 건너야 집으로 돌아갈 수 있던 소년은 조심스럽게 개울에 발을 들이밀자 순식간에 급류에 휩쓸리었다. 다행이 쓰러진 밤나무에 소년의 몸이 걸렸으나 아이는 이미 정신을 잃은 상태였다. 이웃 마을 할아버지가 터진 논둑을 막을 요량으로 나섰다가 소년을 발견하고 구해주었다.

집으로 돌아간 소년은 그날로부터 음식을 먹으면 토했고, 잠만 들면 악몽에 시달렸다. 석 달 동안 학교에도 못가고 시름시름 야위어가자 가족들은 아이를 살리기 위해 무당을 불러 푸닥거리를 해도 소용이 없었다.

어느 날 지나가던 무녀가 찾아왔다. 동자신이 들린 '태주'라며 앓고 있는 아이는 물귀신에 씌워 이를 쫓아내야 한다며 할머니를 꼬드겨 크게 굿판을 벌렸다. 무녀는 굿판에 필요한 온갖 장식을 꾸미고 소년의 뱃속으로 들어간 물귀신을 빼내어 작은 유리병에 담아 보냈다고 했다. 굿을 마치자 거짓말처럼 소년은 병석에서 일어났고, 죽어가는 아이를 살린 유세로 무녀는 할머니 수양딸로 눌러앉았다. 그러나 무녀가 마을에 들어온 이후로 이유 없이 유가 집에 불이 났고 아이도 두 명이나 죽었다. 결국 그게 무녀의 짓임이 들어나 그녀는 쇠고랑을 차고 감옥살이로 여생을 보내게 되었다.

화려하게 무복을 갖춰 입고 생사여탈권이라도 쥔 듯 칼자루를 휘두르며 작두를 타던 여인의 종말은 신으로부터 버림받았다는 사실이다. 신을 빙자해 고의적으로 살인을 저지르고 그걸로 이득을 얻으려 했던 자의 응보는 동정의 여지가 없을 터이나 작가는 자신의 생명을 구해준 은인으로 기억되어 〈무녀〉란 제목으로 이 글을 쓰지 않았을까 싶다. 악은 멀리해도 사람을 미워해선 안 된다는 가르침이 작가에게도 영향을 끼쳤을 터이다.

작품 4부에선 〈부적〉과 〈유랑극단과 정임 누나〉 이야기는 수필로 썼으나 나머지 네 편은 단편 소설이다. 네 편의 소설 중에서 《신과의 게임》은 단테의 《신곡》을 연상케 하는 작품이다. 작품 속 주인공의 영혼이 천사의 안내를 받아 천국과 지옥을 둘러보고 지구로 귀향하는 과정이 신곡과 비슷하다. 다만 안길웅 작가는 선과 악의 근원적인 문제와 함께 우주에 떠다니는 우주선 쓰레기에 대해서도 무관할 수 없음을 독자들에게 전하기 위해 이 글을 썼을 것으로 본다.

먼저 《신곡》의 저자 단테는 피렌체 출신으로 17년 동안 《신곡》을 쓰는 데 혼신을 쏟았다고 한다. 《신곡》 1부에서 단테는 올바른 길을 잃고 어두운 '죄과의 숲'에서 공포에 떨며 헤맨다. 이때 시인이자 스승이었던 버질(베르길리우스)을 만나 길 안내를 받게 된다. 로마에서 당대 최고의 시인으로 추앙받던 버질은 제자의 영혼을 지옥계로 안내한다. 지옥도는 총 34곡으로 나누어졌다. 인간이 생전에 저지른 죄과에 따라 정해진 대로 받는 벌의 종류도 수십 가지로 전개된다. 그러나 2부 연옥 계에선 기독교적 회개를 거쳐 하늘에 오를 수 있는 소망을 지닌 곳으로 총 33곡으로 나누어져 있다. 3부로 넘어가면 단테가 사랑하던 베아트리체를 만나 그녀의 안내를 받아 천국여행을 하게 된다. 여기서 주목할 것은 천국 계 14곡에서 신의 전사들이 '화성'에 오른다는 이야기다.

화성은 지구와 가장 가까운 별이다. 7세기 전에 단테가 이런 사실을 알고 썼을지는 모르지만, 1969년에 닐 암스트롱이 아폴로 11호를 타고 최초로 달에 착륙한 이후로 줄곧 우주과학자들은 달 뿐만 아니라 화성에서도 인간이 살 수 있는가를 알아보기 위해 끊임없이 우주선을 발사해 왔다. 1975년 화성탐사기 바이킹을 발사한 이후에도 NASA우주연구소에서 로봇 큐리오시티를 태워 화성으로 띄웠다. 로봇은 플래너들 조종으로 화성의 기후, 풍향, 온도와 자외선, 토양의 성분, 붉은 모래로 뒤덮인 사막의 풍경까지 내비게이션에 부착된 카메라로 사진 21만 5천 장을 찍어 NASA우주연구소로 보냈다. 그리곤 배터리 부족으로 홀로 화성에서 활동을 멈추었다. 14년 동안 화성에서 자신의 발자국만 남기고 멈춘 로봇의 사진을 본 연구원들과 수많은 네티즌들이 애도의 글을 올렸었다.

로봇 큐 리오시티가 화성에 보내온 자료에 따르면 화성에서 인간이 살아갈 수 있는 환경이 조성되기까지는 오랜 시간이 걸려야 가능할 것으로 보인다. 이런 점을 감안한 안길웅 작가는 《신과의 게임》에 나오는 주인공 '모산'을 우주연구소 연구원으로 등장시킨다. 주인공 모산이 우주선을 타고 화성 탐사를 위해 탑승한 우주선이 화성의 궤도를 돌다가 인공위성 쓰레기와 부딪쳐 사고를 당한다.

작품 속에서 죽은 영혼들은 비눗방울만큼이나 작은 풍선에 갇혀 게이트 번호를 받고 검사대를 통과해야 한다. 검사대를 통과하고 나면 영혼들은 풍선에서 나와 죽기 이전의 육신으로 돌아온다. 그 다음 생체인식 바코드 리드에 따라 이들이 가야 할 곳이 정해진다. 여기서도 지옥으로 떨어지면 30만 계단을 걷거나 구르고 기어서 가야한다.

다행이 두 번째 게이트를 통과한 자는 이승에서 겪었던 기억들은 다 지워진다. 마치 《신곡》에서 연옥의 끝에 있는 레테의 강을 건널 때와 흡사하다. 주인공 '모산'은 이런 과정을 거치지 않고 얼떨결에 천당으로 가는 승강기를 탔으나 거대한 몸집의 사자에게 뒷덜미를 잡히고 만다. 사자는 모산을 천국궁전 마당에 내동이 친다. 이곳에서 모산은 운이 좋아 하느님과 독대를 하게 된다.

하느님이 우주복을 입은 모산에게 묻는다.

"보아하니 연옥을 가야할 녀석 같은 데 무슨 연고로 천당 승강기를 탔는고?"

모산이 답한다. 자신은 대한민국에서 온 사람으로 화성의 역사를 알고 위해 토양을 체취하려고 화성에 들어갔다가 괴물체의 공격을 받아 지구로 돌아가지 못하고 죽게 되었다며 사정을 아뢴다. 이 말을 듣고 하느님께선 인간을 비롯한 숱한 생물체가 가장 살기 좋은 지구를 망쳐놓고 이젠 화성까지 더럽힐 작정이냐며 호되게 꾸짖는다.

하느님 휘하에는 천계, 지계, 인계를 통치하는 옥황상제와 염라대왕이 있다. 모산은 단테가 사랑했던 여인 베아트리체보다 더 아름다운 천사의 안내를 받아 지옥을 관찰하는 대형 스크린 앞에 이른다. 천장과 벽면까지 지옥 구석구석에서 벌어지는 상황을 동시에 볼 수 있는 CCTV장치를 갖추어진 이곳에서 생전에 저지른 죗값을 받는 혼령들의 비명과 울부짖음을 적나라하게 듣는다.

모산은 스크린 화면을 통해 지옥 곳곳을 행해지는 잔인무도한 형벌을 지켜보고 난 다음 하느님 집무실로 들어간다. 하느님께서 자비를 베푸시어 모산이 살아온 경력을 보니 오직 직무에만 충실했던 인물임을 알고 다시 지구로 내려갈 것을 허락한다. 하지만 인간의 생사권한은 염라대왕이 쥐고 있어 그가 제안하는 게임에서 이겨야만 지구로 돌아올 수 있다. 게임은 염라대왕이 안대로 눈을 가리고 올가미를 던져 목을 졸라매는 방법이다.

게임은 햇볕이 쏟아지는 정오에 궁정 광장에서 백리 떨어진 곳에서 열린다. 모산이 두 발만 들어갈 원 안에 들어가서 있으면 종이 울리는 동시에 염라대왕은 눈을 가리고 백리나 떨어진 곳에 서 있는 상대를 향해 올가미를 던진다. 이 올가미를 피해야만 지구로 돌아갈 수 있으나 염라대왕은 백번이면 백번 올가미를 피하는 자를 보지 못했다. 모산이 원안으로 들어가 두 발을 딛고 서서 게임이 시작되기를 기다리는 동안 심한 갈증을 느낀다. 목이 타는 듯한 갈증을 견딜 수 없어 발아래로 시선을 돌리자 발밑에 물방울 같은 것이 어른거리는 것을 보고 물구나무를 서서 혀로 물방울을 핥는 순간 올가미가 날아와 발목 하나를 꿰어찬다. 목이 아닌 발목이라니, 이 기막힌 순간을 물구나무로 신과의 게임에서 승자로 판정 받는다.

하느님께서는 친히 모산의 머리에 생명수를 뿌려주고 부디 귀향하면 인간들을 선도(善)하라며 돌려보낸다. 모산은 미국 항공우주국에서 보낸 화물우주선을 타고 마침내 지구로 향한다.

단테가 죽은 지 7백년이 지났다. 그러나 단테의 《신곡》은 지금도 글로벌 대중문화의 아이콘으로 통한다. 시인과 화가들에게 끊임없이 영감을 주고 있기 때문이다. 존 밀턴도 우주에 대한 단테의 비전에서 영감을 얻어 《실낙원》을 썼다고 했다. 안길웅 작가의 《신과의 게임》도 신곡에서 영감을 얻어 집필하지 않았을까 싶다. 아니 단테도 성경과 그리스신화에서 영감을 얻었음을 지옥과 천국 편 곳곳에서 드러난다.

어두운 밤 숲으로 들어가면 별들을 움직이는 것을 느낄 수 있다. 그 곳은 인간이 죽으면 돌아가는 새로운 세계, 신의 사랑과 하나가 되는 곳이다. 문득 《신과의 게임》을 시나리오로 제작하여 오페라로 무대에 올려 화성으로 들어간 신의 전사戰士들이 부르는 고귀한 찬가를 듣고 싶다.

김 애 자

1991년 월간수필문학으로 등단

저서: 《달의 序曲》, 《숨은 촉》, 《미완의 집》, 《수렛골에서 띄우는 편지》, 《내가 하나의 풍경이 될 때》, 《젊은 생명이다》, 《봄, 기다리다》

수상: 월간수필문학상, 신곡문학상, 충북수필문학상, 현대수필문학상, 충북여성문학상, 충주예술인상, 김우종문학상, 충주시민대상(언론 예술부분) 김태길문학상

소속: 한국문협 충주지부, 충북수필문학, 에세이스트 이사, 한국수필문학진흥회이사, 문우회 자문위원

차례

1. 그릇

'그릇'이란 쏟아지거나 흩어지기 쉬운 물질들을 담는 도구의 포괄적 명칭이다. 또한 사람의 역량을 가늠하는 비유어로도 쓰이고 잘못의 동의어同意語이기도 하다.

인간은 그릇이란 도구를 원시시대부터 지금까지 사용해왔다. 우리 조상들은 댕댕이 넝쿨, 버드나무가지, 싸리나무가지 또는 볏짚이나 갈대로 바구니나 채반을 만들어 건성물질을 담고, 바가지나 나무 또는 진흙으로 빚은 토기(질그릇)는 습기가 있거나 뜨거운 음식을 담는데 사용했다. 조상들이 가장 애용하던 놋그릇은 잠열潛熱상태가 우수하고 아름다우며 내구성이 좋지만 변색이 심하여 닦는 품이 많이 드는 단점이 있다. 알루미늄이나 스텐레이스, 또는 플라스틱이나 강화유리로 만든 그릇들도 있지만 식탁용에는 도자기 소재가 가장 사랑 받는 편이다.

세상은 하루가 다르게 변하고 생활용품들도 인공지능화되고 있지만 그릇은 예나 지금이나 별반 달라진 것이 없다. 백화점에서 고가로 판매되는 유리그릇이나 도자기그릇은 수입품이 대세를 이루고 있지만 대부분 기본 형태를 벗어나기보다 색채와 문양을 고급화시켰을 뿐이다.

그러나 고급 그릇이 식탁 위에 오르기는 점점 어려워질 전망이다. 여성들이 사회생활에 참여하면서 주방에 머무는 시간이 줄어들었기 때문이다. 외식시장이 커지는 연유도 여기에 있을 것이다.

나라별 그릇의 특성도 크게 다를 바가 없다. 그 나라의 환경과 음식문화 차이에 따라 재료와 형태가 약간씩 다를 뿐 어느 나라든 간에 필요한 도구이다. 대부분의 나라들이 접시형태의 그릇 한두 가지만으로도 식사하는데 불편이 없지만 동양인 특히 한국인들은 매끼마다 다양한 종류의 음식을 차려먹고 특히 뜨겁고 국물 있는 음식을 즐겨먹느라 보온성이 좋고 오목한 형태의 용기를 많이 사용하는 등 고급품보다는 기능과 융통성에 쓰임을 정하는 편이다.

열대 우림지역이나 북극지방사람들과 유목민들은 음식

문화가 단순하여 그릇이란 도구를 갖추지 않더라도 불편을 느끼지 않는 반면 유럽에서는 고급품 그릇이 얼마나 있는가에 따라 부富의 척도와 명문가의 위상을 인정받을 수 있다고 믿어 고가품 수집에 경쟁적으로 열을 올린다고 한다.

그릇과 사람은 있으면 쓰고 없으면 없는 대로 살게 마련이라는데 우리나라도 한때는 그릇을 혼수품에 포함시켜 신부를 평가하던 시절이 있었다. 부잣집 규수를 며느리로 들였다는 과시였을 것이다. 또한 사람의 역량을 그릇에 비유하기도 한다. 담길 물질의 량量과 내용물이 조화를 이루고 품격이 있어야 한다는 이론이다. 속 넓고 배포 큰 사발, 속 알머리 없어 보이는 종지, 투박하고 못생겼지만 변하지 않고 듬직해 보이는 뚝배기, 되바라진 자배기 등등, 그릇의 생김새에 따라 사람의 품성을 비유하던 우리 조상들은 그래도 '뚝배기보다 장맛'이라며 겉치레보다는 내용에 충실하라는 교훈을 준다.

선거철이 되면 후보자들은 허리를 90도로 꺾어가며 자신만이 그 자리에 가장 적합한 '그릇'이니 선택해 달라고 읍소한다. 그러나 권한이 주어지기 무섭게 본전을 빼야 한다며 밥그릇만 챙기다 결국 금가고 이 빠진 그릇이 되어 쓰레기로 버려지는 일이 다반사다. 장자가 말하기를 '작은 주머니에는 큰 것을 넣을 수 없고 짧은 두레박줄로는 깊은 우물의 물을 퍼 올릴 수 없다'고 했다. 단순하고 가벼운 이치라도 무겁게 새겨야 할 때가 아닌가 싶다.

2. 기우제祈雨祭

피난을 떠날 때는 '대 엿새 피했다 오지' 하였으나 2년이란 세월이 흘렀다. 안채, 사랑채 할 것 없이 문짝이란 문짝은 성한 곳이 하나도 없고 깨진 항아리 조각들과 쓰레기로 집안은 온통 난장판이 되어 있었다. 그러나 무엇보다 급한 문제는 열 식구 끼니해결이다.

피난 가기 전에 외양간 바닥 흙을 파내고 곡식을 넣은 뒤 통나무를 촘촘히 깔고 멍석을 몇 겹 덮은 다음 그 위에 쇠똥 묻은 지푸라기를 깔아놓았지만 누군가가 귀신같이 알고 모두 털어갔다. 고향에 돌아온 기쁨을 느낄 사이도 없이 어려운 보릿고개 넘을 걱정에 어른들의 가슴이 까맣게 타들어갔다.

우리는 마을 사람들이 심고 남은 모를 얻어다 호미로 마른논을 후벼 파고 심었지만 논바닥은 거북이 등처럼 갈라지고 벼 잎사귀는 돌돌 말다가 이내 시들어갔다. 가뭄이 7월까지 이어지면서 우물도 말라 식수까지 동량을 해 와야 할 판이지만 하늘은 구름한 점 없고 이글거리는 태양은 대지를 뜨겁게 달구고 있었다.

가뭄은 마을인심까지 사납게 만들었다. 아전인수我田引水라더니 내 논에 물대는 데는 이웃이고 친척이고 위아래도 없는가 보다. 목청 높이는 것은 예사요, 툭하면 욕설에 삿대질이더니 결국 큰 사단이 일어나고 말았다. 들고 있던 삽으로 상대의 머리를 쳐 큰 부상을 입히는 불상사까지 생기자 단골네 말에 따라 기우제를 지내기로 했다. 기우제를 지내는 날, 나는 배가 아프다며 아침을 먹지 않았다.

언제나 내편이던 할머니는 배 아픈 애가 어떻게 학교를 가느냐며 역성을 드셨다. 엄마는 소다 봉지를 들고 와 학교를 가든지 소다를 먹던지 택하라고 하여 나는 소다를 택했다. 시고 떫은 소다는 죽어도 먹기 싫지만 엄마를 속이려면 그 정도는 참아야 했다. 할머니가 한쪽 눈을 찡긋하며 눈짓을 한다. 사실 오늘 맛있는 제사음식을 먹으려면 결석을 해야 한다는 것도 할머니의 귀띔이 있었다.

학교도 못갈 만큼 아프다고 엄살을 떨다가 아버지가 산에 오를 준비를 하자 나는 배가 다 낳았다며 아버지를 따라 나섰다. 엄마는 내가 꾀병부린 것을 모르시는지 음식 조심을 당부 하셨다. 학교를 빼먹고 산에 오르는 아이는 나 혼자 일거라고 생각했는데 의외로 아이들이 여럿 따라 올라왔다. 학교 가기 싫은 건 나나 저놈들이나 똑같다고 생각하니 마음은 좀 편했으나 내 몫이 적어질 것이라는 걱정도 생겼다.

남자어른들이 음식을 지게에 지고 제사지낼 사람들과 아이들까지 긴 행렬은 돌무더기를 지나 정상으로 올라갔다. 돌무더기를 사람들은 벼락바위라고 불렀다. 벼락바위는 두부같이 반듯하게 각진 돌들이 불에 탄 듯 검은 색깔로 대적산 위에서부터 맨 아래 개울 턱까지 굴러 내려와 쌓여 있었으며 이것은 산위에 성벽처럼 솟아있던 큰 바위가 벼락을 맞아 허물어져 내렸다고 한다. 음식은 평평하고 매끄럽게 생긴 돌 위에 차렷다. 털 깎인 돼지머리가 두 눈을 감고 빙그레 웃는 모습으로 돌상에 올라있고 과일이랑 떡, 그리고 여러 종류의 곡식도 차렸다.

사람들은 창호지로 옷을 만들어 입고 검은 천을 볏짚에 섞어 꼰 왼 새끼줄을 허리에 맸다.

명숙이 아버지가 북을 치자 사람들이 일제히 절을 했다. 단골 네 할머니가 술잔을 머리 위로 들어 올렸다가 공중에 뿌리자 술은 바람을 타고 이슬비처럼 사람들 머리 위에 내렸다.

글방 할아버지가 큰소리로 발원문을 읽었다. 읽었다기보다 소리를 지르며 애원을 했다. 그 소리는 하느님 귀에까지 들리기를 바라는 마을사람들의 하나같은 염원이었다.

감히 천지신명께 고하나이다.

엎드려 생각하건데 하늘과 땅은 크게 호생지덕이 있는지라 바람으로 한 무제의 어려움을 구원하였고 비도 사마의 죽음을 구원하였으나 실상은 바람과 비의 능함이 아니라 천지신명께서 산 것을 아끼시는 너그러움 덕분입니다.

착한 사람에게는 복을 주시고 악한사람에게는 재앙을 주는 것은 진실로 하늘의 뜻이 온데 인간이 허물이 있어 재앙을 받는 것은 옳겠으나 초목과 곤충은 무슨 죄로 죽어야 하나이까? 바라 건데 천지신명께서는 크게 호생지덕을 베풀어 만물을 구제하여 주소서. 여기 백성들은 미물만도 못한 어리석은 자가 민족상잔에 전쟁을 일으켜 수십만 영혼을 구천에 떠돌게 하였고, 목숨을 부지한 사람들도 평생을 지울 수 없는 상처를 안고 살아야 하는데 가뭄이란 벌까지 내리시니 신의 노여움을 감당하기 어렵사와 정성으로 폐백을 갖추어 삼가 올리오니 굽어 흠향하시고 비를 내려 주시옵소서.

단기 4286년 7월 15일
유학 안윤보 상신

글방 할아버지가 발원문을 다시 접어 봉투에 넣은 다음 상위에 올려놓고 절을 올리니 다른 사람들도 따라서 절을 했다. 제사가 끝나자 사람들은 입고 있던 옷과 모자를 벗어 불구덩이 속에 던졌다. 사람들이 모닥불 주변을 빙빙 돌며 두 손을 합장하고 하늘을 향해 큰소리로 외쳤다.

"하늘이시여 비를 내려 주소서! 하늘이시여 굽어 살피소서! 하늘이시어 비를 내려주소서!"

나와 다른 아이들도 마을사람들을 따라 돌며 비를 내려 달라고 외쳤다.

기우제를 지낸 지 열흘이 지났다. 대적산위로 거대한 먹구름이 몰려들더니 드디어 억수같이 소나기를 퍼부었다. 할아버지는 하늘을 향해 양손을 뻗어 절을 하며 기뻐했지만 그것도 잠시였다. 시뻘건 흙탕물이 급류로 변해 개울언저리에 있던 버드나무와 작물들을 휩쓸고 빠르게 흘러가다 보堡에 저항을 받자 논으로 연결된 둑을 무너트리고 논바닥을 휩쓸었다. 둑 너머 우리 논은 모래밭으로 변해 삼 년 동안 벼농사를 지을 수 없게 되면서 가난이란 깊은 수렁으로 빠져 들어갔다.

3. 깡통 워낭

사람들은 새해를 맞이할 때 마다 간지지신 상干支地神 像에게 나름의 의미를 부여하며 한해가 더욱 상서롭기를 기대한다.

간지干支란 동양철학의 일부로 음양오행의 질서와 삼라만상의 순환을 정한 우주론적 철학(역학)으로서 기원전 4세기인 전국시대戰國時代부터 동아시아 국가들의 생활 속에 깊이 뿌리내린 관습적 학문이라고 한다.

그러나 4차 산업 시대에 사는 인공지능(AI)세대들은 동양철학이라는 학문을 두고 심한 갈등을 겪게 될 것이다.

과학이 우주 삼라만상을 밝힐 수는 있어도 대신할 수 없다는 사실과 동양철학이 신문명新文明 창조의 알고리즘이 되었으며 역학에 무관심했던 학자들이 영국과학자 제임스 러브록이 주창한 '가이아 이론(그리스 신화 대지의 여신=우주는 생명체이며 유기체)'보다 과학적인 학문이라는데 이견異見이 없다고 하니 말이다. 선지자들은 시간의 흐름과 천체의 주기적 반복현상을 구분 또는 기억하기 위하여 12종의 동물을 설정하고 한 동물에게 일 년 동안 간지지신이란 권한과 책임을 부여하여 인간과 공존시킴으로써 모든 생명이 존중받고 더불어 살기를 유도하고 있다.

설화에서 간지지신의 순서는 천상의 문門에 제일먼저 도착한 동물의 순으로 정한 것이라는데 어떻게 쥐[子]가 일등으로 도착할 수 있었을까? 축지법이라도 썼거나 날개라도 있었기 전엔 절대 불가능한 일이다. 추측건대 쥐는 소[丑]의 등에 매달려 땀 한 방울 안 흘리고 결승점까지 갈 수 있었고 소가 문 앞에서 한숨 돌리는 사이 약삭빠르게 천상의 문으로 뛰어들어 일등을 한 것은 아닐까? 뜬금없이 가당치도 않은 억측을 부린다고 쥐들이 펄쩍 뛸지도 모르지만 아니라는 근거 또한 있을 성 싶지도 않다.

어떻든 옛사람들은 간지에 들어가는 동물이 하찮을지라도 인간과 유사, 유관하다고 믿어왔다. 특히 인간과 가장 밀접한 동물 중에 소[牛]는 농경사회에서 없어서는 안 될 재산이고 일꾼으로서 사람만큼이나 소중하게 여겼고 추수가 끝나면 고사떡을 외양간에도 올렸는데 이는 한해 노고에 감사하고 다음 농사도 최선을 다해 주기를 바라는 농민의 의사표현이지 종교적 의미나 샤머니즘이 아니다. 소는 간교하지 않고 우직하며 끈기 있는 동물이라 불교에서는 벌절라대장伐折羅大將이란 자리에 소[丑 神를 지정하고 위덕이 높아서 중생을 깨우치는 원援을 가진 동물로 숭배 하였으며 악마로부터 소에 이르려면 86번의 윤회輪回를 해야 하고 한 번 더 하면 사람이 된다고 했다. 사실 쥐란 동물은 음지에 숨어살면서 곡식이나 축내고 병이나 옮길 뿐, 사람에게 기여하는 바가 전혀 없는 반면 소는 평생 사람을 돕고 젖을 제공하며 죽어서도 고기와 가죽까지 남겨주니 얼마나 고마운 동물인가? 사람들은 '쇠귀에 경 읽기'라거나 '소 뒷걸음치다가 쥐 잡는다'는 말로 폄하하지만 기억력이 좋아 먼 곳에서도 혼자 자기 집을 잘 찾아오고 남을 해치지 않는 착한 동물이라 지금도 인도에는 2억 마리의 소가 13억 인간들과 공존하며 최상의 우권牛權을 존중받고 있는가하면 힌두교 중심사상에서 '크리슈나'라는 암소의 보호신을 숭배하기 때문에 쇠고기를 먹지 않는다고 하니 '소의 천국'이 바로 인도가 아닐까싶다. 나 또한 어린 시절에 겪었던 일 때문에 삼십대가 넘어서 까지도 소고기를 먹지 않았다.

우리 가족이 피난생활을 마치고 2년여 만에 귀향해 보니 집안은 쑥대밭이 되어 있었다. 외양간 지하에 묻어둔 곡식 항아리는 물론 종자까지 씨 알갱이 하나 안 남기고 모두 쓸어갔다. 잡초가 무성한 논바닥을 호미로 후벼파서 남들이 심고 남은 모를 주어다 꼽느라 가족들은 모두 자가품에 시달렸다. 전쟁 전에는 집집마다 소를 길렀지만 인민군들이 군수품 운반용이나 식용으로 끌어가고 마을에 남은 일소가 한 마리뿐인지라 소 주인은 아예 문을 걸어 잠그고 찾아오는 사람을 만나주지도 않았다. 참담한 환경에 마음고생이 심했던 아버지는 돈을 벌어오겠다며 도시로 떠나시고 어머니는 이때부터 소 대신 지게를 지시며 '소띠의 업보'라고 하셨다.

조선중기 가사문학의 대가인 박인로가 정계에서 은퇴하고 고향에 내려와 농사를 지으려 하였지만 소를 빌리지 못해 농사를 포기해야 했던 심정을 '누항사陋巷詞'라는 시로 토로하였는데 바로 우리 집이 그 지경에 이른 것이다. 농사철이 끝나고 한겨울에 할아버지가 암소 한 마리를 사오셨다. 그 소가 복을 안고 왔다고 했다. 뱃속에 새끼를 품고 온 것이다.

코뚜레도 없이 굴레에 깡통워낭을 단 송아지가 우리 집 외양간에 들어왔다. 구리쇠 워낭이 아니라 깡통이라니, 어린 내가 보기에도 송아지 꼴이 한심했다. 할아버지 일을 돕던 박 씨의 작품이다. 미제 통조림 깡통에 엽전을 노끈에 묶어 추를 만든 것이다. 어미 소가 달고 있는 구리쇠 워낭은 예쁘고 소리도 청량한데 '깡통 워낭'은 딸가닥 딸가닥하고 둔탁한 소리만 냈다. 나는 이때부터 녀석을 '깡통'이라 부르며 여름 방학 내내 숲으로 끌고 다니며 풀을 뜯겨 송아지 티를 벗겼는데 겨울 방학이 되어 집에 와 보니 외양간이 비어있었고 '깡통 워낭'은 구유 통 안에 버려져 있었다. '깡통'이 황소라서 할아버지가 팔아버렸단다. 나는 '깡통 워낭'을 들고 집 뒤에 쌓아놓은 짚가리 틈새에 들어가 눈이 퉁퉁 붓도록 울었다. 녀석이 어느 집으로 팔려갔는지는 모르지만 예쁜 구리쇠 워낭을 차고 의젓한 일소로 대우받으며 잘 살라고 기도를 했다. 그러나 나중에 박 씨를 통해 마을 사람들이 '깡통'을 도리기 했다는 소릴 듣고 얼마나 충격이 심했는지 체증이 생겨 먹기만 하면 구역질을 하고 토하는 바람에 한동안 어른들의 속을 태웠다. 나는 '깡통'을 잡아먹은 사람들이 모두 황소처럼 머리에 뿔이 나게 해 달라고 밤마다 이불속에서 저주의 주문을 걸었다.

4. 대추나무와 입동

삼 년 전이다. 포도나무와 감나무사이에 왕 대추나무 한 그루를 사다 심었다. 대추나무를 굳이 단감나무와 포도나무 사이에 심은 이유는 단감나무가 겨울 추위에 동해凍害를 입었는지 남쪽으로 뻗은 가지에서만 이파리가 돋아났기 때문이다. 게다가 한쪽으로만 뻗은 감나무가지에서 어렵사리 감꽃이 피는가 싶더니 손톱만한 열매가 달렸다. 그러나 오래지 않아 꼭지에 병이 들어 시나브로 떨어지고, 가을에 주인에게 돌아온 것은 고작 열서너 개 정도였다. 그마저도 탄저병이 들어 먹을 수가 없었다.

감나무가 추위에 약하다는 말은 들었지만 이렇게 쉽게

냉해를 입어 피해를 볼 줄은 미처 생각하지 못했다. 게다가 전체가 다 죽은 것도 아니고 남쪽으로 뻗은 가지만 살아 있는 꼴이 여간 볼썽사납지 않았다. 그렇다고 반은 살아 있는 생명에 차마 톱을 들이댈 용기도 나지 않았다. 그래, 만일의 경우를 대비하여 옆에다 대추나무를 사다 심었던 것이다. 내 엄지손가락 굵기의 대추나무를 감나무 옆으로 바투 심었는데 대추나무는 주인의 속셈에 맞장구라도 칠 기세로 지실도 들지 않고 담을 넘도록 키를 키우고 가지도 사방으로 뻗어나갔다.

이러저러 삼 년 세월이 흘러갔다. 그동안 반신불구로 서 있던 감나무에 기적 같은 일이 벌어졌다. 죽은 줄만 알았던 북향 쪽 가지들까지 다 살아나 잎과 꽃도 피웠던 것이다. 또 꽃 진 자리마다 맺혔던 풋감이 더러는 꼭지가 빠지기도 했지만 지난 가을엔 한 접이나 되는 감을 우리 내외에게 여봐란듯이 안겨주었던 것이다.

나는 감나무에게 미안했다. 만약을 대비하여 대추나무를 턱밑에 바투 심었던 소행이 부끄럽기도 했으나, 한편으론 반쪽만 살아 있는 감나무를 성급하게 베어내지 않고 기다려 준 것은 참으로 잘한 일이란 생각이 들었다.

그런데 이번엔 대추나무가 문제를 일으켰다. 감나무에 거름을 주려고 겉흙을 긁어보니 감나무 뿌리위로 대추나무 뿌리가 거미줄처럼 엉켜 붙어있었다. 감나무 몫의 퇴비와 양분을 대추나무가 걸터듬어 키와 가지를 무성하게 키웠던 것이다. 이를 본 아내는 대추나무의 행위가 괘씸했던지 한사코 대추나무를 베어버리자고 보채는 것이었다.

내가 아내의 의사를 귓등으로 들어 넘기자 아내는 대추나무를 베어 내야할 명분을 조목조목 들이대었다. 첫 번째론 왕 대추는 저장성이 없어 많이 열려도 부담스럽다는 거였고, 두 번째론 당도가 일정하지 못하다는 것이었으며, 세 번째론 대추나무 주제에 능수버들처럼 가지를 밖으로 늘어뜨려 지나가는 트럭에 부딪치고, 일없이 지나가는 사람들이 재미삼아 한 번씩 잡아당겼다 놓을 적마다 찢기어 너절너절한 모양새가 몹시 눈에 거슬린다는 것이었다. 나는 잠자코 듣다가 그러면 택일을 잡아 베어 내겠노라고 대답했다.

아내는 내가 택일을 하여 나무를 베겠단 말에 토를 달았다. 고작 대추나무 한 그루 잘라버리는 것을 두고 무슨 택일까지 하느냐는 것이었다. 아내의 말에 나는 정색을 하고 예로부터 울 안에 나무를 심거나 캐낼 때에 고사를 지냈던 이유를 들려주었다. 작업 중에 혹여 사고라도 일어나면 어쩌나 싶어 예방과 액막이 차원에서 택일을 했다며 나무 베기를 뒤로 미루었다. 하지만 아내는 한사코 고집을 부렸다. 그런 위험은 사전에 철저하게 준비를 거치지 않았거나 안전

수칙을 제대로 지키지 않을 때 일어나는 사고라며, 일급 안전기사 자격증까지 있는 사람이 굳이 택일 운운하는 것은 나무를 안 자르려는 핑계가 아니냐며 따졌다. 나는 더는 물러설 구실을 찾을 수 없어 달력을 보았다. 마침 그날이 겨울이 시작된다는 입동이었다.

입동은 24절기 중 열아홉 번째로 드는 절기다. 세시 풍속 사전에 보면 '충청도 입동보기' 또는 '입동 전 가위 보리 점'이란 것이 나온다. 입동에 보리 잎이 가위처럼 나오고, 입춘에 보리 뿌리가 셋이 나오면 보리 풍년이 들것이라고 예측하는 점괘다.

뿐만 아니라 농촌에선 입동 날엔 추수를 끝낸 것을 자축하는 뜻으로 가족들끼리 모여 시루떡을 쪄 고사를 지내기도 했었다. 이런저런 일로 미루어 보건대 입동 날, 나무 베어도 무방할 것이란 생각이 들어 나는 대추나무에 톱을 들이대고 말았다.

대추나무가 사라지니 울 안 한쪽이 텅 비었다. 아내는 섭섭함을 느끼는 나의 심정을 애써 외면하고 대추나무를 베어내니 속이 후련하다고 다소 톤을 높였다. 대추나무에 가렸던 호암 지 넓은 호수가 거실에 앉아서도 훤하게 들어오는 풍경이 꽤나 좋은 모양이었지만, 나의 기분은 영 찜찜하였다.

대추나무를 잘라낸 이유가 사실은 억지스러웠기 때문이다. 기생식물도 아니면서 살기 위해 자신의 뿌리를 얼개로 만들어 감나무의 양분을 가로챈 것은 정당하지 못한 방법임에 틀림없다. 하지만 이건 어디까지나 인간들 사이에서나 지켜야 할 윤리적인 문제일 뿐이다. 식물들은 광합성을 하려면 일조권을 빼앗기지 않아야한다. 더구나 대추나무는 감나무가 죽을지도 모른다는 우려에서 주인이 포도나무와 감나무 사이에 심었으니 땅이 비좁았던 것이다. 대추나무로선 포도와 감나무의 안위를 지켜줄 입장도 아니거니와 감나무보다 키를 키워야만 광합성을 충분하게 할 수 있었던 것이다. 이런 터에 주인은 소유권자의 권한으로 입동立冬일 오시午時에 대추나무에게 '탐욕 죄'를 적용, 참수시켰던 것이다. 이를 두고 '사필귀정'이란 말로 자신의 소행을 덮을 수 있겠는가? 스스로도 낯이 뜨거워 울 안에 있는 나무들에게 '부디 너희들은 욕심부리지 말고 사이좋게 잘 지내야 한다고, 그래야 베임을 당하지 않는다.'고 친절을 베풀었지만, 영특한 나무들은 필경 집주인의 당부가 매우 구차하다고 비아냥거릴지도 모른다. 이래서 올 입동은 유쾌하지 못하게 넘어가고 말았던 것이다.

5. 개구리 만찬

큰 아재는 '中'자 모표에 입김을 후후 불고 옷소매로 쓱쓱 문지른 뒤 양손으로 챙을 맞잡아 얼굴 쪽으로 한 바퀴 빙글 돌려서 머리에 안착시켰다.

우리를 집합시킬 때마다 하는 행동이다.

"일열 루 정렬!"

키순으로 사촌형이 왼쪽에 작은 아재가 가운데 섰다. 작은 아재는 나보다 한 살 적지만 언제나 가운데 섰다. 내가 가운데 서면 이빨 빠진 것처럼 보기 흉하다고 하여 자존심이 상했지만 대장의 명령을 거역하면 총살시키겠다니 복종할 수밖에 없다.

"우리는 적진으로 가기 전에 비상식량을 확보하여야 한다. 많은 양을 확보하도록 최선을 다하라! 알겠나?"

"네 잇! 알겠습니다. 대장님!"

나는 큰아재 말이 무슨 뜻인지 모르지만 아재의 눈빛과 억양으로 보아 중요한 일인 것이라 생각했다.

"좋아! 작전 명령을 잘 듣고 착오 없이 실시한다. 일소대장은 호박잎 열 장을 따서 깨끗이 씻어오고 이 소대장은 답싸리 부드러운 순을 뜯어 씻어온다. 그리고 삼 소대장은 집에 가서 고추장을 한 종지 가져온다. 알겠나? 삼십분 뒤에 밤나무 아래로 집합이다. 이상!"

"아재는? 아니, 대장은 뭘 할 건데~요?"

"내 임무는 사냥이다. 각자 작전 개시!"

"작전 개시!"

대장이 나무권총을 허리춤에서 꺼내 하늘을 향해 발사하고 소대장들도 어깨에 메었던 막대기를 '앞에 총' 자세로 들고 뛰어나갔다. 우리는 약속한 시간에 다시 모였다. 대장은 호박잎 위에 답싸리 순을 깔고 몸통만 남은 잠자리에 고추장을 바른 다음 답싸리 순을 덮고 호박잎으로 둘둘 말아 강아지풀 줄기로 묶은 뒤 모닥불 위에 올려놓았다. 나는 잠자리가 불씽하여 눈물이 자꾸 났다. 잠자리 꽁지를 실로 묶어가지고 놀다가 버리기는 했지만 대장처럼 몸통을 조각내어 불에 태우는 짓은 하지 않았는데 대장은 정말 잔인하고 무서운 사람이다.

“큰아재! 잠자리는 어떻게 잡았어? 잠자리채도 없잖아?”

“쉿! 그건 일급 군사 비밀이다. 알려고 하면 다칠 수 있으니 묻지 말라. 그리고 난 대장이다. 대장이라고 불러라.”

도구도 없이 잠자리를 스무 마리나 잡은 것도 신기하고 잠자리를 고추장 발라 구워 어디에 쓸 것인지 궁금했지만 대장의 말이 강압적이고 단호하여 더이상 묻지 못했다.

묶였던 강아지풀과 호박잎이 숯덩이처럼 타서 부서진다. 호박잎을 벗겨내니 매콤하고 구수한 냄새가 콧속으로 밀려든다. 대장은 잠자리 한 마리를 집어 입어 넣고 맛을 보더니 만족한 듯 우리들에게 먹으라고 한다. 나는 잠자리가 불쌍하여 자리를 피하려 했지만 큰아재가 내 손을 잡아 주저앉히며

“이것은 전투식량이니 먹어야 한다. 안 먹으면 다음부터 어떤 식량도 줄 수 없다. 알겠나?”

나는 대장 말을 더이상 거역하지 못하고 잠자리를 입에 넣고 눈을 꼭 감고 앞니로 으깨다 꿀꺽 삼켜버렸다. 이번엔 일 소대장이 답싸리와 잠자리를 뭉쳐 내 입에 밀어 넣었는데 잠자리보다는 답싸리 맛이 더 좋았다. 이후 우리는 자주 잠자리 구이를 해먹었다. 대장의 잠자리 잡는 요령도 전수

받았다. 두엄(퇴비) 위에 날파리를 잡기 위하여 잠자리가 떼를 지어 몰려오면 가느다란 싸리나무 회초리를 휘둘러 잡는다. 머리가 잘리고 날개나 몸이 동강이 나기도 하지만 구이를 해먹는 데는 아무런 문제가 없었다.

다음날은 개구리 체포령이 떨어졌다.

개구리 잡는 일이 두렵고 싫었지만 단호하고 강압적인 명령을 거역하지 못하고 모두 작전에 참여하기로 했다. 우리들은 막대기 총을 어깨에 메고 팔을 휘 저으며 보무도 당당하게 앞개울로 향했다. 개울가에는 어른 손 크기의 참개구리가 많이 산다. 나는 개구리가 나오도록 막대기로 풀섶을 뒤지고 작은 아재는 튀어나온 개구리를 버드나무 회초리로 내려쳤다. 사촌형은 삭정이를 모아 불을 지피고 대장은 개구리 몸통을 발로 밟고 두 다리를 잡아당겨 껍데기까지 벗겨진 포동포동한 개구리 다리를 가느다란 싸리나무 가지에 끼워 불에 구운 다음 소금에 찍어 우리들에게 먹였다. 꾸덕꾸덕하게 반 건조 된 오징어를 구운 듯 쫄깃하고 구수한 맛에 중독된 병정들은 매일같이 숲속에 모여 개구리 만찬을 즐겼다.

6. 감꽃 목걸이

나는 자전거 짐받이를 움켜잡고 질질 끌려가며 매달렸다.

"나 그냥 아버지 따라 갈래요, 여기 있기 싫어요."

하지만 아버지는 자전거에서 내 손을 밀어내며

"할머니 말씀 잘 듣고 공부 열심히 해라, 장날에 오마."

삑~삐~익 브레이크 소리를 내며 멀어져가는 자전거를 보니 울음이 울컥 나왔지만 주먹으로 입을 틀어막고 울음소리를 꿀꺽 꿀꺽 삼켰다.

"우리조카 다 컸네, 엄마 곁을 떠나왔어도 울지 않으니."

10살짜리 꼬맹이의 타향살이는 외갓집에서 시작했다.

외갓집 마당에서는 장터도 보이고 읍내에서 제일 큰 도립병원이랑 기차역도 볼 수 있다. 하루에 네 번 오가는 기차를 보려고 칡넝쿨을 타고 집 뒤 담벼락 바위 위로 올라갔다. 기차가 어디로 가는지 그곳은 어떤 곳일지 궁금했다. '삐~이익, 삐 이~ 익, 치~이익 칙~' 기적을 울리며 역을 떠나 이내 산모퉁이를 돌면 뽀얀 연기만 산자락을 감돌다 이내 흩어진다. 연기도 소리도 잦아들면 나는 칡넝쿨을 잡고 내려와 감나무가 손바닥만 한 창문을 가려 한낮에도 어두침침한 쪽방으로 빨려 들어간다.

학교에서 돌아와 보니 감꽃이 떨어져 노란 꽃 마당으로 변했다. 나는 바구니에 감꽃을 열심히 주어 담고 있었는데 처음 보는 여자아이가 다가와 감꽃을 주워 바구니에 넣어주며

"이게 뭐야? 이거 꽃이니?"

"그래! 꽃이다. 넌 감꽃도 모르니? 바보야."

"응, 그렇구나! 근데 이거 뭐할 건데?"

"너 감꽃 안 먹어 봤지? 이거 먹는 거야! 너도 먹어봐! 맛있어."

나는 감꽃을 한 움큼 입속에 넣고 맛있게 먹어 보이자 여자아이도 꽃잎 하나를 입에 넣고 앞니로 잘근거리다 떫은 맛에 이내 캑캑거리더니 진저리를 치며 뱉어버린다. 나는

그 모습이 너무 재미있어 깔깔대고 웃었다.

여자애는 까만 머리를 가르마 타서 갈래로 딴 머리끝에 나비 모양의 리본을 달고 주름레이스가 달린 하얀색 원피스, 정강이까지 올라온 흰 양말에 빨간색 가죽구두 차림이었는데 그 애에게는 참 잘 어울려 보였다. 웃으면 보조개가 살짝 들어가는 희고 갸름한 얼굴, 시골집 누렁이만큼 큰 눈과 검고 긴 속 눈썹이 꼭 인형을 닮았다.

"너! 이 동네 사니?"

"응! 도립병원 뒤에, 서울에서 이사 왔어! 우리 아빠가 의사야. 내 이름은 은영이구, 손은영"

아이는 묻지도 않은 자기소개를 했다.

"몇 살이니?"

여자아이가 대답 대신 감꽃을 내 머리위에 뿌렸다.

"하지 마~!"

여자아이가 꽃잎을 한 움큼 움켜잡고 또 뿌리려하자 나는 여자아이의 양 손을 세게 움켜잡았다.

"너 죽을래? 까불고 있어!"

"알았어! 안 그러면 되잖아, 이거 놔! 아프단 말이야!"

여자아이의 작고 말랑한 손이 내 손에서 빠져나갔다. 나는 잠깐 빈손을 어쩌지 못해 주춤거리다 호주머니 안으로 밀어 넣었다. 내가 감꽃을 실에 끼워 목걸이를 만들어 목에 걸어보이자 여자아이는 내 감꽃 목걸이를 갖고 싶은 눈치였다.

“이거 너 가질래?”

나는 감꽃 목걸이를 여자아이 목에 걸어주었다. 그 애가 하얗게 웃는다.

“집에 가서 자랑해야지~.”

갈래머리를 묶은 리본이 한 쌍의 나비처럼 춤을 추며 비탈길을 뛰어 내려가다 하마터면 미끄러워 넘어질 듯 비틀대더니 겨우 발을 세우고 멋쩍은지 뒤돌아 나를 보며 손을 흔들어 보인다.

“내일 또 올 거니?”

나는 말 대신 침을 꼴깍 삼켰다. 아이는 벌써 골목길을 벗어나 보이지 않았다.

나무기둥 못에 걸어 놓은 감꽃 목걸이가 검붉은색으로 변하다 이내 바스러져도 은영이는 오지 않았다.

7. 지경가地境歌

원태 아버지가 북을 치며 운을 메기자 사람들은 지경돌을 힘껏 들어 올렸다 내리며 후렴으로 힘을 보태고, 그림자도 지경꾼들을 따라다니며 지경질을 한다.

'이 집터는 뉘 터더냐?' '어이 허 이 달~고'

'명당 중에 명당일세' '어이 허 이 달~고'

사람들은 지경돌을 내려놓고 비계가 허연 삶은 돼지고기와 새우젓을 곁들여 막걸리 한 사발씩으로 컬컬한 목을 적신다. 사실 일꾼들보다 객꾼이 더 많았다. 마을 사람들은 오랜만에 술과 고기를 얻어먹은 대가라도 하려는 듯 집터가 좋아 부자가 될 것이라거나 자손이 번창 할 것이라는 둥 입에 발린 소릴 하는 이도 있고 이웃 할아버지는 얼큰하게 취하여 일꾼들에게 지적질을 하고 어떤 할머니는 시멘트 포장지에 돼지고기를 싸서 치마 속에 감추고 시치미를 뗀다.

원태 아버지가 북을 두드리자 일꾼들은 다시 밧줄을 들어 올렸다.

노래는 점점 빨라지고 일꾼들의 후렴도 같이 빨라졌다.

일꾼들의 등걸은 땀에 흠뻑 젖어갔다.

한 번 다져 백세 살고. 어이 허 이 달~고.
두 번 다져 천년 살고. 어이 허 이 달~고.
지경, 지경 지경하세. 어이 허 이 달~고.
효자 효부 나올 터네. 어이 허 이 달~고.

할머니가 베수건을 일꾼들 허리춤에 찔러준다.

달이 중천에 떠서 대낮같이 밝다.

대문 앞 텃밭에 집을 지어 분가하라는 할아버지 뜻에 따라 아버지는 낮에는 산에서 나무를 베고 밤에는 마차를 이용해 운반하는 일을 혼자 여름내 하셨다. 아버지는 나무를 다듬고 대패질을 하여 가느다란 나무는 서까래로, 크고 곧은 나무는 기둥으로, 약간 구부정하지만 굵은 아름드리나무는 중보와 대들보로, 윗면이 평평한 돌을 주춧돌로, 필요한 자재를 철저히 준비해 놓으셨다.

다음날부터 공사는 급피치를 올렸다. 먹줄로 간격을 치고 주춧돌 위에 기둥을 세운 뒤 기둥 간에 보를 걸치고 글방 할아버지가 먹으로 쓴 상량문이 땅으로 향하게 대들보를 걸고 마른 북어와 실타래를 창호지에 묶어 달아놓고 바닥에는 큰 상위에 떡시루와 삶은 돼지머리, 막걸리를 따라놓고 아버지를 따라 나도 절을 하였다. 천신과 지신, 수신에게 고사를 올린다고 한다.

지붕은 가는 나무와 수수대로 얼개를 만들어 덮은 후 진흙을 얇게 바르고 진흙이 마르면 볏짚으로 엮은 이영을 겹겹이 얹고 맨 위에 용마루로 마감을 하니 비가 와도 공사를 계속할 수 있었다. 뒷산에서 황토를 캐다가 잘게 썰은 볏짚을 섞어 발로 이긴 뒤 틀에 넣었다가 빼내어 볕에 말리면 단단한 흙벽돌이 된다. 이것은 벽체용과 방고래용으로 쓰고 나머지는 담을 쌌거나 화장실을 지을 요량으로 넉넉하게 만들었다.

고래위에는 납작하고 평평한 돌로 구들장을 만들고 틈새에도 납작한 돌로 메운 다음 황토색 진흙을 두 번 올려 바르고 아궁이에 불을 지피니 바닥이 마르면서 거북이 등처럼 갈라진 틈새로 연기가 나오고 진흙 마르는 김이 방안에 가득하다. 아버지는 황토를 얼개미로 쳐서 죽처럼 만든 흙물을 방바닥에 뿌리며 사금파리로 방바닥을 문지르고 또 문지르기를 몇 차례 반복하니 흙바닥은 굴곡도 없어지고 유리판처럼 반들거렸다.

마루 벽이나 부엌 벽 같은 곳은 가로 중보 사이에 수수대를 엮어서 얼개를 만든 뒤 그곳에 황토를 바르고 초벌이 마르자 고운 진흙으로 내·외벽과 천장에 미장을 하였다. 마루에도 황톳물을 뿌리고 닦고 기름을 바른 뒤 닦아내고 날 콩물을 자루에 넣어 마루 닦기를 수차례 하니 마루도 윤이 반들거린다. 문에는 창호지를 바르고 문고리 옆에는 들국화 꽃잎이랑 맨드라미와 코스모스 꽃잎으로 꽃을 만들어 창호지를 덧바르고 옆에는 밖을 내다볼 수 있도록 유리 조각도 붙였다.

아버지는 그 시절에 그 많은 자재를 톱과 도끼만으로 우리의 새 보금자리를 만드셨다. 지금 생각해보니 아버지는 설계도도 한 장 없이 대역사를 적은 비용으로 완성한 것이니, 나는 아버지가 초능력을 가지신 분이라고 생각한다.

이사하던 날 아버지는 마을 사람들과 술을 나누며 노래를 부르셨다. 청춘가, 노랫가락, 태평가를 이어 부르시며 덩실덩실 춤을 추기도 하고 눈물을 흘리며 우시기도 하였다. 마을 사람들은 우리 아버지가 마을에서 노래를 제일 잘 부르신다고 한다. 춘례할매는 자배기에 물을 담아 바가지를 엎어 놓고 막대기와 손바닥으로 바가지를 두들기며 장단을 맞춘다.

'세월아 네~월^ 아~ 오고 가지를 마러~라~ 아까운 내 청춘이~ 조~오타. 다 늙어 가누~나.'

8. 만동묘萬東廟

청주에서 열린 세미나를 마치고 돌아오는 길에 일행과 함께 괴산에 있는 화양구곡을 찾았다.

속리산 국립공원에 속한 화양구곡은 상류의 선유동 계곡으로부터 7㎞ 거리에 있으며 계곡에는 청천벽, 운영담, 읍궁암, 금사단, 첨성대, 능운대, 와룡암, 학소대, 파천으로 불리는 절경이 그림처럼 펼쳐 있어 화양구곡華陽九谷이라고 하며 이곳은 봄여름 보다는 단풍과 바위 그리고 맑은 물이 어우러진 가을풍경이 선계仙界가 아닐까 싶을 정도로 아름답다고 한다.

평일 오후라서 계곡은 한적하다 못해 쓸쓸하기까지 했

다. 계곡을 나오는 사람들이 띄엄띄엄 있을 뿐, 들어가는 사람은 우리뿐이었다.

산바람이 나뭇가지에 걸린 낮달을 떼어주려다 은행잎만 우수수 떨어뜨리고, 여인은 떨어지는 단풍을 비처럼 맞으며 남자친구에게 사진을 찍으라고 포즈를 취한다. 나는 그녀의 남자친구에 나를 오버랩 시켜보며 나를 조소한다.

2㎞쯤 오르니 왼편에 운영 담이 웅장한 적벽을 감아 돌고 건너편 오른쪽 길가에는 화양서원이 있다. 서원이라기보다 제실 같은 작은 방 정면 벽에 우암 송시열 선생의 영정이 걸려 있고, 영좌위에는 바람에 날아왔을 은행잎 한 장이 애잔해 보였다.

우암 송시열은 1696년(숙종 22년)에 노론의 영수이고, 사계 김장생의 아들 신독재 김집의 제자이며, 봉림대군(훗날 효종)의 스승이기도 하다. 병자호란 시 봉림대군이 '청'에 끌려가자 벼슬을 버리고 황간으로 낙향하기도 하였다. 효종이 죽어 장례기간에 대한 예송禮訟이 일어났다. 소현세자상昭顯世子喪에는 장자의 예로 3년 복상을 하였으므로 효종은 적자이긴 하나 장남이 아니기 때문에 1년 상喪을 지내야 한다고 하여 반대 세력이던 남인의 탄핵으로 귀양을 가게 되었고, 숙종 때 다시 풀려났으나 숙종이 장희빈의 소생을 세자로 책봉하려 하자 이를 반대하다가 귀양길에 83세로 사약을 받고 죽었다. 이때 김수항 등 33명이 죽었으며 이 사건을 기사환국己巳換局이라고 한다. 그는 영조 32년에 문묘文廟에 종례되어 겨레의 스승이 된 분이다.

효종의 북벌계획을 때가 아니라며 차일피일했는데, 그 이유는 임진왜란 때 군대를 지원한 명明의 은혜(?)에 부담이 되었을 것이다. 그는 북벌을 하려면 내수內修가 필요하고 내수는 학문에 기초를 두어야 한다고 주장했다. 북벌의 이념은 왕과 일치하였으나 실행을 미루다가 효종이 죽자 북벌계획은 더이상 언급되지 않았다. 우암은 성리학과 주자학에 뛰어났고 문객으로도 널리 알려져 따르는 이들이 많았다고 한다.

서원 옆 건물은 서원보다 넓고 높게 지은 만동묘萬東廟라는 편액이 달린 건물이 있다.

서원과 '만동묘'의 관리인이며 사업추진책임자라는 사람이 우리 앞에 나서서 '만동묘' 설립과정을 자랑삼아 쏟아냈다.

'만동묘'는 임진왜란 때 조선을 도운 명나라 황제 신종과 의종의 제사를 지내는 곳으로 우암이 제자인 '권상하'에게 '묘廟'를 짓고 제사를 지내라는 유언을 남겼다고 한다.

신종과 의종은 조선에게 어떤 인물로 조명되었을까? 명나라는 주원장이 몽골족인 원나라를 물리치고 세운 나라이고 왜구가 침입하였을 때 조선에 지원군을 보내준 대가로 '숭정'이란 명明의 연호까지 써야했으며 해마다 조공을 바치고 국가 경영 전반을 보고報告하고 세자책봉을 비롯한 삼정승 육판서의 임용 시에도 명明의 승인이 있어야 했다. 후금인 청이 이를 못마땅해하며 조선과 군신관계를 맺고 연합군으로 명을 칠 것을 요청하였으나 명과의 관계를 깰 수 없다며 이를 거부하자 조선을 침범하였고, 인조가 삼전도에서 항복하자 굴욕적인 고두 배까지 시켰다.

소현세자와 봉림대군을 비롯하여 백성 50만을 10년 동안 인질로 끌고 가 남자는 노예로 부녀자는 노리개로 삼다가 데려가려면 돈을 내라하여 논밭을 팔거나 빚을 얻어 데려와야 했던 조선 역사상 가장 치욕적 환난인 병자호란을 유발시킨 오랑캐다. 이때 돌아온 부녀자들은 귀향을 했으나 가족들이 받아주질 않자 왕이 홍제 천에 몸을 씻는 조건으로 집에 들어갈 수 있었다고 한다. 이때 돌아온 부녀자들을 환향 여(還鄕女 - 훗날 화냥년)라 하였고, 오랑캐 소생을 '호로 자식'이라며 천대하였다. 막상 돌아오긴 하였지만 정절을 지키지 못한 죄의식 때문에 가족을 만나지 못하고 자괴지심에 시달리던 수많은 여인들이 스스로 목숨을 끊어야 했고, 고향에 돌아오지 못하고 낯선 타국에서 떠돌다 죽어간 수많은 영혼들이 아직도 구천을 헤매고 있을 것이다.

결과적으로 명과 청은 조선을 풍비박산 낸 철천지원수인데 그들의 제사를 지내준다니 참으로 기가 막힌 일인데, 제사를 지내고 묘역을 관리하는데 필요한 재원을 정부 곳간에서 가져온다니 이 또한 개탄을 금치 못할 일이다. 그뿐만이 아니다. 도의회 의원까지 해먹었다는 그의 이야기는 설상가상이다. 문화재 등록신청을 하고 현장 실사를 나온 관계자들을 매운탕 집에서 민물고기 중에 황제라는 쏘가리 매운탕으로 배를 불려놓고, 그것도 모자라 가실 때 여비를 두둠하게 찔러준 덕분에 신속하게도 문화재 등재를 할 수 있었고, 국고지원문제도 해결 되어 확충 공사를 추진 중이라며 자신의 노력이 빛을 보게 되어 자랑스럽다는 이야기다. 딴은 부끄러운 줄 모르고 자기 생색내기에만 열을 올리는 꼴이다.

사당은 출입구에서 수직으로 30계단 가량의 돌계단을 올라야하는데 계단의 단 높이가 30㎝ 정도라 보폭은 넓어야 하고 디딤 폭은 20㎝ 정도여서 발이 다 걸리지도 않는다. 또한 계단의 경사도가 45도가 넘어 보이는 수직 계단이라 몸을 똑바로 세워서는 오르기가 어려운 구조였다. 누구나 계단을 기어오르듯 해야 하고 내려올 때도 옆으로 내려와야 했는데, 왜 이런 구조로 축조를 했을까? 이는 참으로 치사하고 더러운 간계에 의해 설계된 구조임이 틀림없다.

기실은 명나라 황제 사당에 감히 똑바로 서서 오르지 말고 엎드려 조아리며 기어오르고, 내려 갈 때도 등을 보이지 못하도록 설계한 것이다. 이 설계는 누가 했을까? 당연히 조선백성이다. 그들은 당세黨勢를 등에 업고 관민을 가리지 않고, 제수전 명목으로 시도 때도 없이 헌금을 요구하였으며 전답을 바치게 하고, 그도 못내는 사람들에게 사형私刑까지 감행해가며 중앙권신들의 수탈조직으로, 어리숙하고 배경 없는 백성들을 상대로 권세를 남용하며 부를 챙겨갔단다. 그들은 대원군이 이곳을 찾자 말에서 내려 걸어 들어오라고 하여 하마비까지 챙겼다고 한다.

대원군은 나중에 화양서원을 제일먼저 철폐시켰는데 2004년 재건하였으며 문화재로 등록시켰고, 근간에 이런 저런 명목으로 나랏돈을 수억이나 빼왔다는 소리에 울화가 치밀고 억울한 생각이 드는 것은 나만의 느낌인지는 모르겠으나 국가이념이나 정서상 오는 날까지 제사를 지내고 앞으로도 계속 제사를 지내기 위하여 문화재로 등록을 해야 한다면 국민들의 공감대가 필요하지 않을까?

명의 선종과 의종의 위패나 건축물, 또는 제례의식祭禮儀式의 유형이 문화유산으로 보존해야할 가치가 있는가에 대하여 검토했을 관계자나, 누군가가 알아서 잘 결정했을 터이니 새삼스레 왈가불가 할 것 없이 그냥 모르는 척하는 것이 속편해서 침묵하는 해당 관계 부처 분들과 사백 년 구적仇敵의 망령을 불러내 주찬을 차려놓고 엎드려 절하며 은공(?)에 감읍하는 배알도 정신도 없는 분들에게 묻노니, 오랑캐에게 나라를 빼앗기고 물설고 낯선 타국 땅으로 끌려가 온갖 수모를 겪다가 죽어야 했던 한 맺힌 백성들의 영혼이 아직도 구천을 떠돌며 울부짖고 통곡하는 소리가 들리지 않는가?

9. 말은 해야 맛이다

'말'이란 인간관계에서 의사소통의 원초적 수단이고 도구이다.

사람이 느낄 수 있는 감정의 모습을 말이란 소리로 모두 표현할 수 있으니 신의 은총이 하해와 같다고 하겠다. 행성에 존재하는 동물 중에 언어를 사용하는 동물은 인간뿐이고 세계 어느 민족들의 말보다 우리말이 가장 표현성이 넓고 아름답다고 한다. 그러나 우리 민족은 말 많은 것을 싫어하여 의사소통이 원활치 못한 경우가 많았다. 말을 어떻게 하느냐에 따라 천 냥 빚을 갚을 수도 있고 자신의 발등을 찍는 도끼가 되기도 한다. 가장 하기 쉬운 것도 말이고 가장 하기 어려운 것도 말이니 입이 있다고 함부로 내뱉을 일이 아니라는 것이다.

사람은 일정한 생활문화권에서 약속된 어휘와 말씨로 의사소통을 하지만 입에서 나왔다고 다 말이 되는 것은 아니다. 말 같지 않은 말을 횡설수설 늘어놓으며 위기를 모면하려 하고 남의 가슴에 상처를 주는 말도 서슴없이 하는 세상이다. 말 같은 '말'은 어떤 것일까? 사전적 의미로 설명하자면 말하는 사람은 진실해야하고 듣는 사람은 공감하고 수용할 수 있어야 옳은 말이라고 한다.

말은 의미가 담긴 소리로써, 자기가 나타내려는 의사에 합치하는 소리를 바르게 선택하는 까닭은 상대에게 전달하기 위한 것이므로 상대가 이해할 수 있어야한다. 유식한 척 외국어를 사용하더라도 상대가 알아듣지 못하면 아무런 가치가 없다. 말은 생활권을 중심으로 발달되기 때문에 높은 산이나 깊은 강에 의해 접근성이 떨어지고 구획이 발생하면 지역에 사투리가 생기고 어휘와 고저, 장단이 서로 다르게 표현된다. 특히 제주도의 사투리가 의사소통으로 쉽지 않은 말이지만 오늘날엔 표준어 보급과 접근시스템의 변화로 사투리는 토속방언으로 남아 있을 뿐이다.

발할 상대가 정해지고 내 의사를 전달하려면 칭호와 말씨, 어휘를 결정해야한다. 따라서 얼굴은 온화하고 공손하게 하는 것이 자신의 품격을 높이는 데 도움이 될 것이나 말은 해도 후회하고 안 해도 후회할 때가 있다. 주제넘은 세치 혀가 마음이 결정하고 명령하기까지의 짧은 순간도 기다리지 못하고 참을성 없이 제 맘대로 쏟아 내다보니 '입이 방정'이고 헛소리가 나왔다며 자기 입을 서둘러 틀어막으려 해보지만 때는 이미 지나갔다. 한번 내 뱉은 말은 다시 주워 담을 수도 없고 상처만 남기기 일쑤이니 말이다.

말을 잘못하여 국가위기를 초래했던 사례 중에 선조(24) 때 일본의 정세를 살피고 온 통신사 서인 황윤길과 동인 김성일이 도요토미 히데요시의 눈을 보고 황윤길은 쥐의 눈을 닮아 반짝이고 지략이 있어보였다고 말한 반면, 김성일은 쥐의 눈을 닮아 하찮은 사람에 불과해 보였다라고 하자 동인 세력이 강했던 당시 김성일의 혀끝에 놀아난 셈이 되었다. 정부는 방비책도 없이 안일하게 있다가 속수무책으로 임진왜란이라는 국가멸망의 위기를 겪어야했다. 눈으로 보고 머리로 판단하여 내린 결론을 입을 통해 표현하는 과정이지만 '아'와 '어'는 천양지차라고 하겠다.

말 잘하는 인물 중에는 중종 때 영의정을 지낸 정광필을 꼽는다. 기묘사화의 단초인물인 젊은 개혁파 정암 조광조가 훈구파를 정리 하려다가 주초위 왕走肖爲 王이라는 벌레 먹은 나뭇잎 글자로 인해 사사의 처지에 있을 때 영의정

성광필이 중종을 설득하여 조광조의 생명을 구했으니 정광필이 얼마나 말을 질 했을지 안만하다.

무성영화 시대에는 연사가 화면을 보며 등장인물의 대사를 모두 구사했다. 연사는 남녀노소를 넘나들며 관객으로 하여금 웃음과 눈물, 그리고 슬픔과 기쁨의 감정을 이끌어 냈다. 나도 한때는 말을 조리 있게 잘한다며 변호사가 되라는 칭찬을 받기도 하였지만 나의 선친은 남자가 말 많은 것을 싫어하셨다. 번지르르하게 말 잘하는 사람치고 속 찬 사람 없다는 것이다. 조선시대 선비사회에서도 말 많은 사람을 극히 경계하고 신임하지 않았다. '말로서 말 많으니 말을 말까 하노라'라는 시도 있듯이 말이 많으면 쓸 말이 적고 수다스러운 사람은 '그저 그런 사람'으로 아예 한 치 내려 보며 말씨름에 감당이 안 되면 '말 못하고 죽은 귀신 없다더니 너야말로 말은 청산유수로구나, 실속없이 주둥이만 까져가지고…'라며 낮잡아 대했다.

요즘은 출처도 불확실한 '가짜' 소문 때문에 선의에 피해를 입는 사람도 많아 사회가 혼란을 겪고 있다. 특히 선거철에는 경쟁 상대의 아킬레스건이 될 만한 소문을 만들어 간을 보다가 약효가 없으면 '아니면 말고…'식이지만 말이 갖는 위력은 타인에게 내 운명의 결정권을 송두리째 맡겨야하는 '선거'라는 행위에서 정점을 찍게 된다. 사람이 하고 싶은 말을 못하면 화병도 생기는데 참다 참다 끝내는 '너만 알고 있어라'며 슬쩍 흘린 말이 돌아서기 무섭게 날개라도 단 듯 천리만리 퍼져나간다. 신라 48대 경문왕은 귀가 말[馬] 귀였는데 이 비밀을 아는 복두장이 급기야는 냉가슴을 앓다가 대나무 밭에 가서 "임금님 귀는 당나귀 귀다"라며 큰 소리로 외치고서야 화병火病을 고쳤다니 말은 해야 제 맛이고 고기는 씹어야 제 맛인가 보다.

항상 해도 질리지 않고 듣기 좋은 말 중에는 '사랑한다'는 말과 '고맙다'는 말이라는데 이 말에 매우 인색한 국민이 한국인이라고 한다. 세계에서 언어 묘사능력이 가장 뛰어난 민족이면서도 입으로는 감성을 쉽게 내놓지 못하는 원인이 무엇일까? 옛날 사람들이야 오백 년 동안 관습으로 몸에 밴 유교정신과 뿌리 깊은 남성우월주의, 수많은 외침外侵으로 목숨 부지하기만 급급했던 민족이라 속 드러내길 꺼려하는 것도 영향은 있었겠지만 표현의 자유를 만끽하는 요즘 세상에선 설득력이 없다. 혈연간에 사랑은 희생이 따르므로 쓰고 무겁지만 이성간에 사랑은 달달하기 때문에 가볍다고 생각한다. 속내야 어찌 됐던 빈말이라도 '사랑한다'라는 말은 달콤하다.

10. 목욕탕의 단상斷想

가뭄에 앞개울 봇물이 빠지자 악동(?)들을 따라 '장 고개' 넘어 웅덩이로 멱을 감으러 갔다. 그곳은 '가래'나 '검정말' 같은 줄풀들이 발에 칭칭 감기고, 뱀이나 거머리 또는 소금쟁이 같은 징그러운 동물들이 살고 있어 꺼림칙하지만 그곳 말고는 딱히 갈 곳이 없어 따라나섰다. 아이들이 나뭇가지를 들고 풀 섶을 휘저어 물뱀 두 마리를 건져 냈다.

앞개울은 맑고 수량도 많아 마을 사람들의 빨래터고 유일한 대중목욕탕이었다. 아이들은 파란 입술에 이를 달달 떨면서도 온종일 물에서 나올 줄을 모르고 어둠이 내리면 여자들이 동여맨 치마 벗어던지고 하루의 피로를 밀어내던 개울이 가뭄이 들어 자갈밭이 되고 말았다. 우리들은 '장고개' 넘어 웅덩이를 찾아내 물뱀을 쫓아내고 흙탕물을 텀벙거리며 여름방학을 보내야 했다.

동 업계 대표들과 독일에서 열린 심포지엄에 참석하고 오던 길에 이스탄불에 들렀다. 우리 중 누군가가 터키에 온 김에 터키탕을 한번 구경시켜 달라고 동행한 교민에게 주문을 했다. 우리들은 너나없이 박수를 치며 환호했다. 당시 국내에서도 터키탕에 관한 별의별 소문이 다 떠돌고 있었지만 우리 일행 중에는 경험해 본 사람이 없단다.

막연한 상상과 호기심으로 들떠있던 우리는 여성 가이드의 말에 아연질색하고 말았다. '보러 갈 겁니까? 보이러 갈 겁니까?' 우리는 눈 호강을 포기하고 호텔로 돌아왔다. 터키탕 '하 맘'은 욕조가 없이 달궈진 대리석 위에 누워 땀을 내고 물로 헹구는 사우나 식이며 시설 좋은 '하 맘'에서는 연회는 물론 가족모임도 자주 열리고 남녀노소 구분 없이 함께 이용한다니 동방예의지국의 국민으로서는 상상도 못할 일이다.

목욕이란 때만 닦는 것이 아니라 땀구멍을 확장시켜 노폐물을 배출시키고 신진대사를 촉진시키는 효과가 있어 다양한 종류의 사우나 시설을 갖추고 아름답고 건강하게 살고 싶은 인간의 욕망을 유혹한다. 인더스문명의 고대도시인

'모헨조다로'에는 기원전 4,000년경부터 대중목욕탕이 있었고 그리스 로마시대에는 대중목욕탕이 사교장으로 활용됐다고 하는데 규모가 2~3천 명이 동시에 사용할 수 있는 정도의 노천탕이 있었다. 그렇지만 흑사병이 목욕탕에서 전염된다고 하여 목욕탕을 없애는 동시에 어디에서도 목욕을 하지 못하게 하였으나 냄새는 물론, '이'나 '벼룩'의 번식으로 더 심한 고통을 겪어야 했다.

프랑스 화가 '조르주 드 라 투르'는 '벼룩 잡는 여인'이란 그림을 그려 유명해지기도 했다. 조선시대 풍속화가인 신윤복은 '단오풍정'이라는 풍속화에서 여인들의 목욕하는 모습을 에로틱하게 묘사하기도 했으며 조선시대 왕들이 온천으로 피접을 가서 피부병을 고쳤다는 기록이 있어서인지 신혼여행지로는 온천이 있는 곳이 각광을 받기도 했다.

'산타'와 '자일리톨'의 나라 '핀란드'는 인구 5백만에 가정용을 포함하여 2백50만 개가 넘는 증기 사우나 시설이 있으며 자작나무가지로 몸을 두드리는 욕법 때문에 평균수명이 78세가 넘는다고 하며 일본 역시 삼천여 개의 화산온천이 지역경제를 살리고 있다지만 뭐니 뭐니 해도 목욕 중에는 '등목'만한 것이 없을 것이다.

웃통을 벗고 우물가에 엎드리면 찬물을 사정없이 쏟아붓는다. 헉헉 느끼다 못해 '그만! 그만!'을 외치며 일어서려 해도 등짝을 철썩 치고 손으로 누르며 막무가내 물을 퍼붓고 엉덩이 사이로 물이 흐르면 질겁하면서도 희열을 느끼곤 한다.

11. 봄날이 간다

목이 칼칼하고 간간히 헛기침이 났다. 백신을 3차까지 맞았고 열도 없는 것으로 보아 감염된 것은 아닐 것이라고 했지만 아내는 해열제를 내 입 속에 밀어 넣으며 음식 먹을 때 외에는 집안에서도 마스크를 벗지 못하게 했다. 물론 식사와 잠자리도 따로 해야 했다. 텃밭 일도 운동도 안정이 먼저라며 문밖출입까지 통제했다. 그도 그럴 것이 인구가 이십여 만 밖에 안 되고 유동인구도 별로 없는 소도시에서 확진자가 매일 백여 명씩 오르내리니 긴장을 안 할 수가 없는 노릇이다. 이삼일 경과를 보아 차도가 없으면 검사를 받으려 했지만 다행히도 아침에 일어나니 복구녕이 상쾌해져 아내의 구금령은 해제됐으나, 요양병원 환자의 사망률이 가장 높고 그 다음으로 나이 많고 지병 있는 사람이란 당국의 겁박에 완화될 때까지는 세상과의 단절을 감수해야 할 판이다.

바이러스는 창세기부터 다양한 조건으로 기생하여 동식물의 생명을 줄기차게 위협해 왔다. 따라서 많은 생명체가 멸종되기도 했지만 인간만은 억척스럽게 살아남아 80억 명까지 증가했고 더불어 의학도 급속도로 발전했다. 지금은 인공위성을 통해 지구의 모든 사물을 거울처럼 들여다 볼 수 있고 로봇카메라가 거미줄 같은 사람의 핏줄을 돌아다니며 병을 찾아내는 문명시대임에도 비웃기라도 하듯 코로나19란 바이러스가 나타나 2년이 넘도록 전 인류의 목숨을 좌지우지 하는데도 숙주를 모른다.

처방중인 백신이나 치료제도 효율성이 낮아 반복 투약을 해야 한다니 이는 필시 하느님이 지옥에서나 쓰는 바이러스를 인간들에게 실험하고 있거나 죄 지은 인간들이 너무 많아 혼쭐을 내주려 고의적으로 퍼트린 것이 아니냐는 의문이 든다. 만물의 영장이라는 인간들이 어찌 바이러스 따위에 목숨 줄을 잡힌 채 질질 끌려가야 하는지, 설상가상으로 코로나19란 놈은 갈수록 영악해져 강력한 변이로 둔갑해가며 인간을 희롱하고 있으니 기가 막히고 환장할 일이다.

인적이 드문 새벽 시간에 운동도 하고 꽃구경도 할 겸 호숫가로 나가보니 굽은 길이 온통 용린龍鱗으로 뒤 덮혔다. 아직 꽃놀이도 못했는데…, 바람은 무슨 심사로 개화한 지 사흘도 안 된 꽃잎을 모두 떨궜단 말인가? 자연의 섭리를 인간이 어찌 속속들이 알까마는 바람이란 존재가 원래 오갈 데 없이 떠돌며 좌충우돌 하는지라 이번에도 길 잃은 바람이 호숫가를 지나다 가당치 않게 때 이른 봉사(?)를 했을 성 싶다. 그런데 그렇다고 이 지경을 만들어놓고 사라진 바람에게 나무가 이러쿵저러쿵 불평할 입장도 못되는 것이 화분 수정이 끝나면 꽃잎을 서둘러 떨궈야하고 가을엔 영근 열매를 멀리 멀리 출가시켜야 하며 땅이 얼기 전에 잎새를 모두 지워야 하는 등 시시때때로 바람의 도움이 절실하니 울화가 치밀고 속이 터져도 찍소리는커녕 되레 허리 굽혀 감읍感泣까지 해야 하는 나무가 마냥 안쓰럽기만 하다. 덕분에 채밀을 못한 벌蜂들의 살림살이도 궁핍해 질 테고 코로나에 지친 군상들이 모처럼 힐링의 기회였을 꽃구경도 물 건너갔다.

서울 사는 친구의 술내 나는 목소리가 전화기에서 쏟아졌다. 꽃은 다 지는데 어쩌자고 밭고랑에서 나올 줄 모르냐는 채근採根이다. 적기에 파종播種을 하려면 오랜 가뭄 뒤에 내린 빗물기가 마르기전에 거름 펴고 이랑을 올려 비닐까지 씌어야만 곡우穀雨전에 씨를 넣을 수 있을 터라 한가롭게 나들이 갈 여유가 없다.

“네가 가는 세월 잡아둘 요량이 없고서야 괜한 욕심 부려 지레 늙덜 말고 네 얼마 안 남은 봄이나 즐겨라! 꽃놀이 가다가 맛집도 들리고 경치 좋은 게스트에 들려 하룻밤 자고 간들 누가 뭐랄거냐? 다리에 힘 빠지고 오락가락 헛소리나 주절대면 우리네 인생은 바람에 날리는 꽃잎만도 못 혀, 농사가 적던 많던 뙤약볕에 땀 흘린 보람도 없이 장마에 가뭄에, 역병이라도 들어봐! 네놈 속이 숯 덩어리가 될 겨, 뒤늦게 괜히 힘 빼지 말고…, 화무십일홍花無十日紅이요 달도 차면 기우나니, 이번 주말엔 꼭 얼굴 좀 보자!”

허허, 이 친구 번개 불에 콩 볶아먹겠네, 꽃은 내년에도 필 테고 기운 달도 다시 차련만 어찌 이리 서두르시나? 코로나 감염으로 하루에도 수십 명 씩 사랑하는 사람들과 마지막 작별인사도 못하고 쓸쓸하게 화장터로 떠나가는 마당에 그 누가 ‘나에겐 내일이 있다’고 호언장담하겠냐마는 ‘스피노자’는 당장 내일 지구가 멸망한다 하더라도 한 그루의 사과나무를 심겠다고 했고 미얀마 소녀가 군부의 총에 맞아 사망 당시 입었던 티셔츠에 Everything Will be OK(다 잘 될 거야)라는 문구가 티브이 화면에 클로즈업 되자 전 세계 사람들이 울분과 애도의 눈물을 흘리며 ‘다 잘 될 거야’를 외치지 않았던가?

나는 밭고랑에 삽을 꽂아둔 채 서울행 고속버스에 올랐다. 우리는 소음과 매연이 가득한 도시를 벗어나 양수리 두물머리 주변에 자리를 펴고 소주잔을 비우며 세상만사를 헐뜯고 코로나를 성토했지만 헤어질 때는 '다 잘 될 테니 사과나무를 심자!'며 파이팅을 외치고 호주머니에 쑤셔넣었던 마스크를 꺼내 다시 입을 봉한 뒤 각기 자신의 감옥(?)으로 가는 버스에 올랐다. 해는 또 새로운 내일을 마중하려 서산으로 갔다. 봄날이 간다.

12. 소태 같은 인연

빗물을 받아 화분에 줄 요량으로 추녀 밑에 받혀둔 물통에 떨어지는 낙수 소리가 귀에 거슬려 도저히 잠을 이룰 수가 없다. 이리저리 몸을 뒤척이다 물통을 치우려고 밖으로 나가보니 바람이 아래층 새댁네 현관 앞에 놓여있던 빨간 플라스틱 쓰레기통을 뒤엎어 마당을 온통 쓰레기장으로 만들어 놓고 빈 쓰레기통은 담 밑에 처박아 둔 채 노랗게 익어가는 단감나무 가지까지 갈기갈기 찢어놓고 사라졌다.

침대에 눕자마자 이번엔 옥상 쪽에서 '드르륵 드르륵' 하는 소리가 났다. 옥상엔 바람이 가지고 놀만한 물건이 없다. 이젠 환청까지 들리나 싶다. 이불을 뒤집어쓰고 잠을 청해

보지만 잠은 완전히 달아나고 눈은 말똥말똥해졌다.

"고만 부스럭 대고 잠 좀 잡시다."

아내도 덩달아 잠을 못 이루고 이불을 뒤척인다.

나는 다시 옷을 주섬주섬 걸치고 옥상으로 올라갔다. 바람이 '반티레터'를 마구 돌려대자 열받아 질러대는 소리였다. 나는 '반티레터'를 비닐봉지로 덮어씌우고 내려와 마루의 불을 끄고 방으로 들어가는데 휴대폰 벨이 어둠을 찢었다. 숨이 턱에 콱 메이고 손이 벌벌 떨리며 별의별 상상들이 머릿속을 휘감았다.

'오늘 밤 왜 이러지? 한밤중에 전화까지…'

자동차로 10분 거리에서 살고 있는 고모의 전화다. 자고 있는데 누군가가 들어와 장롱 속으로 들어갔다는 한마디를 던지고 전화를 끊었다. 이 밤중에 오란 말인지 알고 있으란 말인지, 도대체 지금 몇 신데…, 새벽 3시 10분이다. 비바람 때문에 고모도 나처럼 잠을 설쳐 비몽사몽간에 전화를 했으리라 싶어 물 한 컵을 들이키고 들어가 이불을 뒤집어쓰고 수를 거꾸로 세기를 반복했지만 이런저런 생각들이 머릿속에서 떠나질 않는다.

고모가 석유가게를 운영하는 서울 남자와 결혼을 했다. 마을 처녀들은 부잣집으로 시집간 고모를 부러워했지만 고달프고 아린 일생이 엮어지고 있을 줄은 아무도 몰랐다. 홀

시아버지와 시아주버니네 가족 4명을 비롯해 모자란 듯 보이는 늙은 시동생까지 일곱 명의 대식구를 당차게 이끌며 노환으로 거동이 불편한 시아버지 수발은 물론 가게 사람들의 매식買食을 중지시키고 매일같이 점심을 지어 나르는 등 고달픈 삶을 자초하며 억척같이 돈을 모아 3년 만에 형네 가족이랑 시동생을 분가시켰다. 하지만 기다리던 태기가 없어 애를 태웠는데 진단 결과 고모부가 결혼 전 앓은 성병 때문이라고 했다. 시아주버니는 조카를 양자로 주마고도 했지만 아이 못 낳는 여자의 공허한 심정을 대신 채울 수는 없는 일이다.

결혼 후 2년 가까이 될 무렵 다행(?)히도 업둥이 사내아이가 들어오고 이어 여자 업둥이까지 들어와 부부는 하늘의 뜻이라며 남매를 진정한 사랑으로 정성껏 키웠으나 사내아이가 고등학교에 입학하면서 부랑아들과 몰려다니며 못된 짓은 다하고 다니더니 결국 퇴학을 당하는 등 어지간히 속을 썩여 생각다 못해 영국으로 유학을 보냈고 3년 만에 돌아와 생뚱맞게도 목사가 되었다. 사람 노릇이 어려울 듯 보이던 아들이 개과천선改過遷善하고 하느님의 사도使徒가 된 것도 황송한데 유학 중에 사귄 여자가 만삭이 되어 들어와, 출산 후 혼인을 시키고 며느리 친정인 대구에다 교회까지 지어 살림을 냈다. 딸은 이미 출가했으니 두 노인은 홀가분히 노년을 보내는가 싶었는데 고모부가 당뇨병이 심해져 부랴부랴 가산을 정리하여 아들이 사는 대구로 내려갔으나 일 년도 못 살고 고모부는 세상을 떠났다.

밤을 꼬박 새우다시피 하고 동이 트기 무섭게 고모 댁으로 달려갔다. 요양 보호사가 오기 전에 일을 수습해야 한다. 고모는 자기 손가락을 입에 대고 조용히 따라오라는 시늉을 하고는 까치발로 안방에 들어가 턱으로 장롱을 가르쳤다. 내가 고모가 직접 눈으로 확인하도록 장롱문을 활짝 열어젖히자 고모가 몹시 난감한 표정이다.

“분명히 들어갔는데…, 내가 뭘 잘 못 봤나?”

“잠결에 느끼신 거니 걱정 마시고 아침이나 드세요.”

“조카! 혹시 나 치매 아냐? 치매라면 나 요양병원에 다시 보내줘.”

“아, 고모는 치매가 아니라 섬망이란 병이래요, 섬망”

“섬망? 섬망이 뭔데?”

“가끔 헛것이 보이는 증센데요, 사람들이 도깨비를 봤다거나 귀신을 봤다고도 하잖아요, 어떨 땐 누가 휙 하고 지나간 듯 느낄 때도 있고, 그게 몸이 허하면 누구에게나 나타나는 증세라서 고모도 열심이 드시고 잘 주무시면 괜찮아져요. 고모는 주민등록번호랑 통장 계좌번호, 비밀번호, 아들네 전화번호, 내 전화번호까지 다 외우잖아요, 나도 그렇게 못 외우는데요, 뭘. 그러니 걱정일랑 마시고 잘 잡수시고 잘 주무세요."

고모가 후~ 하고 한숨을 쉬더니 소파에 기댄 체 가랑 가랑 코를 곤다.

"고모! 고모가 옛날 처녀 때 잘 부르던 노래 기억나?"

"내가 잘 부르던 노래가 있었나? 난 노래를 잘 못 부르는데."

"있었지, 금박댕기란 노랜데 처녀 때 기가 막히게 잘 불러서 사람들이 난리가 났었지, 내가 불러 볼 테니 기억나면 따라 불러요."

'황혼이 짙어지면 푸른 별들은, 희망을 쪼아보는 병아리들에, 우물터를 싸고도는 붉은 입술은, 송아지 우는 마을 복사꽃이냐~.'

머리를 앞뒤로 까닥이며 리듬을 타는 듯 했지만 소리는 입속에서 나오질 않았다.

할머니는 아들 셋을 낳고 아래로 고명딸을 낳아 공주처럼 키웠다. 얼굴이 곱기도 했지만 색동저고리를 즐겨 입고 곱게 딴 머리에 갑사 금박댕기를 달고 다녀 또래 여자아이들의 부러움을 샀지만 새초롬하고 가림이 심해 사람 만나기를 어려워하더니 팔순을 넘긴 지금까지도 속을 내어 보일 친구 한 사람 없고 대구에 살면서도 경상도 억양이 부담스럽다며 교회와 시장보기 외에는 사람 만나기를 싫어했다니 왼팔에 풍이 온 것도 고모부까지 떠나보내고 나니 홀로 무인도에 표류된 듯 서글픔과 외로움에 기인했을 것이다. 서둘러 요양병원에 끌려들어간 것도 병원이 더럽고 시끄럽다며 간호원들과 싸운 일을 빌미로 검사도 없이 일사천리로 치매환자가 되었기 때문이다.

모르는 전화번호에서 고모 목소리가 흘러나왔다. 간호사 전화를 쓴다며 돈 50만 원을 급히 송금하고 내가 사는 집 근처에 아파트를 알아보란다. 치매환자가 되어 요양병원에 들어간 노인네가 죽어서야 나올 판인데 돈은 왜 필요하며 이사까지 하겠는지…. 중증 치매니 얼마 못 사시겠구나 싶어 아내와 대구 요양병원으로 면회를 갔다. 그러나 고모는 멀쩡했다. 담당 간호원 말로는 치매예방(!) 약을 처방하고 있을 뿐 현재는 특이 증상이 없다고 했다.

고모는 눈물을 글썽이면서도 말은 단호했다. '고모의 치매진단 후, 아들이 요양병원에 고모를 밀어 넣고 재산을 정리하려 하니 당신은 요양병원을 나가 아파트를 처분하고 조카가 사는 곳으로 이사를 하겠다.'는 것이다. 자신이 언젠가 죽으면 자기들한테 자동으로 상속될 테고 요즘은 백세시대를 산다는데 이직은 멀쩡한 사람을 치매환자로 엮어 재산을 빼앗고 요양 병원이나 들어가 죽으라니 이게 말이 되냐며 분개했다. 소설 속에서나 나옴직한 일을 계획하는 고모를 보며 오죽하면 저러실까 싶어 안쓰러운 생각에 가슴이 메어질 듯 했으나 내가 이래라 저래라 할 입장도 권한도 없다보니 고개만 끄덕이다 돈만주고 돌아왔는데 며칠 후 남의 전화를 빌려 쓴다며 고모의 목소리가 빠르게 흘러나왔다. 아침에 요양병원에 들어온 택시를 타고 아무도 모르게 빠져나와 집으로 돌아왔으며 지금 부동산에 집을 내놓고 오는 중이라고 한다. 아연질색할 일이 벌어진 것이다.

아들은 비밀번호가 바뀐 현관문 스마트키를 119 대원까지 동원하여 부수고 들어가 난동을 부리다 경찰까지 출동하자 돌아갔다며 옆집 청년이 전화를 했다. 그 후 2개월쯤 지나 아파트를 팔고 내가 사는 곳으로 이사를 오셨다. 남자도 힘든 일을 중풍을 앓고 있는 팔순 노인이 집을 팔고 이사까지의 복잡한 일들을 혼자 해내느라 병이 날 만도 하건만 노인은 쌩쌩했고 지옥에서 살아나왔으니 이제 마음 편히 살 것 같다며 어린애처럼 들떠 있는 모습을 보니 내가 잘한 짓일 게라고 자위自慰를 해본다.

집을 팔고 도망(?)간 것을 뒤늦게 알게 된 아들이 전화에 다대고 악을 썼다. 좋던 싫던 아들이 옆에 살고 있는데 일언반구一言半句도 없이 요양병원을 탈출하여 집을 팔고 도망간 얄밉고 괘씸한 할망구가 어디 가서 죽든 살든 이제 상관

않겠다며 법적 보호자가 자신이고 상속자라는 것은 변함없는 사실인데 형님이 어머니를 꼬드겨 데려갔으니 죽는 날까지 책임지라며 전화를 끊었다.

집에서나 병원에서나 한 달에 한두 번 올까 말까 한다던 아들이 무슨 맘을 먹었는지 편도 130㎞를 일주일마다 달려와 얼굴을 내밀었다. 고모는 그들과의 파양을 준비했던 자신을 용서해 달라고 하느님께 빌었고 아들 전화번호를 1번으로 고쳤다며 50년간 이어진 모자간의 인연을 도저히 끊을 수가 없었다고도 했다. 그리고 코로나19로 마비상태나 다름없던 대구를 며칠 다녀오겠다며 아들을 따라 나서더니 곧바로 요양병원에 들어가 한 달 뒤에 소태 같은 인연을 끊어내고 하늘나라로 훌훌 떠나셨다.

13. 세상은 요지경

"요지경! 요지경! 요지경이 왔어요! 세상은 요지경! 별천지 세상, 요지경이 왔어요! '이태리'도 가고 '런던'도 가고, 요지경! 요지경! 요지경이 왔어요!"

밀짚모자를 쓴 남자가 내 키만한 나무상자를 짊어지고 마을을 돌며 요지경을 보라고 소리를 질렀다. 나와 친구들도 뒤따라 다니며 남자의 흉내를 냈지만 요지경이 무엇인지는 모른다. 어른들이 돈을 내고 작은 구멍에 눈을 갖다대면 남자는 구부러진 손잡이를 돌리며 베네치아도 가보고 파리인지 모기인지도 보라며 아리송한 말만 했다.

통 안을 본 사람들도 제정신이 아닌 것 같다. 홍수가 났는지 마을이 물바다라 배를 타고 다니고, 옷이 없어 남자 여자 할 것 없이 겨우 사타구니만 가린 사람도 있는가 하면 먹물을 뒤집어썼는지 전신이 시커먼 사람도 있다며 횡설수설했다.

본 사람이나 안 본 사람이나 답답한 건 매한가지다. 이 작은 통속에 집이며 사람이며 물까지 있다니 말이 되는 소릴 해야지, 통속을 보는 순간 귀신에게 홀려 혼을 빼앗긴 게 틀림없다. 이 남자도 귀신아비가 분명하다.

“아저씨 통속에 귀신이 있어요?”

“귀신? 글쎄다. 뭐가 들었는지 돈 가져오면 보여주지, 요지경! 요~지경!”

찬장구석에 안 쓰는 놋쇠 주발 하나를 가져가 요지경을 보여 달라고 하였지만 물건은 취급하지 않는단다. 조바심이 났다. 귀신이던 도깨비건 내 눈으로 직접 봐야 직성이 풀리겠는데 돈이 없다. 남자는 이미 다른 마을로 가려고 통을 짊어 졌다.

마음이 급해졌다. 어른들은 모두 들에 나가고 없으니 돈을 줄 사람도 없다. 나는 안방에 들어가 장롱을 뒤져 돈을 훔쳐들고 남자의 뒤를 쫓아 뛰었다.

남자는 시미 골 가는 길에 있는 개울을 거의 다 건너가고 있었다. 멀쩡한 징검다리를 두고 무릎까지 오르는 물속으로 더듬더듬 건너느라 내가 부르는 소리를 듣지 못했다. 나는 징검다리를 뛰어 건너가 돈을 내밀었다.

"아저씨! 통속에 있는 나라가 진짜 있나요?"

"암, 있고말고. 세상에는 우리나라보다 더 크고 신기한 나라들이 아주 많이 있단다. 백인도 있고 흑인도 살지. 너도 열심히 공부해서 신기한 나라들을 가보거라! 자~, 요지경 아저씨는 간다네, 신기한 세상을 지고 간~다네."

인천공항은 요지경 세상을 구경 가는 사람들로 항상 북적인다. 통 안을 보고 다른 세상을 동경하던 사람들이 외국여행을 이웃집 마실이라도 가듯 보편적 생활 패턴이 된 것이다. 참으로 세상은 요지경 속이다.

14. 인연

불가에서는 사람이 태어나면 인연因緣이라는 고리를 통해 타인과 인과관계因果關係를 이루다가 헤어지거나 죽음으로써 끝난다고 했다.

이를 두고 회자정리會者定離라 했는데 헤어지는 것은 인간의 능력으로는 어쩔 수 없는 불변의 법칙이라 감내堪耐하고 순리에 따를 수밖에 없을 것이다.

사람은 태어나면서부터 원초적 대인관계를 시작한다. 한마디로 만나고 헤어짐이 시작된다는 뜻이다. 최초로 자신에게 영향을 주는 가족과의 관계인데 이는 끝없는 희생과 사랑으로 묶인 혈연血緣이라 만남의 기쁨과 헤어짐의 비통

悲痛함 역시 극에 달한다고 해도 지나친 말이 아닐 것이고 이성異姓을 만나 부부의 연을 맺고 가정家庭을 이루는 일은 가족의 그늘에서 벗어나 남은 일생을 남에게 의지하고 살아가야 하는 것 또한 일생일대의 중차대한 일임을 두말할 필요가 없을 것이다. 이는 음陰과 양陽이 합하여 삼라만상參羅萬像이 창조되는 대자연의 섭리로써 종족번식의 기본이 되는 절차이기도 하여 혼인을 순천 지지리 합인정지의順天地之理 合人情之義, 즉 '천지의 이치에 순응하고 인정의 마땅함에 합하는 것'이라고 하였다. 부지불식不知不識간에 만나 생을 마감할 때까지 오순도순 함께 사랑하며 닮아가는 사람들에게는 궁합이 잘 맞는 천생연분天生緣分이라고 호평好評을 하며, 이런 관계는 서로가 편견과 욕구를 억제하고 존중과 희생으로 더불어 살기를 실천하여야만 가능한 일이다.

일체만물은 모두 상대적 의존관계이며 안에서 만들어진 직접적인 원인과 밖에서 만들어진 간접적인 원인을 인因이라 하고 그 결과를 연緣이라 하며 생애 동안 만난 사람들과의 관계가 어떤 형식이라도 설정되었다면 그것은 모두가 '인연'이라고 했다.

한쪽이 동물이나 미물로 태어나 사람과 운명을 함께하기란 가당치도 않은 일이지만 조물주는 그들을 인간으로 환생시켜서라도 부부의 연을 맺어준다는 설화說話는 '인연'이 있으면 저승 가서도 만나게 된다는 만남의 당위성을 강조하고 있다. "옷깃만 스쳐도 인연"이라며 만남을 소중히 여기는 것도 폭넓은 대인관계와 더불어 살아가는 인간관계를 에둘러 표현한 말이지만 모든 사람들이 다 좋은 '인연'으로만 만날 수는 없을 것이다. 저마다 서로 다른 환경에서 만난 사람이니 만남의 조건도 각양각색이고 그들의 영향이 크건 작건, 가까이서 또는 멀리서 내 인생길에 동행자로서 희망과 행복을 주는 사람도 있지만 매사에 딴죽을 걸며 불행을 주지 못해 안달복달하는 '악연'이나 끊을 내야 끊을 수 없는 쇠심줄같이 질긴 '인연'도 있게 마련이다. 말하자면 인간에게는 좋은 사람만을 선택할 권한도 능력도 주어지지 않았다는 사실이다.

모두가 갈등 없이 좋은 관계로만 엮어 산다면 행복하리라 생각 하겠지만 삶은 밍밍하고 단조롭다 못해 나태해지고 오히려 정신질환에 수명까지 단축될지도 모른다. 인간관계가 복잡하고 불안정 하더라도 어느 땐 곡예사처럼 또 어느 땐 개척자로 살면서 한 번쯤이라도 '당신을 만나 행복했다'는 말을 하고 또 들을 수 있다면 성공한 인생이 아닐까 싶다.

서로 다른 환경과 사고를 가진 사람이 만나서 같은 목표를 향해 가는데 갈등이 생기는 것은 당연하지만 이를 극복하고 자신을 희생하며 사랑으로 감싼다면 무사히 종점까지 갈 수 있을 것이다. 그러나 누구 하나라도 힘들다고 포기하거나 잡은 손을 놓아버리면 연緣은 끊어지고 결국엔 실패한 인생이 되는 것이다.

나는 나와 만난 사람에게 어떤 '인연'으로 그의 인생에 끼어들어 어떤 영향을 주었을까? 동행자로서의 나는 책임과 의무를 다하지 못하면서 상대에게만 요구하거나 오히려 그를 만나 불행하다는 생각은 하지 않았는지 한 번쯤은 자신의 인생행로를 살펴보는 것도 바람직할 것이다.

부부들에게 지금의 남편 또는 아내를 만나 행복하냐고 묻는다면 대다수가 묻는 당신은 행복하냐고 반문이 돌아 올 것이다. 요즘은 이혼이 흉이 아니라고 억지를 부리는 사람들이 부쩍 늘어나 1년에 2십만 쌍이 헤어진다는 통계다. 혼인 신고서에 아직 잉크도 마르기 전인데 없었던 일로 하자며 돌아서고, 황혼기에 접어든 사람들은 만고풍상을 다 겪어 남은 날이 두려울 것도, 미련도 없으련만 쥐꼬리만큼 남은 욕심을 채우려고 수십 년 곰삭은 '인연'을 하루아침에 칼로 무 자르듯 끊겠다며 법원을 드나든다.

주변사람들의 이목이 두려워 이미 끊어지고 너덜거리는 '인연'을 '졸혼卒婚'이라는 덮개로 눈가림 하거나 자신을 목숨처럼 아끼고 사랑했던 사람의 관棺 앞에서 재산이나 부양

扶養문제를 두고 근친끼리 다투고 죽이기까지 하는 몹쓸 '인연'이 늘어나는 이유도 현대인들의 생활 패턴이 편하고 능률적인 면에만 치우치다보니 텔레비전이나 컴퓨터 또는 AI(인공지능장치)같은 진화된 생활도구에 감성感性을 모두 박탈剝奪당한 채 그들의 노예가 되었기 때문일 것이다.

15. 점멸등

속담에 '업은 아이 삼년 찾는다.'는 말이 있다. 심한 건망증을 에둘러 한 말일 것이다.

사람의 뇌가 노화(?)되어 기억력과 인지력이 떨어지면 '깜빡깜빡' 하는 증세가 생기고 이러한 현상은 늙으면 누구나 다 겪는 노인병이라며 대수롭지 않게 생각했다. 그러나 '누구시더라?' '내가 누구지?' 정도로 자각능력을 잃으면 가족들은 망령이 들었다며 연민과 애증의 갈등을 느낄 새도 없이 서둘러 요양병원이란 유배지를 찾아낸다.

요즘 텔레비전 광고 중에 휴대폰이나 리모컨을 냉장고에서 찾아내는 영상은 예측이 아니라 현실이며 현대인 누구나

이 질병에서 자유로울 수 없다는 것이 문제다.

백인 귀부인이 붐비는 기차역에서 흑인과 부딪쳐 가방 속에 물건이 쏟아지는 바람에 주워 담느라 기차를 놓치게 된다. 귀부인은 음식점에 들어가 샐러드를 주문하고 포크를 가지고 자리에 와보니 웬 흑인이 자신의 샐러드를 먹고 있는 것을 발견한다. 화가 난 부인은 포크를 집어 들고 샐러드를 같이 먹는다. 귀부인 한번 흑인 한번, 교대로 음식을 먹는다. 음식을 다 먹은 흑인은 커피 두 잔을 들고 와 귀부인에게 내민다. 커피를 마신 귀부인은 기차를 타러 나가다가 가방을 두고 나온 것이 생각나 다시 식당으로 뛰어 갔지만 흑인도 가방도 보이지 않았다.

당황한 귀부인이 여기저기를 둘러보는데 아까 그 옆 테이블에 손도 대지 않은 샐러드 접시와 의자 위에는 자신의 가방이 있었다. 자리를 잘못 기억한 귀부인이 흑인의 음식을 빼앗아 먹었던 것이다. 흑인은 화도 내지 않고 귀부인과 음식을 나누어 먹고 커피까지 대접했다. 이 이야기는 '더 런치 데이트'라는 단편영화로 영국인 아담 데이비슨이 감독하여 단편영화 최우수상을 받은 바 있다. 여유와 넉넉함을 잃은 현대인에게 경종을 울리고 특권층의 오만과 유색인종에 대한 편견을 심판한 영화지만 사건의 단초는 '깜빡' 증세에 기인한 것이다.

우리나라에서도 심한 건망증을 해학적으로 풍자한 잡기雜記가 많은데 대부분 웃음보다는 연민이 더 깊어지는 내용들이다.

건망증이 심한 영감이 주막에서 같은 방에 묵게 된 스님에게 어느 절에서 왔는지를 계속해서 묻자 화가 난 스님은 그가 잠든 사이 머리를 빡빡 깎아버리고 도망을 갔다. 영감이 아침에 일어나 자신의 머리를 극적이며 "스님은 여기 있는데 내가 없구나, 좋은 사람 같던데 무엇이 그리 급해 아침도 안 먹고 떠났을꼬? 하룻밤 인연도 인연이니 방값은 내가 내주리다." 하였다.

이런 증세를 의학용어로는 대뇌의 해마 신경세포와 다른 신경세포의 연결고리인 '시냅스'의 주 업무인 단백질 분해 합성과 기억정보 인출의 불안정 때문이라고 하는데 이를 원만하게 수행하지 못하므로 그때마다 건망증 현상이 일어난다고 한다. 다시 말해 직 · 간접적인 환경영향에 의해 대뇌 연산 기능 시스템이 고장 또는 오랫동안 무위도식無爲徒食하다가 갑자기 데이터 출력을 하려니 오류가 생긴다는 말이다.

요즘은 젊은 사람들도 가족들의 전화번호를 기억 못해 휴대폰 주소록을 뒤적이며 '외우느라 스트레스를 받지 않으니 얼마나 다행이냐'고 자위自慰한다.

지금 우리는 4차 산업 시대에 들어와 있다. 인공 지능 시스템덕분에 우리는 낙원樂園에서 살게(?) 될지 모른다. 정보를 억지로 머릿속에 집어넣고 짜내느라 고민할 필요도 없이 손가락만 까닥까닥하면 안되는 게 없는 세상이 왔다. 행복지수가 높은 민족들은 거의가 아날로그에서 만족한다. 하지만 우리는 4차원에서 행복을 찾느라 기억과 감성을 버리는 대신 업은 아이를 찾아다니고 너와 나를 혼동하는 사람들은 계속 늘어날 것이다. 결국 우리들은 문명의 지배자가 아니라 지배당할 것이라는 데 의심할 여지가 없다.

과학이 인간의 수명을 연장하는 질병 인자를 잘도 찾아내어 백세시대를 열었지만 '깜빡깜빡' 하는 '점멸등' 앞에서 가야할지 서야할지 망설이다가 길에서 길을 잃을까 두렵다.

16. 꿈보다 해몽解夢

- 점괴占魁. 판계板桂. 영생永生. 봉춘奉春. 지고地高. 월보月寶. 권산權山. 한운漢雲. 광명光明. 천신天神. 지득只得. 필득必得. 원귀元貴. 무림戊林. 안사安士. 일산日山. 복손福孫. 명주明珠. 천양天陽. 태평太平. 청운靑雲. 강사江士. 유리有利. 합동合同. 합해合海. 구관九官. 길품吉品. 원길元吉. 하관夏管. 간옥艮玉. 상초上草. 곤명坤明. 만금萬金. 권사權士. 이리利里. 한신漢神. - 이것은 '채패' 36문항의 음률이다.

1960년대 초 우리나라 농촌에서 '채패'라는 노름이 성행하고 있었다.

36개 문항 중 물주物主와 동일한 문항에 30배를 지급하는 방법이다. 모든 문항들은 사람의 신체부위나 생활 속에서 일어나는 일들을 한자로 풀어 적용시키지만 선택은 꿈(夢)을 매개로 썼다. '채패'는 많은 사람이 접근하기 좋은 장소에서 대낮에 공개적으로 열렸고 우리 고향에서는 3개 군의 경계 지역인 마 국산 산골짜기 분지에서 하루 두 번씩 열렸다. 개인이 직접 현지로 가서 투자하는 방법과 마을 단위로 '통수'라는 중간 책을 통하는 방법이 있다. 마을 사람들은 한곳에 모여 36문이 적힌 사람의 신체그림을 펴놓고 자신이 지난밤에 꾼 꿈을 해몽解夢하여 종이에 적고 그 밑에 액수를 적어 통수에게 넘긴다.

'채패' 판이 열리는 골짜기는 여느 때와 마찬가지로 각지에서 몰려든 도박꾼들과 장사치, 통수와 구경꾼들로 북적거렸다. 누더기 옷을 걸치고 찌그러진 깡통을 두드리며 익살을 떠는 품바 엿장수, 치분칫솔, 참빗, 비녀, 권련, 봉지 담배, 담뱃대, 기름종이에 싼 이름 모를 고약, 돋보기안경, 연필, 공책, 손거울, 옷핀, 실과 바늘, 구리모와 백화 분, 고무줄에서 파리약(후 막기) 같은 물건들의 이름과 '채패' 36문을 래퍼들이 '랩'을 하듯 빠르게 주워 넘기는 총각 잡화장수, 생태 두 마리를 칡넝쿨로 아가미에 꿰어 지나는 사람들, 코앞에 들이대는 생선장수 박 씨, 녹두빈대떡을 부쳐 파는 욕쟁이 할머니네 목로를 지나온 지름 내가 산바람을 타고 분지를 맴돈다.

사람들은 '채패'를 사행성 도박 행위라 생각하지 않았다. 복권을 산다고 생각하는 것이다. 그래서 가족이 머리를 맞대고 앉아 해몽解夢도 하고 돈을 잃어도 미안함도 자책감도 느끼지 않는다.

우선 당첨이 되려면 총 36문항 중에 물주가 선택한 하나의 문항과 일치시켜야 한다. 사람들의 관심이 높은 이유는 문항선택 폭이 36분의 1에 지나지 않아 당첨 확률이 높다고 생각하는 것이다. 그러나 문항마다 100원씩 3,600원을 투자하여 당첨 되었다 하여도 손에 쥔 돈은 2,700원으로 900원의 손실이 생긴다. 통수(중간 운반책)가 당첨금액에서 10%의 수수료를 떼어가므로 결과는 밑지는 장사를 한 셈이다. 이러한 분석은 초등생도 할 수 있는 간단한 셈법이고 손익분기점도 정해져 있어 '투자는 곧 손실'이라는 결론이 나와 있음에도 사람들이 죽기 살기로 매달렸다. 36문중 30문을 선택하여도 당첨이 안 되는 경우가 비일 비재하고 이런 조건에서는 당첨된 패라도 설정금액이 제일 높지 않는 한 적자를 면할 수 없다.

결국 물주 배만 불리는 꼴이 되므로 꾼들은 한 문항에 집중적으로 베팅을 하려고 한다. 어느 집은 한밤중에 닭이나 개 짖는 소리도 들리지 않는 깊은 산속 큰 바위나 나무

아래 떡시루를 놓고 치성을 드리기도 하고 어느 집은 용하다는 무당을 데려다 굿을 하거나 합방까지 피하는 등 좋은 꿈을 꾸려고 해괴하고 기발한 방법을 다 써보지만 그들이 대박을 터트렸다는 소식은 듣지 못했다. 진秦나라 시황제가 만리장성 축조에 동원된 인부들의 인건비를 줬다 뺏는 수단으로 만들었다는 사기노름에 어리석고 순박한 사람들이 빠져들어 헤어나지 못하고 있는 것이다.

36문항 중 무슨 근거로 한 문항만을 선택 할 수 있을까? 관심법을 쓴다는 '궁예'도 아니고 귀신도 아닐 진데 어찌 물주의 속내를 알 수 있으랴! 신神의 은총으로 물주物主와 똑같은 꿈을 꾸었다 치더라도 해몽解夢이 다르면 당첨은 물 건너간다.

서기書記가 통수들이 접수시킨 패牌를 한 장씩 펴가며 문항과 금액을 큰소리로 읽어주면 경리는 빠르게 항목별, 지역별로 분류하여 통계 자료를 물주에게 넘기고 물주는 방석 밑에 있던 자신의 패를 꺼내 사람들 앞에 펼쳐 보이며 "광명!" 하며 큰소리로 읽으면 골짜기는 탄식의 소리가 넘쳐난다. 지역에서 온 통수들과의 정산이 끝나면 개별 접수 분을 정산하는데 여기에서 물주는 피가 마른다고 한다. 개별로 접수한 패는 전문꾼들이라 큰돈이 나갈 수 있기 때문이다. 통수들은 오후 판을 준비하느라 서둘러 자기 마을로 돌아가고 전문꾼들은 함바 목로에 모여 물주의 하사 주下賜酒 한사발로 무너지는 억장을 버티고 있다.

그들은 매일같이 '오늘 한판'을 벼르며 본전이라도 건지면 손을 끊고 가족의 품으로 돌아가겠다고 하지만 겨울이 가고 봄이 왔어도 골짜기를 떠나지 못하고 있다.

마을 사람들도 통수가 가져올 희소식(?)을 기대하며 서둘러 일터에서 돌아온다. 그리고 쓴 웃음을 지으며 돌아서다가 '누가 얼마짜리를 터트렸다'는 말에 '행운이 꼭 나만 비켜가란 법이 있느냐?'며 오후 패를 또 쓰곤 했다. 그러나 결과는 언제나 뻔했고 후유증도 컸다.

시부모 몰래 꼬깃꼬깃 모아둔 푼돈을 내밀고 온종일 좌불안석하는 새댁, 곽 씨 처의 해몽이 몇 번 적중하자 해몽解夢박사라며 마을사람들이 꿈을 들고(?) 줄을 섰으나 정작 본인은 속빈 강정이었는지 빚에 시달리다 야밤 도주했고, 며느리가 몇 차례 성공한 것을 눈치 챈 시아버지는 며느리에게 꿈을 팔라고 하자 며느리는 입에 담기도 민망한 개꿈이라 말할 수 없다고 하는데도 개꿈인지 돼지꿈인지는 자신이 결정한다며 며느리 꿈에 왕창 걸었다가 나비효과(작은 욕심에서 비롯돼 평생공적이 와르르 무너지는 덧없음, 브라질나비의 날개짓이 미국 텍사스에 토네이도를 일으킬 수 있다는 이론)와 같은 상황만 초래하고 말았다.

분지에서는 하루에 두 차례씩 개장되지만 사람들이 가져간 배당금은 전체금액에 30%에 불과하고 이것도 며칠 내로 다시 돌아오게 마련이다. '채패'를 싫어하던 사람이 어쩌다 심심풀이라며 써넣은 것이 대박을 터트린 경우가 간혹 있지만 눈에 핏줄을 세우고 죽기 살기로 매달리는 노름꾼은 본전치기도 어렵다.

천하지 대본天下之 大本인 농사農事는 내몰라라 하고 빚까지 얻어 쓰다 제때 갚지 못해 야밤중에 도망을 치거나 싸우고 이혼까지 하는 등 가정불화가 끊이질 않고, 마을에 재산이 타 지역으로 유출되는 것도 큰 문제라는 할아버지의 말씀을 듣고 읍내에서 사촌형이 사복형사인 당숙을 데리고 왔다. 한때 통수 일을 했던 내가 길 안내를 맡아 감시가 철저한 현장에 잠입하는데 성공했다.

우리가 도착해보니 마침 정산 중이라 사람들의 이목耳目이 모두 물주物主 쪽에 쏠려있어 우리를 눈여겨보는 사람은 아무도 없었다. 당숙이 물주의 뒤로 돌아가 손목을 나꿔채자 누군가가 "순사다!"라고 외쳤고 사람들이 엎어지고 자빠지며 사방으로 흩어졌다. 물주가 형사의 팔을 뿌리치고 가방을 들고 도망치려 하였지만 당숙의 발에 걸려 나동그라졌고 가방에서 돈이 쏟아지며 바람에 날리자 물주는 날아다니는 돈을 잡으려고 손을 휘저으며 소리를 질렀다.

"내 돈! 내 돈이 날아가네! 아이구 내 돈! 내 돈 좀 잡아줘요! 아이구, 내~돈."

17. 매미

자동차가 삼거리 구멍가게 모퉁이를 돌아가 보이지 않는데도 손자는 계속 손을 흔들었다. 아이의 눈에서 닭똥 같은 눈물이 그렁거린다.

"사내 녀석이 눈물은…, 오자마자 가고 싶은 게냐? 주말에 아빠가 데리러 온다고 하드만."

'잠시'라는 단서가 붙기는 했지만 녀석이 예상보다 빨리 후회를 하고 있음이 역력했다. 아이가 돌아서서 주먹으로 눈을 쓱 쓱 문지르고는 내 손을 잡아당겼다.

"할아버지! 그네 타러가요."

온라인수업 시작 전에 며칠 할아버지와 지내다 오겠다고

자청해서 내려온 터라 아빠와 헤어지는 서운함을 억지로 꾹꾹 눌러 참는 아이를 보니 좀 안쓰럽기도 하고 대견스럽기도 했다.

놀이터에는 아이들 대신 땡볕이 놀이기구를 달구고 있었다.

"안되겠다. 그네는 나중에 타고 우린 나무 그늘에서 한숨 자자! 오케이?"

"…오케이!"

호숫가 제일 높은 언덕배기에는 삼백 년 가까이 마을과 호수를 지켜오느라 허리 굽은 느티나무가 파란 그늘을 평상 가득 펼쳐 놓았다. 어른 팔로 네 번은 안아야 할 만큼 거목으로 그늘이 넓어 마을 사람들의 휴식처로 사랑받는 장소지만 오늘은 평상이 텅 비어있다.

아이가 내 곁에 나란히 누웠다. 햇살이 잎사귀 사이를 비집고 아이의 얼굴에 쏟아지자 몸을 이리저리 뒤척인다. 느티나무에 매미들이 한꺼번에 울어대니 잠자기도 그른 듯싶다.

나는 헛기침으로 목을 가다듬고 시 한수를 읊었다.

드리운 끈으로 맑은 이슬 마시고
흐르듯 우는소리 소동疏桐에서 나오네,

있는 곳이 높아서 소리 절로 멀리 들리니
가을바람 빌린 것은 아니었구나!

아이가 손바닥으로 평상을 통통 두드린다.

"할아버지! 노래가 너무 느려요, 좀 빠르게 불러보세요"

"하! 하! 이 노래는 빠르게 부르는 게 아니란다. 주세남이란 중국 사람이 지은 매미蟬라는 시詩인데 매미 우는 소릴 들으니 생각이 나서 그냥 시조조로 불러 본 게다."

"저도 매미 노래 아는 거 하나있어요."

"그래? 그럼 한번 불러봐라! 할아버지가 소개를 해주지, 험 험! 전국~ 노래자랑 애청자 여러분 안녕하세요? 아름다운 호숫가에서 열리는 노래자랑에 참석하신 느티나무님, 칠년 만에 돌아오신 매미님들, 그리고 어린 새끼들 때문에 이곳 호수에서 여름을 보내고 있는 청둥오리 가족과, 부르는데는 없어도 갈 곳은 많다고 우겨대는 뭉게구름님도 안녕하시지요? 오늘 이 자리에 세계적인 명가수 한 분을 초청하였습니다. 뜨거운 박수로 노래를 청해주시기 바랍니다. 들으실 곡은 매미동무, 짝짝 짝 짝 짝"

"매미동무는 마음도 좋다~. 날마다 배나무에 와서 울어도~ 꼭대기 배하나 안 따 먹는다~. 꼭대기 배하나 안 따먹는~ 다."

아이는 고개를 아래위로 까닥이며 노래를 불렀다. 노래는 호수 건너로 멀리멀리 퍼져나갔다.

아이가 양팔로 느티나무를 안아보며 할아버지도 코로나 안 걸리고 느티나무처럼 오래 오래 사셨으면 좋겠다고 했다.

오래 살라는 아이의 립서비스를 듣는 순간 가슴이 뭉클해 졌다.

"느티나무처럼 오래 살라? 그거 듣던 중 반가운 소리구나, 그런데 사람이건 짐승이건 욕심껏 오래 살 수는 없단다. 사람들은 오래 살고 싶어 보약에, 운동에, 온갖 수단을 다 쓴다마는 천명天命을 어길 수는 없지. 태어나는 건 삼신할미 뜻이지만 죽는 건 하늘에 뜻이란 말이 있단다. 진나라 시황제는 아방궁을 짓고 불로불사 하겠다며 수천 명을 풀어 불로초를 찾아 오라하여 좋다는 것은 다 먹었지만 겨우 오십밖에 못 살았단다. 사람이 느티나무처럼 오래 산다면 지구는 인구 밀집으로 오염이 극심해질 테고 그로 인한 기후변화로 많은 사람이 죽을 거야, 코로나 같은 바이러스도 끊임없이 생길 테고, 그러니 적당히 살다 죽는 것이 지구의 미래를 위하는 길이지."

"적당이가 몇 살 인가요?"

"글쎄다, 착한 일 한 만큼?"

"…?"

우리는 평상에 누워 짧은 오수午睡를 즐겼다.

"할아버지! 일어나 보세요, 하늘이 깜깜해졌어요."

"그 그래? 장마가 온다더니…, 비 맞기 전에 뛰자!"

거센 빗줄기가 발뒤꿈치까지 쫓아왔다.

코로나19 감염자가 갈수록 늘어나고 장맛비도 여름내 질척거려 갈 곳을 잃은 사람들은 티브이 리모컨만 쥐고 여름을 지냈다.

그리움에 수많은 세월을 더듬어 달려왔을 매미는 외로움에 한恨을 남기고 기약도 없이 느티나무를 떠났고 여름이 머물던 평상에는 낙엽들이 모여 짧은 볕을 쬐고 있다.

18. 무녀巫女

흰 날개옷을 입은 아름다운 선녀가 나타나 꽃구경을 시켜 주겠다기에 숲속 깊이 따라 들어갔으나 꽃은 보이지 않고 음산해 보이는 동굴이 나타났다. 내가 선녀에게 어두운 동굴이 무서우니 돌아가자고 하자 선녀는 무서운 마귀로 변했다. 검은 옷 위에 검은 망토를 걸치고 챙이 넓은 검은 모자를 눌러써서 얼굴은 보이지 않는데 매 발톱처럼 긴 손톱이 달린 손으로 내 목을 움켜잡고 동굴 속으로 내 동댕이치자 박쥐들이 새까맣게 달려들어 날카로운 이빨로 가슴을 물어뜯었다.

"으악~ 살려주세요!"

내가 지른 고함 소리에 놀라 눈을 뜨기는 했지만 어둠침침해서 동굴인지 어디인지 알 수가 없다. 나는 '엄마'하고 소리를 질렀지만 가슴이 씀벅 씀벅 하고 입안도 바작바작 말라 입을 오므릴 수조차 없다 보니 소리는 입속에서 웅얼거렸다. 일어나려고하니 팔과 다리가 끈으로 묶여있고 가슴에도 광목이 칭칭 감겨 있어 옴짝달싹도 할 수가 없다. 마귀가 나를 꽁꽁 묶어놓고 나갔을 것이다.

-공민 반에 들어가다

1950년 6월 25일 북괴가 남침하면서 학교가 폐쇄되었다. 10월 초에 서울이 수복되고 학교도 개학을 하겠다고 통지가 왔지만 10월 하순에 중공군이 쳐내려오는 바람에 학교는 계속 폐쇄되었다가 1952년 3월에 다시 개학을 하였다. 누구랄 것 없이 전쟁으로 가족이 죽어 슬프고, 또는 불구자가 되고, 생사를 몰라 눈물로 사는 사람들에다 기근飢饉까지 겹쳐 겨우 초근목피로 연명하거나 굶어 죽는 사람이 부지기수인데 학교나 다니는 것은 사리분별 없는 생각이라며 공부를 포기하는 학생들이 늘어났다.

공부는 나중에 하고 우선 배고픔을 해결해야 한다며 집을 나가 거지가 되거나 다른 동래에 들어가 도둑질을 하다

잡혀오는 아이들도 있고 마을을 돌며 '아이스 깨끼' 장사를 하는 아이들도 상당히 많았다.

나는 까만 양복에 까만 운동화를 신고 왼쪽 가슴에 수실로 이름을 수놓은 하얀 손수건을 달고 가족들의 축하를 받으며 엄마 손에 끌려 입학을 하였고 다음날부터 엄마 손 대신 동네 형들을 뒤따라 다녔다. 학교에 다니는 서너 명의 상급생 형들은 학교를 오가면서 뜀박질하기 일쑤에 다람쥐를 잡는다고 산속을 돌아다니거나 남의 밭에 들어가 서리를 하고 개구리를 잡아 구워 먹는 등 저희끼리만 놀고 꼬맹이가 오는지 가는지 관심은 커녕 넘어졌을 때나 개울을 건널 때도 손 한번 잡아주는 형들이 없었다.

일곱 살짜리 꼬맹이 혼자 시오리가 넘는 학교 길을 매일같이 오간다는 것은 말 그대로 고난의 길일 수밖에 없었다. 나는 학교 다니는 것이 너무 힘들어 학교를 안 가겠다고 골질을 하여 엄마의 속을 숯덩이로 만들었는데 전쟁 덕분에 학교도 안가고 늦잠에 실컷 놀 수 있어 얼마나 행복했는지 모른다. 그때의 어린 내 생각으로는 전쟁이란 것을 오래오래 했으면 좋겠다고 생각했다. 그러나 달콤한 꿈은 오래가지 않았다. 우리 가족 모두의 목숨을 걸어야하는 지옥의 피란길이 기다리고 있었다.

빨갱이들은 마을 사람들을 느티나무 밑에 집합시켜놓고

김일성 찬양 노래를 가르치거나 인민재판이란 걸 하면서 마을 사람들을 쥐 잡듯 하였다. 가을엔 국군이 계속 승전하여 전쟁이 끝나는 줄 알았는데 겨울로 접어들자 오랑캐가 또 밀물처럼 밀고 내려와 결국 피란을 떠날 수밖에 없었다. 피란길은 춥고 배고프고 생사를 넘나드는 지옥 같은 길이었지만 다행히 가족모두 목숨을 부지하고 1953년 4월에 귀향할 수 있었고 학교에서는 나를 공민반이라는 특수반으로 잠정 편성시켜 주었다. 정식으로는 3학년이 되어야 하지만 수업일수가 너무 부족하고 성적도 극히 미흡하여 조정 기간이 필요하단다.

공민반의 구성은 북쪽에서 피란을 내려와 돌아가지 못하는 애들이 대다수고 적령기를 넘긴 늦깎이 아이들과 나처럼 귀향이 늦어 반 편성이 끝나고 한참 뒤 등교한 애들이라 학급 배치는 일정기간 평가를 거쳐 정규학년에 배정한다고 했다. 우리 반에도 스무 살은 됨직한 누나들이 꽤 여러 명 있었는데 체육시간에는 젓가슴이 출렁거려 한손으로 가슴을 누르고 뛰는 누나들의 모습을 흉내내다가 머리를 쥐어박히곤 했다.

아리고 고단했던 전상戰傷의 그늘은 공민반에 유난히 많아 부모·형제를 잃은 아이들, 몸이 상한 아이들, 입학하자마자 입 하나 줄이자고 신랑이 언청이든, 곰보든, 나이가 많든, 절름발이든 따질 겨를 없이 시집을 간다는 여자애들도 있고 식모살이나 머슴살이를 해야 한다며 공부를 포기하는 애들과 새로 들어오는 아이들까지, 전 · 출입이 빈번하여 얼굴 익히고 이름알기도 어려웠다.

공민반은 나를 비롯하여 거의가 무늬만 삼학년이지 성적은 최하위권에서 끈끈이에 붙은 파리처럼 요지부동이라 내 자신이 생각해도 한심하기 짝이 없었다. 나는 점점 학교 가기가 싫어졌고 끝내 산과 들로 돌아다니다 하교시간에 맞춰 집에 가서는 천연덕스럽게 학교 다녀왔다고 거짓말을 하기 시작했고 거짓말을 할 때 마다 죄책감이 가슴 속에서 물이끼처럼 눌어붙어 미끄덩거리며 나를 괴롭혔다. 우리 마을에서 공민반은 나 혼자라 가족들을 속이기는 쉬웠으나 담임 선생님의 가정방문으로 들통이 나는 바람에 흠씬 두들겨 맞고 길놀이는 끝이 났다.

공민반은 열 살짜리 꼬마부터 스무 살 처녀까지 섞여있고 생활 환경도 복잡하게 얽힌 반이라 일정한 능력 기준을 맞추기 어렵다며 매일 자습이나 시키고는 시험평가를 하여 정규반에 배치하겠다고 했다. 대통령이 평화선포를 하였고 곧 정전도 될 것이라지만 전선에서는 아직도 포연이 끊이질 않아 사람들은 다리 뻗고 편히 잠들지 못하는데 무슨 궐기대회는 그렇게 자주하는지 그때마다 선생님들은 학생들을 자습시키거나 일찍 수업을 끝내곤 하였다. 또 어느 땐 교장 선생님이나 소사(잡무원)가 자습감독을 하였다.

선생님은 내가 여름방학을 끝으로 정규반에 편성된다고 하였지만 설상가상이라고나 할까? 공부를 계속할 수 없는 불행한 일이 또 나를 기다리고 있었다. 공민반에 편입되고 처음 맞은 여름방학 전날, 지겹고 자존심 상했던 청소당번도 오늘로 땡이라며 꼴찌들은 마룻바닥을 두드리고 고함을 질러가며 신나게 청소를 했다. 갑자기 교실이 어두워 밖을 보니 캄캄해진 하늘에서 억수같이 쏟아지는 빗물이 유리창을 박살이라도 낼 듯 사정없이 두들기고 운동장에도 장대 같은 빗줄기가 물안개를 피우고 비눗방울 같은 거품을 만들며 쏟아지고 있었다.

함께 청소하던 꼴찌 셋은 청소 도구를 내팽개치고 운동장을 가로질러 교문을 빠져나갔고 나는 비 그치기를 기다렸으나 빗줄기가 점점 더 거세질 뿐 쉽게 그칠 것 같지 않아 책보를 어깨에 동여매고 집을 향해 뛰기 시작했다. 천둥 번개는 우르릉 쿵쾅 찌지~직 거리며 하늘을 갈기갈기 찢어발기려 요란을 떨고, 번개 사이로 쏟아지는 빗물은 얼굴을 후벼팠다.

나는 번개가 번쩍이면 움푹한 도랑으로 들어가 웅크리고 앉아 천둥소리가 지날 때까지 귀를 막고 있었다. 질퍽이는 길을 혼자 가려니 서러운 생각이 들어 어깨를 들썩이며 흐느껴 울어도 보았지만 빗물인지 눈물인지 찝찔한 것들이 눈 속으로 밀고 들어와 앞은 더욱 안 보이는데 자꾸 울어봐야 가엾다고 역성들어줄 사람도 없으니 천치마냥 울기만 할 수도 없었다.

신작로를 벗어나 마을로 가는 오솔길로 들어서면 20미터쯤 넓이의 개울을 건너야 하는데 개울은 평상시보다 두 배는 더 넓어진 채 흙탕물이 벌창을 하고 아침에 건너왔던 섶다리는 흔적조차 없다. 개울가에서 자라던 버드나무, 소나무와 풀무더기, 옥수수 대 같은 것들이 급류를 따라 쏜살같이 떠내려가고 호박이나 참외를 매단 넝쿨이랑 뽑힌 나무들이 물속을 자맥질해가며 빠르게 떠내려간다.

나는 운동화를 벗어 책보에 싸서 어깨에 동여매고 한발한발 조심스럽게 물속으로 발을 밀어 넣었다. 무릎에 잠기던 물이 순식간에 나를 한길 물속으로 끌고 들어가 흙탕물이 넘실대는 물 가운데로 패대기쳤다. 흙탕물은 입으로 코로 눈으로 밀려들어오고 내 옆을 지나던 부유물들은 나를 사정없이 쥐어박고 지나간다.

"엄마! 엄마! 푸우 ~푸 ~엄마, ~푸우 푸~ 엄, 살려~ 푸 ~푸, 나 죽어 엄~! 푸 우 푸."

나는 내 앞을 지나는 나뭇가지에 필사적으로 매달렸고

이어 어딘가에 심하게 부딪히며 정신을 잃었다. 누군가가 내 등을 두드리고 머리를 거꾸로 매달아놓고 가슴을 치며 무엇이든 당장 토설하지 않으면 죽여버리겠다고 한다.

"우 엑 ~우 액~ 살려! 우 액~ 캑 캑."

입에서 한 무더기 물이 쏟아져 나오고 콧속도 간질거리며 심하게 재채기가 나더니 머리가 띵하고 정신도 희미해졌다.

"얘야! 정신 좀 차려봐라! 내말 들리니? 얘야, 정신 차려!"

나는 따귀를 몇 대 맞고 눈을 떴다. 왼쪽 눈꼬리에 콩알만 한 검은 점이 있는 남자 어른이 나를 내려다보며 무슨 말인지 계속 떠들어댔지만 귓전이 윙 윙 거릴 뿐 알아들을 수가 없다. 목구멍도 찢어졌는지 쓰리고 아파서 말을 할 수가 없다. 머리는 천근만근 무겁고 속도 울렁거리며 매스껍고 가슴이 조여 온다. 남자의 얼굴이 둘로 겹쳐 보이고 안개 속 같이 희미했다.

"이제 정신 좀 드니? 내가 보여? 그래! 정신이 드나보구나? 넌 이제 살았어! 살아났어! 그놈 명 한번 기네, 다행히도 네가 매달린 밤나무가 보에 걸리는 바람에 네가 살 수 있었지, 아니면 큰일 날 뻔 했다니까…"

그는 원두막에 널브러져 있던 짚단이랑 새끼줄을 이불처럼 펴서 내 몸에 덮어주며,

"너 미륵댕이 살지? 이제 너는 살았으니 잠시 누워 있다가 집에 가거라! 난 논둑이 다 터져서 가봐야 하니 넌 비가 좀 멎으면 가거라! 혼자 갈 수 있겠지? 집에 가면 더운물로 목욕하고 약도 먹어야한다. 알았니? 그럼 천천히 조심해서 가거라!"

남자 어른은 원두막 사다리를 내려가다 다시 올라와 내 이마를 짚어 보고는 안심이 됐는지 도롱이를 입고 삿갓을 쓰고 삽을 어깨에 둘러메고 논틀길을 휘적휘적 가버렸다. 젖은 몸은 사시나무처럼 오들거리고 머리가 반은 없어진 것처럼 띵 하고 허전하다. 일어나려고 하니 원두막이 빙빙 돌고 눈알이 빠지듯이 아파 견딜 수가 없다. 나는 혼자라는 공포감에 울음이 터졌으나 눈물도 소리도 안 나는 마른 울음일 뿐이었다. 죽을힘을 다해 원두막을 내려오다 사다리에서 떨어지며 다시 정신을 잃었고 내가 깨어났을 땐 우리 가족들이 죽 둘러앉아 나를 내려다보고 있었다.

"아가! 정신이드니? 내가 누군지 알겠어? 할미다, 할미! 할미를 알아보겠지? 어멈아! 얘가 살아났구나, 살았어! 아이구 내 새끼! 고마워라, 신령님! 부처님! 감사합니다. 조상님! 정말 고맙습니다."

어른들은 내가 깨어나자 미음을 먹여라, 약을 먹여라 하셨지만 눈만 껌벅일 뿐 제대로 먹지도 일어나지도 못하였다. 나는 석 달 동안 학교에도 못 가고 시름시름 앓고 있었다. 가뜩이나 작은 체구가 북어처럼 마르고 심한 기침으로 목과 가슴이 찢어질 듯 아파왔다. 초점 잃은 눈은 잠이 덜 깬 듯 그물거리고 앞이 뿌옇게 흐려 보여 자꾸 눈을 비비다 그도 성가셔 눈을 감아버리고 잠시 서있기도 힘들어 종일 누워 지내니 엉덩이나 등에는 살이 짓물러 쓰리고 아프지만 약국도 의원도 없는 산골에서 약이라고 먹은 것은 양귀비대 삶은 물 뿐이고 가끔 '어룽굴' 사는 한쪽 눈이 찌그러진 영감에게서 침을 맞고 누런 종이에 싼 이름도 모르는 약초를 달여 먹었지만 조금의 차도도 없이 한발 한발 저승길을 가고 있었다.

"넌 나을 수 있어! 먹기 싫어도 억지로라도 먹고 정신을 차려야한다. 안 먹으면 죽는 거야! 그러니 조금이라도 삼켜봐라!"

온 식구가 나를 살리려고 애를 써보지만 쉽게 털고 일어나지 못하자 할머니는 당골네를 불러다가 푸닥거리도하고 비방이나 무꾸리도 해보았으나 그것도 아무런 효과가 없자 가족들은 싸운 사람들처럼 웃음을 잃고 무거운 얼굴로 하루하루를 보내고 엄마의 눈에선 눈물 마를 날이 없었다.

-태주가 할머니의 양딸이 되다

멍석 위에 녹두가 탁! 탁! 까만 깍지를 밀어내는 소리에 고추잠자리가 깜짝 놀라 하늘 높이 치솟으며 도망을 간다. 나는 할머니 무릎을 베고 누워 잠자리가 몇 까지 세면 다시 내려올지 하나, 둘, 셋, 수를 세다가 깜박 잠이 들었는데 할머니의 큰소리에 놀라 눈을 떠보니 엄마와 나이가 비슷해 보이는 여자가 마당에 들어서며 마루에 계신 할머니를 향해,

"저~ 실례합니다. 어머니! 말씀 좀 여쭙겠습니다. 혹시 이 골목에서 요즘에 상여가 나갔거나 앓고 있는 사람은 없나요?"

"어머니? 뉘신~데? 그런 걸 왜 예 와서 묻수? 이 골목에선 초상이 없었는데 상여는 무슨… 그런데 그 일이 아낙하고 무슨 상관인 게요?"

"아! 네~ 실은 귀신을 쫓다 이곳까지 오게 되어 여쭙는 건데요, 그럼 물에 빠졌거나 물마시고 체한 사람은 없는가요?"

"무슨 귀신 씻나락 까먹는 소릴, 아낙은 귀신도 잡으러 다니시는가? 젊은 사람이 어쩌다 그리된 게야? 요즘 세상에

귀신이니 뭐니 횡설수설 하는걸 보니 어디가 많이 성치 않고서야 원… 행색은 멀쩡해 보이는데 실성을 한 건지, 먹고 살기 힘들다보니 별의별 사람이 다 돌아다니는구먼, 허튼소리 고만하고 썩 나가시게! 어떻게 대문 열린 걸 귀신같이 알고 밀고 들어오는지… 얼른 안 나가고 뭐하나?"

할머니는 가뜩이나 숯덩이가 된 속을 뒤집는 소리에 울컥 화가 치밀어 오르지만 속을 삭히느라 애먼 담뱃대만 댓돌에 두들기신다.

젊은 여자는 나가라는 소리를 귓등으로 들었는지 아니면 못들은 척 하는 건지 오히려 할머니 곁으로 다가와 마루에 걸터앉으며,

"어머니! 저는 동자신을 몸주로 모시는 태주입니다. 제가 잡아놓은 물귀신 중에 한 년이 도망을 쳤지 뭐예요, 몸주가 인도하는 대로 오다보니 이 댁까지 오게 됐는데 꼭두새벽부터 길을 대느라 때를 놓쳐 뱃가죽이 등짝에 붙어 허리가 안 펴지고 말도 잘 안 나오네요! 우선 밥이나 한 그릇 주시면 안 될까요?"

"밥 한 끼 나누기야 어렵지 않네만 말은 삼가게! 아무리 신기가 있다지만 지금이 어느 땐데 그런 말로 사람을 홀리려는가?"

가을이 와도 텅 빈 논밭에는 무심한 잡초들만 무성하게

씨를 익히고 있었다. 사람들은 들판을 헤매며 이삭을 줍고 보리개떡이나 감자와 옥수수로 끼니를 메웠다. 우리 집은 다달이 제사를 지냈는데 그때마다 마을 사람들이 와서 음식을 같이 만들고 제사음식을 나누워먹곤 하였지만 전쟁 후로는 마을 사람들을 초대하지 못했다. 마을 사람들은 우리 집 제삿날을 모두 기억하고 불러주기를 바라지만 우리 집 형편도 그들과 다름이 없었다. 나도 허기를 달래려 또래 아이들을 따라 산과 들로 다니며 칡 순이나 찔레 순을 꺾어 씹고, 쟁기 날에 쪼개진 마름을 논물에 씻어 먹기도 하고 소나무 새순 속껍데기를 벗겨 먹거나 남의 목화밭에 들어가 다래를 따먹다가 주인에게 들켜 혼쭐이 나기도 했다. 학교에서 배급받은 우유가루는 양은 도시락에 담아 밥솥에 쪄 돌덩어리처럼 단단해진 것을 종일 빨고 다니기도 했다.

빈 논밭에는 잡초만 가득하고 가뭄까지 겹쳐 뭐하나 제대로 거둘게 없었던 때라 너나없이 팍팍해진 살림인데 툭하면 상이용사라며 손에 쇠갈고리로 의수를 한 남자나 전쟁에서 눈을 잃었다며 검은 안경을 쓰고 아이들의 손을 잡고 들어와 '나라를 위하여 육신을 바쳤는데 그까짓 쌀 한줌이 아까우냐?'며 강제로 뺏다시피 동냥을 해가고 거지들이 떼로 몰려다니며 한쪽에선 소란을 피우고 한 놈은 부엌에 들어가 어르신 밥까지 바가지에 쓸어 담는가 하면 문둥병 환자들도 일그러진 얼굴을 여인네 얼굴 가까이 대거나 오그라든 손으로 만지려하여 여자들이 질겁을 하고 혼비백산하는 바람에 대낮에도 대문을 걸어 잠가야하는 야박한 농촌이 되었다.

할머니는 무턱대고 들어와 함부로 지껄이는 낯선 여자의 말에 어안이 없어 하시면서도 오죽 배가 고프면 이러고 다니겠나싶어 밥상을 내오셨다. 여자는 꽁보리밥에 고추장과 무장아찌 뿐이지만 밥을 찬물에 말아 숟가락 끝으로 고추장을 찍어 맛있게 먹고는,

"어머니! 맛나게 잘 먹었습니다. 그런데 웬 고추장이 이렇게 맛있는지 꿀맛 같네요."

"시장이 반찬이지… 잘 먹었다니 다행이구먼."

그는 마루 기둥에 맥없이 기대어 눈만 껌벅이는 나를 보더니

"얘가 물에 빠졌던 손잔가요? 꼴이 말이 아니네요. 그놈의 물귀신 때문에 석 달씩이나 앓고 있으니 온 식구가 걱정이 이만저만이 아녔겠어요. 약이 듣나 굿이 듣나… 그래도 무슨 짓이든 해봐야지 죽어도 덜 억울하지 않겠어요, 어머니?"

석 달이나 물귀신에게 시달리고 있다는 그녀의 말에 할머니는 귀가 번쩍 띄었다. 사실 손자가 물에 빠진 후부터

병치레를 하고 있어 가끔씩 물귀신이 붙은 건 아닌가하고 의구심을 떨치지 못하던 때문이다.

"자네가 태주라고? 우리 손자를 살릴 요량이라도 있단 말인가? 살려만 준다면 자네 소원을 다 들어 줌세, 어떻게 하면 되는지 말 좀 해 보게나!"

할머니는 언제 험한 말을 했는가싶게 그에게 매달리고 계셨다.

"이 아이를 살리려면 저를 양딸로 삼으셔야 돼요. 그렇게 하실 수 있겠어요?"

"양~ 딸? 그야 어렵지 않네만 분명히 우리 손자를 살려 낼 수 있겠는가?"

"쉬운 일은 아니지만 최선을 다해봐야지요. 그런데 제가 어머니의 양딸이 되면 문제가 생길 텐데요?"

"문제라니? 무슨~ 문제? 우리 집에서 누가 반대라도 할까 봐 걱정인가?"

"그게 아니라 이 동네 당골네 때문에 어머니 입장이 곤란해질 수 있거든요, 그래도 괜찮으시다면…"

"그럴 수도 있겠지만 그게 대수겠는가? 걱정 말고 내 새끼나 살려내게."

할머니는 식구들에게 여자를 소개하며 양딸로 삼겠으니 모두 협조하고 가족으로 대하라는 당부를 하셨다.

여자는 스물일곱이고 고향 파주에서 홀아버지와 살던 중 이름도 모르는 뜨내기 박물장수의 아이를 낳았으나 그만 백일만에 아이가 죽었다고 했다. 이후 신기가 들어 내림굿을 받고 말문이 열려 신당을 차렸지만 아버지는 끝내 못마땅해 하시며 개성에 사는 작은아버지 댁으로 가셨는데, 전쟁이 일어나 그 후 소식도 끊이고, 혼자 부초처럼 정처 없이 떠돌며 살다보니 너무나 외롭고 무서워 가족이 많은 집에 양딸로 들어가 북적거리며 살고 싶던 차에 동자신이 이곳으로 인도하여 오게 되었다며 자기소개 겸 신세한탄을 하였다. 할머니를 제외하고는 무속신앙을 탐탁해 하는 가족은 없지만 지금은 지푸라기라도 잡아야하는 절박한 실정이라 모두가 그를 가족으로 대해 주기로 하였다.

그날 저녁에 엄마와 태주는 내 방으로 들어와 내 손을 잡으며

"몰골이 말이 아니구나! 빨리 털고 일어나야 할 텐데 이를 어쩐다니? 가여운 것 같으니라구…, 이제 네 몸에 물귀신만 쫓아내면 금방 일어날 거야, 그땐 나보고 고모라고 불러야 돼. 알았지? 어린것이 몇 번씩이나 저승 문턱을 오가며 용케도 잘 견뎠구나! 이번 고비만 잘 넘기면 앞으론 아무 걱정 없을게다. 그러니 힘들어도 꾹~ 참고, 많이 먹고 힘내야지? 꼬맹이 도련님아!"

나는 자는 척 하며 새눈을 뜨고 태주를 훔쳐보았다. 옥비녀 꽂은 쪽머리에서 머릿기름 냄새가 콧속으로 밀려들어온다. 귀밑머리 몇 가닥이 계란 같은 턱 선에 흘러내리고 가지색 저고리의 하얀 동정이 상아처럼 희고 적당히 살이 찐 목을 감싸 고, 옥반지 낀 손은 부드럽고 따뜻했으며 몸을 움직일 때 마다 꽃냄새가 났다.

태주는 물귀신을 내 몸에서 떼어내기 위하여 '길 가림 굿'을 한다고 했다.

귀신을 강제로 떼려다가 노여움을 사면 사람이 죽을 수 있으므로 굿으로 귀신을 달래여 동자신이 이끄는 대로 환자의 몸에서 나와 병 속으로 들어가도록 길 가림을 하고 병 속으로 들어간 귀신이 앞이 막힌 줄 알고 뒤돌아 서기 전에 재빠르게 병마개를 닫아야 한다고 한다. 소반 위에 빈 약병이 올려져있고 쌀이 담긴 밥주발에는 식칼을 꽂아놓았다. 종이를 국수처럼 썰어 담아놓은 주발에는 내 사주가 적힌 종이를 넣었다. 또 찹쌀가루를 반죽하여 어른 주먹만 하게 뭉친 뒤 병이 들어갈 정도의 구덩이를 만들어놓고 병을 어둡게 덮을 검은색 종이와 병 묶을 삼색실도 준비해 놓았다.

태주는 온종일 방을 드나들며 창호지로 무엇인가를 만들어 벽과 천정에 주렁주렁 붙이고 광목을 찢어 묶고 풀칠을 하며 바쁘게 움직였다. 벽장문 한쪽에는 흰옷을 입은 옥황상제와 머리와 눈썹이 백발인 세 노인이 그려진 탱화를, 다른 한쪽 문에는 알몸에 삭발을 한 어린 사내아이가 미소를 짓고 있는 그림을 걸어놓았다. 또 창호지로 옷을 만들어 입고 삼색종이로 왼새끼를 꼬아 허리에 동여매고 청색 바탕에 금색의 용무늬가 있는 댕기는 이마를 싸고 두 끝동이 어깨를 감돌며 나풀거렸다. 마을 사람들과 낯선 구경꾼들로 북적이는 가운데 굿이 시작되었다.

태주는 한손에 칼(청룡언월도)을, 한 손에는 창호지 술이 달린 한 자쯤 되는 나무(신대)를 들고 내 몸을 쓸고 두드리고 미친 듯 칼을 휘둘렀다. 태주가 뛸 때는 징소리도 귀가 터질 듯 높아지고 어떤 때 태주는 눈물을 펑펑 흘리며 서럽게 울었다. 또 칼을 내 배에 올려놓고 쌀을 뿌리며 사정하듯 빌면 할머니나 엄마도 손을 비비며 절을 하셨고 우리 가족은 물론 마루에서 구경을 하던 사람들도 손을 비비며 무슨 말인가를 중얼거렸다. 늙수그레한 남자가 이마에 광목 수건을 질끈 동여매고 반은 무릎에 반은 바닥에 닿도록 징을 엎어놓고 어느 땐 가볍게 어느 땐 강하게 두드리며 알 수 없는 주문을 외우기를 밤새하였고, 촛불도 그들을 따라 춤을 추며 밤을 새웠다.

"네 배에 상처는 물귀신을 끄집어 낼 때 생긴 것인데 곧 아물 테니 걱정 마라."

내가 의식을 되찾고 병석에서 털고 일어나자 어른들은 태주를 상전 대하듯 하며 밥상도 할머니와 겸상을 했다.

내 뱃속에 물귀신이 들어있었다니… 물에 빠졌을 때 물귀신이 입으로 들어갔다면 그럼 물귀신을 입이나 똥구멍으로 꺼낼 것이지 왜 생배를 찢어 아프게 했는지 모르겠다. 하여간 나를 죽을 뻔 하게 한 나쁜 귀신을 끄집어냈으니 나는 죽지도 않고 아프지도 않을 것이라고 한다. 그런데 내가 제일 궁금한 것은 약병 속에 들어갈 정도로 작은 귀신이 어떻게 나를 죽이려 했는지? 귀신이 어떻게 생겼는지 궁금하지만 이미 병속에 가두고 찰진 반죽으로 싼 후 개울에 떠내려 보냈다고 한다.

-태주의 저주

태주는 죽은 사람을 살린 용한 무당이란 소문이 났고 유명세를 타고 사지 사방으로 불려 다니며 성업 중이지만 마을 토박이 당골네는 손님 발길이 뚝 끊어지자 할머니를 원수처럼 여기고 태주한테 신점을 치면 삼년간 재수가 없다는 둥 별의별 트집을 잡아 시비를 걸더니 급기야는 서울에서 왔다는 우왁스럽게 생긴 남자가 당골네 시동생이라며 술을 잔뜩 퍼마시고 쳐들어와 행패를 부리고 큰아버지 뒤통수를 몽둥이로 쳐 눈알이 빠지는 사태까지 벌어졌으나 다행히 엄마가 옆에 있다가 큰아버지 눈알을 바로 밀어넣어 실명을 면하게 되었다고 한다. 또 당골네와 가까이 지내는 사람들은 마을에 이상한 일이 생길 때마다 태주를 의심하고 유언비어를 퍼트려 할머니를 곤혹스럽게 만들고 그럴 때마다 태주는 슬그머니 어딘가로 나갔다가 잠잠해지면 들어오곤 했다.

마을 여자들이 '불여우 같은 년이 여우××를 찼는지 요상한 암내를 풍겨 사내들을 홀린다.'며 태주를 헐뜯는 이유는 태주가 상당한 미모를 갖춘 여자이기 때문이었다. 남자들이 술자리마다 으레 그녀의 미모를 술안주로 올리자 속이 뒤틀린 여자들도 모였다하면 태주를 씹고 비트는 통에 참다 못한 그는 자기를 헐뜯는 사람에게는 '저주를 내리겠다.'고 선포를 했고 여자들은 혹여 태주의 저주로 횡액이라도 당할까봐 겁이 나는지 몸을 사리고 오히려 사소한 일도 태주에게 의논하는 사람들도 생겼다. 한번은 내 친구 경철이 엄마가 태주에게 무엇인가를 따지며 대들자,

"이것보세요, 아주머니! 당신 서방이 나하고 살아야하니 이혼이라도 해 달랩디까? 아니면 내가 당신 서방을 홀릴까봐 조바심이 납니까? 어떻게 안팎이 하나같이 무지랭이들인지… 당신들 더러운 입에서 나오는 말에 대꾸하기 싫으니

당장 나가세요, 안 그러면 급살 저주를 내릴 터이니 알아서 하세요!"

"무지랭이라니? 이년이 죽지 못해 환장을 했나? 이년이 여기가 어디라고 주둥아릴 함부로 놀리고 지랄이야? 겁도 없이 뜨내기 주제에… 뭐~ ? 무지랭~이? 너 어디서 굴러먹던 갈보년인지 모르지만 내가 네년 주둥아리부터 가랑이까지 쫙 찢어 놓을 터이니 기다려라! 개 같은 년아!"

경철이 엄마는 삿대질에 쌍욕으로 맛불을 지르면서도 저주를 내리겠다는 태주의 경고에 겁이 나는지 진저리를 치며 도망치듯 나가버렸다.

태주는 넋두리인지 저주인지 경철 엄마 뒤꼭지에 대고 소릴 질렀다.

"당신들이 돈을 싸가지고 와서 통사정을 한다 해도 그런 일은 안 생길 테니 걱정 닫아두고 새끼나 잘 챙기세요, 멍청한 여편네야!"

신녀가 남자와 함부로 합방을 하면 남자가 죽을 수도 있고, 신녀가 심하게 아프거나 말문이 막혀 신기도 상실하기 때문에 무녀들은 합방을 금기시 한다. 이런 내용을 모르는 마을 여자들은 '여우같은 년이 꼬리치는 바람에 온 동네 남자들이 발정난 개가 되고 있다'며 문제의 원인은 모두 태주에게 있다는 듯 내쫓고 싶어 안달을 하면서도 굿이나 신점은 태주에게 치려고하여 당골네는 결국 신당을 내려야 했다.

사실 태주의 신점이나 동자굿은 대단한 신통력이 있어 읍내 부유층 여자들이나 행세깨나 하는 집도 수시로 태주를 불러가곤 하였는데 신점에는 쌀이나 꽃이나 엽전을 사용하고 그때그때 기원 내용에 따라 선정된다고 했다. 그의 공수空授는 어린애기 소리라고 하는데 예쁜 새소리가 허리춤에서 나는 듯 들리고 태주가 몸주와 대화하는 내용에 따라 소리는 길게 또는 짧게도 나고, 왼쪽으로 가서 들으면 오른쪽에서, 오른쪽에서 들으면 왼쪽에서 소리가 난다고 했다. 이런 소리를 신어神語 즉, 신이 인간에게 보내는 소리라는 것이다. 또한 태주와 같은 무당은 신어를 전달하는 능력자이며 무속인들은 대체로 '조상신祖上대감'과 '일월성신日月星辰' 또는 '동자신童子神'을 모신다고 하는데 태주의 몸주는 동자신이라고 했다. 태주의 본래 목소리는 남자처럼 저음으로 가수 문주란의 목소리 같아 얼굴을 안 보고 목소리만 들으면 젊은 남자로 오인하지만 말문이 터지면 맑고 고운 새소리를 낸다.

태주가 신점을 마치고 나면 자신도 모르는 사이에 예언을 하는데 이야기 중에 뜬금없이 순간적으로 튀어나온 말이라 알아듣기도 어렵고 들었어도 기억하는 사람이 없다. 한

번은 쌀알을 마당에 뿌리며 '버드나무에 붉은 꽃이 필 것이다.'라고 하였으나 무슨 뜻인지 아는 사람도, 또 궁금해 하는 사람도 없었다. 다음날 아침나절쯤에 우리 옆, 옆집 은성이네 흙담을 덮은 이엉에 불이 났고 순식간에 지붕으로 옮겨 붙어 집이 전소되고 말았다. 당시 나와 은성이, 은성이 누나 와 또래 애들 셋이 함께 그 골목에서 놀다가 담 이엉에 불이 난 것을 보고 사람들을 불렀으나 마을 사람들은 거의 들에 나가 있어 초기 진화를 못하고 집이 전소되었다.

우리들은 놀이에 빠져 그 시간에 누가 골목을 지나갔는지 아무도 아는 애들이 없었다. 내 생각엔 누가 고의로 불을 지른 것 같은데 용의자는 한사람도 없었다. 중요한 것은 태주의 예언대로 '柳(버들 유)' 은성이네에 화재가 났다는 사실이며, 마을 사람들은 태주가 말한 예언의 정확성을 부각시키기 위하여 태주 본인이 고의로 방화를 했을 것이라며 태주를 용의자로 고발하였으나 지서에서는 부엌에서 발화된 것으로 마무리하고 태주는 무혐의로 방면되었다. 또 한 번은 '뚝배기에 두꺼비가 빠졌다.'라고 예언을 했지만 아무도 관심을 두지 않았는데 이 또한 살인을 예고한 것으로 추정되는 이유는 경철이네집 앞 공동우물에 '뚝배기(경철이 아버지별명)네' 세 살 박이 아들이 빠져 죽었기 때문이다. 어떻게 세 살짜리 아이가 어른 허리 높이나 되는 콘크리트 관을 넘어 우물에 들어갈 수 있겠는가?

아이 혼자서는 불가능한 일이라 이번에도 태주가 마을 사람들을 겁주려고 저지른 살인이라며 지서에 고발했으나 그는 당일 이웃 마을에서 굿을 하고 있었다는 알리바이를 대고 무혐의로 풀려났고 지서는 살인범도 잡지 못하고 아이가 양동이나 물항아리를 밟고 올라갔을 것이라며 우물쭈물 마무리를 지었다. 이때부터 사람들은 태주를 두려워하며 그의 예언이 나오면 마을 사람들은 잔뜩 긴장하고 궂은 일이 생기지나 않을까 불안해하였다.

그녀는 예언을 한 날이면 삼사일 아프다며 문밖출입을 하지 않았고 장기간 출타했다가 돌아오면 며칠씩 심하게 앓아눕기도 하였는데 악귀나 귀신들과 오랜 시간을 싸워 신력神力이 소진되었기 때문이라고 했다.

어른들은 내가 죽을 고비를 넘기자 다시는 물을 건너지 않게 하려고 겨울 방학이 끝날 무렵 읍내로 전학을 시켜 중학생이 될 때까지 나는 한동안 태주를 보지 못했는데 어느 날 갑자기 큰집에 나타나서 오라버니! 큰성! 하며 큰아버지와 큰어머니에게 사근거리며 풀 방구리에 쥐 드나들듯 하더니 결국 경찰관 부인들을 고객으로 만들고 얼마 후에는 읍내 공무원 부인과 사업가나 도립병원 의사 부인들까지 단골 고객으로 만들며 사업(?)을 확장시켰다.

– 신에게 버림받은 무녀 태주

국민학교 3학년인 막내 동생을 할머니 댁에 남겨두고 가족들이 서울 신림동으로 이사를 했다. 어머니 생각은 동생을 내년 신학기 전에 맞춰 전학을 시키려 하였지만 녀석이 밤낮없이 징징거리고 공부는 커녕 밥도 잘 먹지 않는다는 소식에 군복무중인 내가 외출을 내어 고향으로 내려갔다. 대문 앞에 검은색 지프차가 서 있고 마을 사람들이 차를 에워싼 채 웅성거리며 누구에겐가 삿대질에 욕을 퍼붓고 있었다. 나는 사람들 어깨너머로 차 안을 봤는데 어떤 여자가 포승줄에 묶인 채 고개를 수그리고 경찰관 사이에 앉아있는데 쪽진 머리가 풀려 내려와 귀신처럼 보였다.

지프차가 빠르게 고샅을 벗어나고 마을사람들은 차 뒤꽁무니를 향해 삿대질을 하며 욕을 퍼붓는다.

"저런 육시럴 년이 오고부터 되는 일이 없다 싶더니 끝내 일 저지를 줄 알았어! 어쩌면 눈깔 하나 까닥 안 하고 핏덩이를 죽여놓고 발뺌을 해? 저런 년은 유치장이 아니라 나무에 묶어놓고 오가며 두들겨 패서 죽여야 하는데… 에이 고약한 년!"

사흘 전 작은 엄마는 애기를 할머니에게 맡기고 모내기

하는 이웃집으로 점심 지원을 갔고 할머니는 아기를 보다가 점심 초대를 받아 태주에게 잠시 아기를 맡기고 식사를 하고 돌아와 보니 아기가 이불에 덮인 채 죽어있었다고 했다. 아기를 보던 태주는 도망을 가다가 읍내 차부에서 버스를 타려는 것을 마을 사람들이 붙잡아왔다고 한다. 그는 아이를 재워놓고 급한 일이 생각나서 읍내에 나온 것일 뿐 아이가 어떻게 되었는지 자신은 모르는 일이라고 잡아떼다가 포승줄에 묶이고서야 아기가 너무 울어 포대기를 푹 덮어 씌웠는데 울음이 그쳐 아이의 얼굴을 보니 파랗게 변하여 더럭 겁이나 도망쳤다고 실토를 했단다.

무녀들은 공수를 부를 때면 하대는 물론 욕도 거침없이 쏟아내고 듣는 사람도 그 소리를 역겹게 생각하는 사람이 없다. 한마디로 무녀가 사람의 생사여탈권이라도 쥔 듯 그를 통해 구원을 받고자 하는 사람을 신이란 이름 앞에 무릎 꿇리고 두려움을 느끼게 한다. 태주 또한 동자신의 공수를 받으면서 지체 없이 신과 인간 사이를 오가며 신명神命을 전달하고 인간이 감읍感揖하며 머리를 조아리게 만들었다. 그런데 이를 어찌하랴? 신대를 춤추게 하고 쌀알을 곤두세우며 맨발에 작두를 타고 내세와 외세를 넘나들던 초능력자 태주가 무녀의 권한을 남용한 죄로 신의 저주를 받아 감옥살이를 해야 한단다.

그의 몸주 동자신의 영혼으로 태어나 한 여인을 무녀로 만들어 사랑했던 작고 아름다운 새는 어디로 날아갔을까? 이제 그는 새의 날개 같은 화려한 무복 대신 회한에 얼룩진 수의囚依에 이름 대신 번호로 불리며 춥고 어둡고 눅눅하고 똥내 밴 좁디좁은 철창 속에서 육신을 옭아맨 저주의 끈을 풀기 위하여 떠나간 몸주를 애타게 부르고 있을 것이다.

19. 부적

훈련소가 있는 황산벌이 누런 흙먼지로 뒤덮여 있었다. 훈련병들은 분장한 뮤지컬 배우인지 아마존의 원시부족인지 모를 정도로 흙먼지 범벅이고 몸을 움직일 때마다 옷에서 먼지가 풀풀 날렸다.

입소하는 날부터 사회 냄새를 지워야 한다며 흙바닥 기는 훈련(?)을 시작으로 '빨리! 빨리!'와 '선착순'을 입에 달고 몰아치기 시작했다. 나는 M1 소총을 머리 위로 올리고 오리걸음 걷기나 허기를 참는 것도 감당하기 어려웠지만 그보다 구멍마다 비집고 들어오는 흙먼지와 싸우기가 더욱 힘들었다.

야외 교장엘 나가면 민간인 여자들이 떼로 몰려다닌다. 야외 교장 간이화장실(뗏장을 'ㄷ' 자 로 엉덩이를 가릴 만큼 높이)에서 볼일을 보다보면 얼굴을 수건으로 가린 여자들이 뗏장 너머로 떡이나 음료를 파는데 훈련병들은 쭈그리고 앉은 상태에서 뚝 너머로 돈을 건네고 떡을 받는다. 교관들의 눈을 피하기 위해서다. 떡을 파는 여자들은 뗏장 턱밑에 몸을 낮추고 훈련병들의 일보기를 살피다가 바지춤을 여미기도 전에 떡 봉지를 들이민다. 훈련병들은 자존심 상하고 쪽팔린다고 욕을 퍼부어도 그녀들은 눈 한번 깜박하지 않고 욕으로 받아넘긴다.

"땅 개비 조지, 조지간디? 여기 지나간 애들 다~ 내 눈 거친 개라. 좆 두 좆같지 않은 거 좀 봤다고 지랄 염병 떨지 말고 떡이나 사 묵으랑개! 다음 교장엔 떡 장시 업쓴께." 떡을 안 사먹는 대신 욕을 잔뜩 먹는다. 땅개비는 땅강아지를 말하는데 흙먼지를 뒤집어쓰고 기어다니며 훈련받는 꼴을 비유하여 떡장수 여자들이 하는 말이다. 조교의 눈을 피해 차디찬 떡을 입속에 밀어넣고 씹을 새 없이 넘기지만 배탈 난 훈련병은 없다. 훈련소에서는 내무반 마다 장비 분실 사건도 빈번하게 일어났다.

한번은 식사 당번이 되어 소대원 여섯 명과 아침밥을 타 가지고 취사장을 지나오는데 국통을 맞들고 앞서가던 대원이 갑자기 고꾸라지며 비명을 질러 달려가 보니 한명이 뜨거운 국물을 뒤집어쓰고 쓰러져 있었다. 누군가가 국물에 덴 대원을 업고 의무대로 뛰고, 어수선한 사이에 갑자기 어두운 곳에서 우의를 뒤집어쓴 괴한(?)들이 나타나 빈 국깡을 들고 바람처럼 사라졌다.

우리는 놈들을 추격했으나 말이 추격이지 밥통과 김치통을 들고는 뛰는 놈들을 따라 잡을 수가 없어 포기하고 말았다. 놈들은 양쪽에서 가는 줄을 마주 잡고 우리가 다가오길 기다렸다가 줄을 올려 앞서 뛴 녀석이 넘어지자 국깡을 들고 도망친 것이다. 놈들 덕분에 우리 내무반은 국 없이 밥을 먹었고, 내일까지 국깡을 찾아오지 않으면 죽을 각오를 하라는 선임 하사의 불호령에 우리도 같은 수법을 쓰기로 하고 힘 좀 쓰고 운동 신경이 양호한 4인의 특공대를 만들었다. 특공대는 리허설까지 마친 뒤, 성공하면 불침번을 1회씩 빼 달라는 조건으로 모두가 합의를 했다.

소대원들은 새벽에 특공대가 들고 온 국깡에 새겨진 2-3이라는 숫자를 깎아내느라 애를 먹었다.

망실 사건이 빈번하다는 것은 알고 있었지만 내가 직접 겪게 될 줄은 꿈에도 몰랐다.

사건은 야외 PRI 교장에서 일어났다.

'엎드려 쏴!, 거총!, 영점수정!, 탄알 일발 장진!, 방아쇠

풀고 사격 개시!', '철거덕! 딱! 철거덕! 딱!' 이 소리는 수동으로 노리쇠가 후진 격발할 때 나는 소리다. 내 총에서는 이 소리가 나질 않았다. 영문을 모른 채 계속 노리쇠를 후진시켜 보았지만 마찬가지다. 기간병이 내 발을 '툭'차며 "29번 일어섯! 노리쇠가 왜 없나? 너 훈련 끝내고 병기계로 와, 알겠나?" 나는 하루 종일 노리쇠 망실 사건으로 머리가 지근거리고 맥이 빠져 훈련에 집중을 할 수가 없었다.

"총은 노리쇠가 생명이다! 부속은 모두 수입하는데 노리쇠 수입 단가가 3천 원이니 변상하든지 영창엘 가든지 선택해! 내일까지다. 알겠나?"

삼천 원은 고사하고 삼십 원도 수중에 없다. 이 일을 어쩐담, 눈 앞이 캄캄하고 현기증이 나서 서있기조차 힘이 든다. 나는 파카 만년필을 내밀며 돈 대신 만년필로 변상하겠다고 하자 그는 만년필로 내 머리를 찌르며,

"이 새끼 안 되겠구먼! 영창 맛을 봐야 정신을 차리겠나? 야 임 마! 이게 몇 푼이나 된다구 이것으로 땜빵을 치려고 해!"

"그거 오리지날입니다. 웬만한 사람들은 만져보지도 못해요, 서울 화신백화점에서 팔천 원에 산겁니다."

사촌형이 입대 선물로 준 것이지만 오리지널인지 값이 얼마인지는 모른다. 얼떨결에 임기응변을 한 셈이다.

"뭐 이따위 새끼가 있어? 좋아! 변상금 가져올 때까지 내가 보관하겠다. 삼 일 내로 안 가져오면 이건 못 찾아간다. 알겠나?"

나는 내무반으로 돌아와 침상에 털썩 주저앉아 대책 없는 고민에 빠졌다. 옆자리 영태가 '무슨 고민이 있느냐? 어디가 아프냐?'며 묻기에 이 황당한 사건을 털어놓으며 도와달라고 애원을 했다.

"난들 뾰족한 수가 있나? 시간도 없고… 한번 알아보기는 하겠지만 큰 기대는 하지 마!"

"제발 어떻게 좀 해봐! 난 너만 믿는다, 친구야!"

알아보겠다는 말에 구세주라도 만난 듯 영태를 포옹까지 하며 아부(?)를 떨었다. 그러나 너무 쉽게 돕겠다는 말에 잠시 영태 짓이 아닐까? 하는 생각이 머리를 스쳤지만, 나를 돕겠다는 사람을 순간이라도 의심한다는 것은 사람의 도리가 아닌 것 같아 부끄러움에 얼굴을 들지 못했다.

밤새 설잠으로 뒤척이다가 기상나팔 소리가 나자마자 눈을 비비며 총걸이로 달려갔다. 내 총에는 요술처럼 노리쇠가 끼워져 있었다. 나도 모르게 입에서 '야호' 하는 탄성이 나오는 것을 가까스로 삼키고 표정 관리에 신경을 쓰며 다른 총을 살펴보았으나 모두 아무 문제가 없는 듯하다. 우선 내 걱정이 해결되니 십년 된 체증이 뻥 뚫린 기분이다. 영태에게 빵이라도 사주려고 팬티에 꿰맨 실밥을 뜯고 열어보니 돈이 아니라 부적이 들어있질 않은가? 황당하기도 하고 난감하기가 이루 말로 표현할 수 없었지만 자식이 무사히 군생활을 마치고 돌아오라는 어머니의 기도이며 끝없는 사랑의 표식이라고 생각하니 오히려 마음이 든든하고 감사한 마음에 훌쩍이며 다시 부적을 집어넣고 실로 꿰맸다.

- 눈엣가시

부대가 77육군 병원 신축 관계로 전라도 광주 상무대로 이동하고 나는 상병이 되었다. 부대 이동 후 4개월이 되는 7월, 오전 10시 교환 통신 근무 중에 일어난 사건이다. 이날따라 전화 연결 요청이 폭주하여 한번에 4개씩 코드를 연결하느라 정신이 없는데 떨어진 캡에서,

"로카 대라!"는, 내 귀에 익숙한 수송부 장비과 A상병의 목소리가 들렸다. 나는 바쁜 시간이니 나중에 연결해주겠다며 전화를 강제로 끊었지만 또 다시 캡이 떨어지고 "로카 대라!"는 목소리가 울렸다.

"야! 이따가 한가하면 연결해 줄 테니 기다리라구!"

나는 내 근무 시간을 끝내고 나무 그늘에 앉아 쉬고 있는

데 판초우의에 완전 군장을 맨 선임 하사가 구보로 연병장을 돌고 있었다. 그는 숨을 헐떡이며 금방이라도 쓰러질 듯 비틀거렸고 얼굴에서 땀을 훔쳐내느라 두 손이 연실 오르내렸다. 판초 우의가 발끝에 걸리는지 아니면 스텝이 엉키는지 자주 엎어지려 하고 턱 끈을 매지 않은 철모는 빙빙 돌아 계급 표시가 뒤로 가 있고 뛸 때마다 배낭에 매달린 반합이 딸그락 거리는 소리를 냈다. 통신대 앞에 쓰러진 선임하사의 바싹 마른 입가에는 비눗물 같은 거품이 흘러내리고 숨을 몰아쉴 때마다 유난히 크게 튀어나온 목젖이 위아래로 꿈틀거렸다. 우리는 쉰내 나는 옷을 벗기고 찜이 된 선임하사의 몸을 물수건으로 닦아 주고 부채질도 하며 독기가 풀리기를 기다렸다.

"열 시에 어떤 새끼가 근무했어? 누구야?"

선임하사는 산청사람으로 왜소한 몸집에 얼굴색은 검고 작은 눈이 위로 치켜져 있으며 윗니가 앞으로 튀어나와 수박을 잘 먹을 것 같은 생김새지만, 마음씨는 누구보다 따뜻하고 인정 많은 사람이다.

"제가 근무했는데 무슨 일로?"

"이 새끼! 똑바로 해!" 선임하사에게 조인트를 맞고 나는 그 자리에 엎어졌다. 그는 구두 굽으로 내 등을 짓이겼다.

통신대는 근무자를 제외한 전원이 완전 군장으로 연병장

을 구보해야 하는 선임하사의 복수극이 시작됐다. 나중에 안 일이지만 '로카 대라!'의 목소리는 '대대장'이였고 내가 장비과 A상병의 목소리와 혼동하여 이런 대소동을 빚게 된 것이다. 구보가 끝난 후, 고참들은 죄 없이 당한 억울함을 또다시 알대가리 박고 열중쉬어로 죽어가는 내 꼴을 보며 한을 풀었다.

그 후로 나는 선임하사와 과원들로부터 완전히 찍히고 말았다. 한마디로 눈엣가시가 된 것이다. 우연인지 고의인지 통신대 월남 파병 선발에서도 내가 선발되었다. 대대 환송식이 끝나고 사령부 민사부에서 출발 수속을 받던 중 초등학교 3학년 동기인 'K'를 만났다.

그는 민사부에서 파병 관련 업무를 담당하고 있었다. 미제 군복을 줄을 내어 다려 입은 세련된 모습을 보니 좋은 보직을 받고 편하게 군 생활을 하는 것 같아 부러웠다. 그는 316 경 가설 병이 선착순 총알받이라며 내 건강 상태가 어떤지를 물었다. 내가 색맹이라고 하자 그는 내 서류에 부적격 도장을 찍어 주었다. 나는 다시 부대로 복귀하여 일주일을 보직 없이 대기하다가 결국 조치원 지역에 50×사단 창설요원으로 전출 명령을 받았다. 나는 방랑자처럼 더블빽을 메고 기차에 몸을 실었다. 논산훈련소에서 구로동 206보충대로, 한남동 120× 건공단에서 한 달 만에 안양으로, 다시 부대 이동에 따라 전라도 광주 상무대로 이동하고 파월 대상자가 되었다가 50×사단 창설 요원으로 옮겨 전역을 하고서야 눈엣가시가 빠졌다.

– 월하도화전月下桃花傳

내무반장 L 하사는 서른네 살 노병(?)이다. 제대를 하고 전라도 완주 고향에서 머슴살이를 하다가 월남에 가면 돈을 벌 수 있다는 생각에 파병 지망생으로 재복무를 신청하였지만 1년이 넘도록 파병이 안 돼 노심초사하고 있는 중이다. L 하사는 아홉 살짜리 아들과 아내가 보고 싶어 자주 울기도 하고 여자의 냄새가 그리워 월담을 하거나 곱상한 신병이 들어오면 자기 옆 자리에 새 담요를 깔고 재우며 잠든 신병의 바지 속을 더듬는 등 성추행을 일삼았다. 점호 시간에는 주번 장교 뒤에서 바지를 내리고 거시기를 꺼내 흔드는 통에 소대원들은 완전 군장에 구보도 모자라 곡괭이 자루로 타작을 당하기도 하였으나 누구도 문제를 확산시키지는 않았다.

취사반 뒤 철조망 너머에 작은 외딴집은 군인들을 상대로 막걸리나 담배를 파는데 가끔씩 부대원들이 비밀리에 개구멍으로 드나든다는 정보를 입수하고 L 하사와 나는 토요

일 저녁 어스름할 때 그곳에 가보기로 했다. 사실 L 하사는 그 집에 단골손님이라서 개구멍 위치도 훤했다. 삼십 대 초반쯤 돼 보이는 여자가 일본 가희처럼 하얗게 분칠을 하고 새빨간 입술로 눈웃음을 살살 치며 우리를 방으로 안내했다. 주문도 따로 없이 멸치와 날 오이를 안주 삼아 막걸리 한 대접씩을 마셨는데 L 하사가 상 밑으로 내 발을 툭툭 차며 밖으로 나가라는 눈짓을 하여 나는 밖으로 나왔다.

마당 끝에는 울타리도 없이 복숭아밭이 이어져 있고 나무 그림자들이 봉당까지 들어와 너풀너풀 춤을 추고 달빛이 하얀 복사꽃잎에 쏟아졌다. 꽃향기가 콧속으로 빨려 들어왔다. 벌들이 꽃을 옮겨 다니듯 나도 이 꽃 저 꽃을 옮겨가며 향기를 마시고(?) 있었다. 삼국지에는 '유비', '관우', '장비'가 도원결의를 하고 황건적의 난을 진압 했다는데 저런 허접한 걸레에게 말려 술도 못 마시고 망이나 보는 서글픈 나의 도원의 밤이여! 그러나 어쩌랴, 내무반장이니 시키는 대로 할 수밖에.

나는 복숭아 나무 사이에서 이백李栢의 '월화 독작月下 獨酌'이란 시를 더듬더듬 흥얼거려 보았다.

꽃 사이 놓인 한 동이 술은(花間一壺酒)
친한 이 없으니 혼자 마시네(獨酌無相親)

잔 들어 밝은 달 마지하고(舉盃激明月)
그림자를 대하니 셋이로구나(對影成三人)
달은 전부터 술을 마실 줄 모르고(月既不解飮)
그림자는 부질없이 흉내만 내는구나(影徒隨我身)
한동안 달과 그림자 벗해(暫半月將影)
행락은 모름지기 봄에 맞추었다(行樂須及春)
내가 노래하니 달은 거닐고(我歌月排徊)
내가 춤추니 그림자 어지러워(我舞影凌亂)
깨어서는 같이 즐기고(酷時同交歡)
취한 뒤에는 제각기 흩어지고(醉後各分散)
기이 무정한 놀음 저 들과 맺어(影結無情遊)
아득한 은하에서 다시 만나리(相期邈雲漢)

인기척이 나서 돌아보니 어스름한 달빛에 검은 그림자가 마당으로 들어섰다. 그가 같은 부대원이라면 별 문제는 없지만 순찰 도는 헌병이거나 여자의 남편이라면 L 하사는 죽은 목숨이다. 곧바로 '뿌지직' 하는 소리가 나고 무엇이 마당에 떨어지며 파편들이 내가 서 있는 곳까지 날아왔다.

그가 밖으로 내 던진 쪽상이 마당에 내동댕이쳐지며 박살이 난 것이다. 깨진 사금파리들이 달빛에 반짝이며 이리저리 튀었다. 이어서 여자의 비명이 들리고 남자가 튕겨 나오듯 뛰쳐나와 마당 한가운데 큰대자로 벌렁 누워 하늘을 향해 울부짖었다. 이 순간에 L 하사가 어찌 되었을지 걱정은 되지만 무엇을 어떻게 해야 할지 머릿속이 하얗게 비어 막막하기만 했다.

L 하사나 내가 나중에 어떤 일을 겪던 간에 부대로 복귀하는 것이 우선이라 생각하지만 부대로 들어갈 구멍이 없다. 나온 개구멍으로 들어가려면 그를 지나쳐야 한다. 그건 위험을 자초하는 일이다. 다른 개구멍을 찾기로 했다. 8키로가 넘는 부대 철조망을 빙빙 돌아 논으로 밭으로 도랑을 건너다 넘어지고 빠져가며 겨우 작은 개구멍을 찾아 들어갔다.

내무반에 들어서니 동료들이 기절초풍을 한다. 온 몸이 흙투성이가 되어 사람 꼴이 말이 아니기 때문이었다. L 하사는 철망에 찢겨 피범벅이 된 등허리를 대원들로부터 치료를 받는데 얼마나 통증이 심했으면 입에 수건을 문채 나를 보고 무슨 말인가를 웅얼거렸다. L 하사를 보는 순간 나는 그 자리에서 쓰러졌고 며칠 밤을 악몽에 시달렸다.

- 기차 stop!

매일같이 달력을 지워가며 손꼽아 기다리던 전역 날이 되었다. 월남전 덕택(?)에 31개월의 연장 복무를 마치고 원주 근방 모 부대에서 15일간의 제대 훈련도 끝냈다.

동료들도 나도 부대에서 주는 마지막 점심을 반납하고 기차역으로 가는 트럭에 올랐다. 우물쭈물하고 주춤거리면 누군가가 뒷덜미를 잡고 안 보내줄 것 같은 기분이 들었다. 화물칸에는 나까지 4명이 타고 있었는데 모두들 고단했던 군軍생활을 끝내고 그리운 가족들 품으로 돌아간다는 행복감에 배고픔도 잊고 지푸라기를 깔고 누워 콧노래를 부르거나 스쳐지나는 칠월에 짙푸른 산야를 감상하며 느긋한 자유를 만끽했다.

강 건너 맞은편에서 오는 기차를 보내느라 우리가 탄 화물차는 철교를 건너기 전 잠시 정차했다. 뚝 아래 강가에서 천렵하는 사람들이 우리에게 손짓을 한다. 그 유혹(?)에 현 병장이 기차에서 뛰어내렸다. 그는 쏜살같이 달려 내려가 막걸리 한 사발을 얻어 마시고 의기양양하게 올라오다가 빈속에 먹은 술 때문인지, 길게 자란 풀에 미끄러진 것인지 뚝 아래로 굴러 내려가고 말았다. 기차가 출발하자 현 병장은 기차를 세우라고 소리소리 지르더니 나중엔

"기차스톱! 기차스톱!"

멀어져가는 우리와 기차를 향해 주먹을 휘두르며 달려오나가 침목에 발이 걸렸는지 나동그라지고 말았다. 우리들은 역전 대합실에서 현 병장을 기다리기로 했다. 현 병장은

오후 세 시가 다 돼서 초죽음이 되어 비틀비틀 대합실에 나타났다. 그는 오랜 시간을 기다려준 전우에게 미안하고 고맙다며 자기 집에 가서 한잔하자고 하여 우리들은 영등포역에서 낙골(난곡)가는 버스를 탔다. 버스 뒷자리에서 현 병장이 철교를 걸어서 건너느라 고생한 이야기와 신작로를 못 찾아 십리를 걸어서 겨우 신작로에 나왔으나 오가는 차도 없고 자전거 탄 사람을 만나 그를 뒤에 태우고 역까지 거금 오십 원을 주고 왔다는 말을 해 우리는 요절 복통을 했다. 비싼 막걸리 마신 이야기에 뱃속이 허하게 지쳐갈 즈음 어둠이 내린 낙골 현 병장 집에 도착했다.

낙골은 당시 서울에서 가장 낙후한 빈촌으로 철거민들이 모여 사는 곳이다. 판자나 루핑으로 지붕을 덮은 낮고 작은 집들은 추녀를 서로 맞대고 계단을 이루며 다닥다닥 붙어있어, 저녁에 집집마다 불이 켜지면 굉장히 높은 아파트로 착각할 정도였다. 현 병장네도 그 동네에서 부모님과 고등학교 일 학년짜리 여동생과 함께 살고 있었다.

"이게 누고? 맹해 아이가, 어서 온 나! 어서 온 나, 내 새끼! 그동안 수고 마이했다."

현 병장 모친은 현 병장 양 볼에 입을 맞추고 등을 연신 토닥이며 반가워하신다.

"우리 맹해 친군가베? 어서들 오시게 고생들 마이 해째?

집이 이래 누추타 카이, 방도 비좁고 천장을 머리로 이고 안사나? 온통 불편할긴데, 괜찮겠나? 괜찮음 들어오니라!"

"어머니! 갑자기 쳐들어와 폐를 끼치게 되어 죄송합니다."

"뭐라 카노? 폐라니, 다 내 새끼 안 같나? 우리 이래 산다. 내 퍼떡 밥 해올 끼구마! 시장해도 쪼매 참으시게! 참! 야가 맹해 동상인기라, 오라비 친구다. 인사해라."

'동희'는 얼굴을 어머니 등에 껌 딱지처럼 묻고 있었다.

"뭐 하누? 인사 않고! 오래비들이구만, 그럼 퍼덕 들어가 살 좀 내오니라."

"어머니! 앉으세요, 절 올리겠습니다."

"절은 무슨, 얼굴 보면 그게 인사제. 좋다!! 그라문 내 한 번 받아 볼꾸마!"

우리는 김치와 된장찌개로 밥 한 그릇을 게 눈 감추듯 뚝딱해치우고 막걸리도 한 말이나 마셨다. 얼큰하게 취한 우리들은 명해네 집에서 나와 여인숙으로 가기 위해 어두운 비탈길을 내려오다 판자 쪽문을 발견하고 쪽문 안으로 오줌을 갈겼다. 네 놈이 막걸리 한 말을 다 쏟아내고 있는 중인데 쪽문 안에서 사람소리가 난다.

"좀 조용히 해봐아! 밖에 비 온 감네, 마른하늘에 날벼락도 유분수지, 아까까지 멀쩡혔는디 뭔 놈에 비당가?"

'덜커덩!'

문 여는 소리에 놀라 우리는 바지춤을 움켜쥐고 비탈길을 내달렸다.

20. 유랑극단을 따라간 정님이 누나

싸전 마당에 유랑극장이 들어섰다.

유목민들의 집 '게르'처럼 둥글게 둘러친 천막 극장엔 오색 천과 각국의 국기들이 밧줄에 매달려있고 매표소 위에는 '이수일과 심순애'란 연극에 출연하는 배우들의 얼굴이 그려진 광고판이 걸려있다.

배우들과 피에로가 트럭을 타고 거리를 돌며 나팔을 불고 북을 치면 아이들은 트럭 뒤를 따라다니며 손나팔을 불며 즐거워했다. 무당벌레 무늬의 펑퍼짐한 옷을 입고 사슴코에 뿔 모자를 쓴 피에로의 익살스런 몸동작에 아이들은 숨이 넘어간다. 학교에서 돌아오니 비어 있던 문간방에 불이 켜 있고 정님이 누나가 밥상을 들고 들어갔다.

"누~ 구?"

"너 싸전 마당에 유랑극단 온 거 봤지?"

"응."

"극단에서 '이수일과 심순애'라는 연극을 하는데 그 주연 배우가 우리 집에 하숙 온 거 있지. 얼굴도 잘생겼지만 목소리가 장난 아냐."

정님이 누나의 목소리가 떨렸다.

"그렇구나, 누나는 좋겠네. 잘 보여서 시집 가!"

"그럼 한번 꼬셔볼까? 호호호."

"꼬실 재주나 있구? 괜시리 헛물켜다가 큰코다치지나 마시지."

배우가 입장권을 한 묶음 가져왔으나 구경 갈 사람이 없어 정님이 누나만 횡재하게 되었다. 누나는 저녁마다 옆집 '음전이'를 데리고 구경을 다녔는데 그들 간에 거래 내역은 알 수 없고 누룽지나 고구마 같은 주전부리는 '음전이' 몫이라고 한다.

누나가 여느 때보다 매무새에 신경을 쓰고 곱게 딴 머리에 붉은 갑사댕기를 단 것으로 보아 배우에게 잘 보이고 싶은가보다. 그 남자 밥상차림도 식구들 모르게 맛있는 음식을 더 가져다주는 것을 나만 안다.

장마가 시작되자 유랑극단은 겨우 한 파수 공연하고 말도 없이 철수해버렸고 하숙하던 배우도 온다 간단 말 한마디 없이 짐을 싸서 밤중에 줄행랑을 쳤다. 정님이 누나는 배우가 지내던 건너방 쪽마루에 쪼그리고 앉아 주룩주룩 내리는 빗줄기를 넋 나간 사람처럼 바라보며 땅이 꺼지도록 한숨을 지었다.

"누나! 구경거리도 가고 잘생긴 남자도 가고 무슨 재미로 살지?"

"재미? 속이 다 시원하다. 거지같은 놈! 밥값이나 떼 처먹는 놈들 어디 가서 잘되나 봐라. 그동안 내가 얼마나 잘해줬는데, 간단 말 한 마디 없이 도망가? 그게 인간이야? 버러지만도 못한 놈이지, 그 생각만 하면 울화가 치밀어 죽겠어!"

"그게 그 사람 잘못인가, 장마 탓이지. 큰 엄니도 오죽하면 밥값도 못 내고 야반도주를 했겠냐며 불쌍한 사람들 도왔다고 생각하신대."

정님이 누나는 이제 말수도 줄고 박하분도 안 바른다. 머리는 예전처럼 손가락으로 끌어 모아 고무줄로 동여맸다. 가끔 쪽마루에 걸터앉아 시름없이 훌쩍거리기도 했다. 어른들은 누나가 어디가 아픈지 무슨 속상한 일이 있는지 걱정이 되어 노심초사 하는데 본인은 아픈 것도 아니고 속상한 일도 없다며 서둘러 자리를 피하곤 했다.

나는 여름방학 동안 시골집에 가서 지내다 개학 전 날 읍내 큰집으로 돌아왔다. 정님이 누나는 기다렸다는 듯 나를 반겼다. 저녁을 먹고 내방에 들어오니 정님이 누나가 따라 들어와 편지 한 통을 내밀며 빨리 읽으라고 한다. 편지는 겉봉을 뜯지도 않았고 발신자는 '송'이라고만 적혀 있고 발신 주소도 없다. 보름 전의 날짜, 제천 우체국 소인이 찍혀 있었다.

"송이 누구야? 주소도 없고…"

"나도 몰라 빨리 읽어봐! 궁금해 죽겠다."

누나는 이 편지를 내가 올 때까지 궁금한 걸 참고 기다렸나 보다. 나는 누나의 성화에 지체 없이 편지를 읽었다. 처음에는 큰소리로 읽다가 나도 모르게 작은 소리로 읽어 내려갔다.

'보고 싶은 정님 씨! 그동안 별일 없이 잘 지냈는지요? 떠나올 때 한 마디 인사도 못하고 정말 미안합니다. 부초 같은 인생이다 보니 어디서 어디로 갈지도 모르고 정처 없이 흘러서 제천까지 왔으나 이 편지가 도착할 때쯤이면 저는 또 낯선 어디에선가 정님 씨를 그리워하며 지내겠지요, 정님 씨! 제가 방방곡곡 다니면서 하숙을 해봤지만 정님 씨 같이 잘해 준 사람도 없었고, 나 같은 인간을 추억하겠다고 함께해 준 정님 씨의 따뜻한 정을 평생 잊지 않겠습니다. 부초처럼 정처 없이 떠도는 몸이다 보니 우리가 다시 만날 기약은 못하지만 저는 항상 정님 씨가 건강하고 행복하길 기원하겠습니다. 기회가 되면 꼭 만나러 갈게요. 더위도 한풀 꺾이고 가을이 오는가 봐요, 환절기에 감기조심하고 행복을 빕니다. 이만 줄입니다. 안녕히!'

-추신- '매일같이 비가 와서 공연을 못하니 하숙비도 낼 수 없어 밤중에 나왔는데 사모님한테 죄스럽고, 정님 씨한테는 영향이 없을지 걱정되고요. 언젠가는 꼭 하숙비를 보낼테니 염려 마시라고 전해주세요.'

1959년 9월 5일 [송]

밥값을 떼어먹고 도망간 사람이 양심이 조금은 있었는지 아니면 배우라서 말은 번지르르하게 잘도 한다며 대수롭지 않게 생각하였으나 누나는 치마로 얼굴을 감싸고 흐느껴 울고 있었다.

"누나! 왜 그래! 울지 마! 어차피 못 받을 밥값인데 울긴 왜 울어? 누나보고 하숙비를 물어내라는 것도 아닌데"

나는 열여섯 살짜리 중학생이고 여성을 이해 할 수 있는 나이도 아니다. 누나의 첫사랑은 이루어질 수 없는 짝사랑이었다. 그것을 누나 스스로 알고 있기에 그리움도, 슬픔도, 참고 잊으려니 가슴저밀듯한 아픔과 서러움에 복받쳐 밤마다 흐느껴 울던 것을 아주 한참 뒤에야 이해할 수 있었다.

방학 숙제를 정리하고 잠자리에 들려고 하는데 누나가 설탕 묻힌 누룽지를 가지고 들어와 편지 좀 써 달라고 한다. '송'이란 배우에게 답장을 쓸 모양이다. 누룽지 과자는 누나가 나에게 아쉬운 부탁을 할 때(소설책을 읽어 달라거나 우편물 같은 것들을 정리할 때 등등) 만들어 주는 뇌물이다. 나는 유일한 주전부리의 유혹에 누나의 요청을 절대 거절하지 않았다.

> '당신 집은 어딘가요? 주소 좀 알려 주세요. 부모님 계신 곳을 알려주면 좋겠어요. 추석 때 당신 부모님을 뵈러 갈까 생각합니다. - 정님 올림 -

"뭐야? 이게 다야? 그리고 당신이란 말도 그렇고, 남의 부모님은 왜 만나? 누나 미쳤어? 그 사람은 집도 절도 없는 철새야, 철새! 그리고 그까짓 밥값 몇 푼 받으려고 고향까지 찾아가려는 건 아니지?"

어이가 없어 정님이 누나를 보니 울음을 참느라 이를 꽉 물고 고개만 끄덕인다. 나는 아무리 생각해도 이해가 안 간다. 그 남자를 만난 지 열흘도 안 되는데 그사이 저토록 정이 든 건가? 아니면 짝사랑을 하고 있는 것인가? 편지는 아주 짧게 썼지만 보통 사이가 아닌 것 같아 보였다. 봉투에는 보내는 사람만 적고 받는 사람의 주소와 이름도 비어놓았다. 누나는 수고했다며 편지를 가지고 나갔다. 편지일 망정 할 말이 많은 터인데 대필을 받는 형편이니 하고 싶은 말들을 가슴에만 묻어두고 글을 줄였다. 허기야 만단 사연을 적은 들 보낼 곳을 모르는데 무슨 소용이랴. 볼수록 측은하고 불쌍하다는 생각이 들었지만 나로서는 어쩔 수 없는 일이다.

큰집 식구들과 나는 고향으로 추석을 쇠러 가는데 누나도 함께 데려가려 했지만 그는 집도 지킬 겸 안 가겠다고 하며 두 손을 머리에 대고 엎드려 큰절까지 한다.

"얘는 설도 아닌데 무슨 절까지…. 내일 오후엔 올 건데, 불조심, 문단속, 잘 하고…. 다녀오마."

이튿 날 저녁때가 되어 집에 와보니 문이 잠긴 채 정님이 누나는 보이지 않았다. 옆집 음전이가 열쇠를 건네주며 며칠 간 어디를 좀 다녀오겠다며 열쇠를 맡기더라는 것이다. 큰어머니에게 큰절을 할 때 어쩌면 누나는 작별 인사를 드린 것일 게다. 부모 형제도 없고 친척도 없는 외톨이로 열 살에 들어와 팔 년이 되도록 한 번도 어디 간일이 없고, 갈 데도 없는 천애고아가 집을 나가다니, 웬일이냐며 누가 꼬드겨서 다른 집에 데려갔을 지도 모르고, 신세를 비관하고 엉뚱한 일을 저지르지나 않았는지. 큰어머니께서는 그럴 애는 아니라면서도 별의별 상상으로 잠도 못 주무시고 식사도 제대로 못하셨다.

누나는 며칠이 몇 달이 되고 일 년이 넘어도 소식이 없다. 그동안 경찰서에 신고도 하고 병원이나 행려자 수용소까지 뒤졌으나 소용이 없다. 나와는 삼 년이나 같이 살면서 언제나 나를 친형제처럼 살갑게 대해줬고 나도 남으로 생각한 적이 한 번도 없었다. 식구들도 마찬가지여서 정님이 누나를 친형제처럼 아끼고 월급은 시집갈 때 쓰기로 저금을 하고 화장품이나 옷가지를 살 때와 꼭 필요한 용돈은 별도로 주는 등 가족들과 차별 없이 대해준다고는 했다. 그래도 가끔은 서운한 일도 있었을 테고, 속상할 때도 더러는 있었겠지만 집을 나가야 할 만큼 큰일이야 없었던 듯한데 그래도 더 잘 해주지 못한 것을 큰어머니는 후회하고 속상해 하셨다. 지금은 무엇 때문에 어디로 갔는지 한 달, 두 달, 일 년이 지나도 소식이 없자 가족들은 차츰 누나를 잊어가고 있었다.

그 후 정님이 누나 대신 큰어머니의 친정 조카딸인 영숙이란 처녀에게 부엌일을 맡겼는데 누룽지 과자는 다시는 먹을 수 없었다.

정님이 누나가 떠난 지 어느새 2년째인 섣달그믐날 저녁,

과자와 음료수를 차려놓고 가족들이 모여 송년파티를 열었다. 여자들은 손뼉을 치며 노래를 부르고 깔깔거리며 가는 해를 아쉽게 보내고 있었다. 밖에서 이상한 소리가 나서 방문을 열고 내다보니 검은 물체가 함박눈을 맞으며 마당 한 가운데 서 있었다. 사람인지 짐승인지 분간이 어려웠다. 대문 밖 전봇대에 달려 있는 외등 불빛을 등지고 서있는 그 모습은 마치 유령 같았다. 모두가 기겁을 하고 놀라 무섭다고 소리를 지르며 방문을 닫으려하자 큰어머니가 마루로 나가시며,

"정님이냐? 빨리 들어오지 않고 뭘 서 있어, 눈 맞으면 감기 드는 거 모르냐? 영숙아! 더운 물 좀 빨리 준비하고 밥상 좀 차려라!"

거적때기는 마루에 엎어지면서 기어들어가는 목소리로

"엄니! 죄송해요, 죽을 죄를 졌네요, 용서해 주세요. 엄니…. 흑흑, 이년이 세상 물정을 모르고 흑흑!"

"못난년! 빨리 들어오지 않고 뭐해? 얼른 거적 좀 벗기고 아랫목에 앉혀라."

눈이 얼어붙은 거적을 치우고 가슴에 묶여진 작은 보따리를 풀어보니 그것은 아기였다.

"어머! 이를 어째! 이 추위에 갓난쟁이를 데리고 다니니? 정신이 있는 애야? 없는 애야? 달랑 쪽 이불 하나만 싸서,

여하튼 안 죽고 살아온 게 천만다행이다만…."

아기는 엄마 품에서 잠이 들었다. 정님이 누나의 머리는 한마디로 수세미나 다름없었고 얼굴은 검고 볼은 빨갛게 얼어 터졌다. 두 손은 갈퀴처럼 거칠었고, 천으로 둘둘 감싸고 있던 꼬질꼬질한 수건은 머리에서 양쪽 귀를 덮어 턱 밑에 동여맸다. 얼굴이나 손을 보니 세수한지도 꽤 오래된 듯 거지도 상거지다. 몸에서는 심한 악취가 진동하고 입술은 골짜기처럼 갈라져 입술을 움직일 때마다 피가 흐르고 아픔으로 얼굴을 찡그리느라 말도 못한다.

큰어머니는 허기가 심할 때는 목이 멜 수 있다며 더운물에 밥을 말아 먹게 하고 누나와 아기를 목욕 시킨 뒤 새 옷을 갈아입히고 미음을 쒀 먹이셨다. 아기를 따듯한 아랫목에 뉘니 금방 쌕쌕거리며 잠이 들었다. 아기는 사내아이인데 영양실조 탓인지 팔다리가 쭈글쭈글하고 무척 나약해 보였고 누렇게 탈색된 머리는 윤기 하나 없이 듬성듬성 하고 두 눈망울만 새카맣고 반짝인다.

"이 애는 네 애냐? 그사이 어느 놈의 씨를 받아온 겨? 아니 나이도 어린 것이, 이걸 어쩌면 좋으냐? 참으로 한심하구나. 이 꼴이 다 뭐냐? 바보 같은 것! 이를 어쩌누?"

누나는 고개를 숙인 채 말이 없다. 큰어머니는 더이상 묻지 않았고 정님이 누나와 아기가 일찍 쉬어야 한다며 우리

들을 밖으로 내몰았다

나 역시 잠이 오지 않았다. 박속처럼 희던 살결, 부잣집 맏며느리감이라고 사람들이 칭찬하던 둥글둥글 오동통했던 몸과 얼굴, 흑단 같은 머리에 붉은 댕기가 팔락이던 모습, 아무리 힘들고 어려운 일이 있어도 화내는 일이 없었고 항상 웃는 얼굴로 사람을 대해, 성격 또한 느긋하고 모나지 않아 가족이나 이웃 사람들에게도 칭찬이 자자했던 누나. 가족 모두에게 사랑을 받던 정님이 누나는 장마당에서 동냥이나 하는 거지 할머니와 다를 바 없었다. 그리도 곱던 모습이 일 년여 사이에 상거지가 되어 아이까지 낳아서 돌아올 줄은 아무도 상상하지 못한 일이다.

이튿날 아침을 마치자 정님이 누나는 지나간 일들을 울면서 털어놓기 시작했다. 송가(배우)가 어느 날 낮에 물을 좀 달라기에 물그릇을 들고 방으로 들어갔다가 강제로 덮치는 바람에 이렇게 됐고, 임신이란 걸 알고 난 후 두렵고 창피하여 어떻게 죽을까 고민하다가 죽을 때 죽더라도 송가와 송가의 부모를 만나야겠다 싶어 무작정 제천 가는 버스를 탔단다. 제천에서 여러 곳을 찾아다녔으나 이미 유랑극단이 오래전에 여주로 갔다기에 여주로 달려갔으나 그곳에서는 또 원주로, 원주에서 춘천으로, 알지도 못하는 여러 곳을 오로지 극단 뒤만 쫓아다니다 송가는 만나지도 못하고 수중에 돈이 없어 남의 집 부엌일이나 허드렛일을 도와주고 입에 풀칠을 하며 헤매다가 어느 인심 좋은 가정을 만나 아이를 낳았단다. 일주일도 채 안 된 갓난애를 들쳐 업고 문전걸식을 하다시피 하며 전국을 뒤져 끝내 대구에서 송가를 찾았으나 그는 이미 극단 여배우와 동거를 하고 있었다. 송가네는 마을이 한 눈에 내려다보이는 언덕배기에 파란 함석으로 지붕을 덮은 집에 방 한 칸을 세 들어 살고 있었다.

방문을 빼꼼히 열고 내민 여자의 얼굴을 보니 송가보다 연상 같은데 화장을 덕지덕지 바르고 겨우 사타구니만 가린 속옷 차림으로 담배를 꼬나물고 있었다. '단내 나는 음식에 파리가 더 꼬이기 마련이라지만 미친년까지 극성'이라며 누나를 미친년으로 몰아 문밖으로 쫓아내어 누나는 분하고 억울한 마음에 송가를 죽이고 자신도 죽거나 배우 년을 쫓아내려고도 했지만 산꼭대기 바위 벼랑에 제비집처럼 매달린 판잣집 방 한 칸에 세 사는 꼴도 그렇고, 한낮이 지났건만 여우같은 계집은 속옷 바람에 담배를 꼬나물고 오관이나 떼고 있는 꼬락서니가 사내 등골이나 빼먹고 사는 계집이라 생각한 모양이다. 누가 더 나을 것도 없이 쭈그러진 냄비에 담긴 그 밥에 그 나물 인데 악을 써봐야 씨도 안 먹히고 입만 더러워 질 것 같아 돌아서며 마지막으로,

"네 놈은 애비 자격도 없고 생활 능력도 없어! 처자식 건

사는기녕 제 목구멍 풀칠도 못할 한심한 인간아! 내가 미련 없이 가줄테니 잘 처먹고 잘살아라!"

하고 쪽방을 뛰쳐나왔으나 딱히 갈 곳도 없고 앞으로 살아갈 일이 막막하기만 하여 차라리 아이와 함께 죽을 생각으로 기찻길 건널목에 아이와 함께 누워 눈을 감고 기차가 지나가기를 기다리고 있었다. 그 순간 꿈결인가 싶게 하늘에서 별똥이 아이 머리로 떨어지는 바람에 놀라 눈을 뜨고 아이를 보니, 아이는 평화롭게 잠을 자고 있었고 멀리서 기적소리가 나자 더럭 겁이 나 자신도 모르게 아기를 안고 뛰었단다. 그 순간 머리를 스치고 지나는 생각으로 '어린 것이 무슨 죄가 있어 태어나자마자 죽어야 하나'싶어 다시 생각한 끝에 이를 악물고 나 혼자라도 키우겠다, 맘을 먹고 이곳으로 온 것이란다. 하지만 어른들 대하기도 부끄럽고 더구나 혹이 하나 붙었으니 얹혀살기보단 장터에서 뭐라도 해볼 생각이라며 흐느껴 울었다.

"애야, 울지 마라. 세상은 내 맘 같지 않은 게다. 살다보면 억울하게 속는 일이 너한테만 오는 것도 아니고, 잃는 게 있으니 얻는 것도 있질 않니! 참고 살아야하는 의미와 목적이 분명해졌구나, 정님아! 이것아, 눈물을 흘리지 마라! 미워해야 할 것보다 사랑해야 할 것들이 더 많은 게 세상사라 하잖니? 이제 혼자서 애를 키우려면 힘들고 어려운 일들이 수도 없이 찾아오겠지만 그건 너만 겪는 게 아니다. 여자라면 누구나 숙명으로 생각하고 극복해야한다."

큰어머니는 물을 한 모금 마셔 입술을 적신 뒤 다시 말을 이어가신다.

"정님아! 몸의 상처는 곧 치료되지만 마음의 상처는 세월이 필요한 게다. 넌 이제 혼자가 아니잖니? 네가 어떻게 삶을 사느냐에 따라 아이의 미래가 결정 될 거다. 알겠니? 후회 없이 살기 바란다. 그리고 내가 네 어미고 이 애의 할미다. 아무 걱정 말거라. 나는 내일부터 싸전이나 쇠전 주변에 목 좋은 점포를 알아볼테니 너는 몸이나 잘 추스르려무나."

큰어머니가 점포도 물색하고 장사에 필요한 살림살이를 장만해 주어 누나는 장국밥 장사를 시작했는데, 워낙 음식 솜씨가 좋아 밥 먹고 사는 데는 어렵지 않겠다며 어린 것이 애를 등에 매달고 분주하게 일하는 모습이 장하기도 하고 애처롭기도 하다며 흡족해 하신다.

'누나야! 힘내라. 힘내! 돈도 많이 벌고 꼬맹이도 훌륭하게 키워서 송가 그 자식에게 꼭 복수해라. 나쁜 자식은 잊어버리고, 내가 어른이 되면 누나를 도와줄게! 꼬맹아! 너도 빨리 커라, 내가 공부도 가르쳐주고 딱지도 접어줄게! 꼬맹이 파이팅!!'

21. 지리산의 가을

우리는 남원에서 구례행 버스를 타고 천은사 계곡 입구에서 내려 계곡을 따라 꼬불꼬불한 산길을 한 시간도 더 걸어서 신원부가 산다는 산간 마을에 도착했다.

병풍처럼 둘러친 지리산 자락 골짜기는 타는 듯 붉고 마을 옆으로 흐르는 계곡물은 눈이 시리도록 맑았다. 저녁 연기가 광목을 펴 넌 듯 조개껍질 같은 초가집들을 품고 산허리를 감돌아 한 폭에 산수화처럼 아름답다. 원부네 집 뒤란에는 이파리를 떨군 늙은 감나무가 가지가 휘도록 열린 노란 감들을 가을 햇살에 익히고 있고, 돌담 위에는 다 익은 호박이 행여 떨어질세라 쇠진한 넝쿨들의 걱정이 깊어가고,

추녀에 이어 단 외양간 지붕 위 박 넝쿨도 미끄러지지 않으려고 새끼줄을 움켜잡고 안간힘을 쓰고 있는데 때늦게 핀 박꽃 한 송이가 스멀스멀 내린 산그늘 속에서 백치처럼 하얗게 웃는다.

풍구 소리를 피해 싸리문 밖에 나와 있던 암탉이랑 병아리들이 우리를 보고 놀랐는지 급히 안으로 들어갔다.

외짝 싸리문이 거만하게 몸을 뒤로 제끼고 기웃거리며 들어서는 수상쩍은 사내들을 째려본다. 집안 담 밑에 산국이랑 앉은뱅이 맨드라미가 날아오는 콩깍지를 피하려는 듯 꽃송이를 이리저리 흔드느라 정신없고 우리를 피해 안으로 들어갔던 암탉 가족이 꽃밭으로 숨으려다 날아오는 콩깍지에 질겁을 하고 뒤돌아 나오다가 우리와 마주치자 급히 주저앉아 병아리들을 품속으로 숨겼다.

밀짚모자를 쓴 남자와 젊은 여자가 풍구로 콩깍지를 불어내고, 남자 노인은 바구니에 끈을 묶어 한 쪽 끝을 자기 왼쪽 손목에 걸고 오른손으로는 콩을 주워 담고, 허리가 몹시 굽은 안노인은 앉은 듯 엎드린 듯 굽은 자세로 빗자루질을 하고 있었다. 우리는 집 안에 정황을 살핀 후 안으로 들어서며 인기척을 냈지만 일에 몰두하느라 닭 가족 외엔 아무도 아는 체를 하지 않았다.

"저~ 실례합니다. 신원부 씨 계십니까? 신원부 씨 자수

권고하러 왔습니다. 자수하면 탈영 죄는 소멸되고 불응하면 체포되는 즉시…"

말이 채 끝나기도 전에 밀짚모자는 순식간에 몸을 돌려 뒤란 쪽으로 달아났다. 우리는 갑작스러운 돌발 상황에 놀라 뒤 쫓아갔으나 그는 이미 뒤란 담을 넘어 사라지고 대신 똥개 한마리가 날카로운 이빨을 드러내고 악을 쓴다. 웬 놈들이 겁도 없이 남의 집을 기웃거리느냐? 죽고 싶으면 넘어오라는 협박이다.

그가 넘어간 담 쪽을 멍하니 바라보며 대책 없이 한참을 기다렸지만 그는 돌아오지 않았다. 혹여 다시 온다한들 담을 넘어올 리가 없건만 시선은 자꾸 그쪽으로 향했다. 그의 어머니는 어색하고 부자연스럽게 우리 주변을 서성이다가

"다리 아픈 개 말래 좀 앙그소. 저~ 거시기 뭐냐, 우리 아가 올랑가 어찐가 몰라도 여그 앙거서 지둘러보시어 잉. 아~따! 이놈에 몬지가 전부 말래로 모인 갑네."

원부 어머니는 마른걸레로 마루를 쓱쓱 문질러 먼지를 밀어내고 우리가 앉을 자리를 만들었다.

"신원부 씨 부모님이시지요? 갑자기 들어와 놀라셨을 텐데 죄송합니다. 저희는 탈영병 구제 특별법이 이달 말까지 시행됨에 따라 원부 씨를 자수시키려고 왔습니다. 이번 기회에 자수를 하면 영창을 가지 않고 나머지 군 생활을 끝내

면 됩니다. 그러니 가족들이 설득하셔서 저희를 따라 입대하도록…"

원부 아버지가 마루 끝에 걸터앉으며 몹시 퉁명스런 말로 내 말을 끊었다.

"아따! 도통 뭔 소린지… 긍개 자수하문 가막소는 안 간다 그 말아니어라?"

원부 아버지는 지금 일어난 상황이 매우 황망하고 불쾌한 모양이다. 그는 왼팔을 늘어트린 채 단죽을 무릎에 끼우고 오른손으로 담배를 꾹꾹 눌러 재어 입에 물고 성냥을 한 개비 꺼낸 뒤 성냥갑을 양 무릎사이에 끼웠다. 성냥개비를 그어 담뱃대에 갖다 대 보지만 불이 꺼지자 성냥개비를 마당에 내팽개치며

"총 든 군인이 갑자기 들이닥치는 디 죄진 놈이 도망가는 건 당연하지라. 앞뒤 사정을 모른 개 허벌나게 놀랐을 긴디 우짜야 좋노, 으 잉? 군인 양반! 다시 한 번 물어봅시다. 야 그인즉슨 우리 아가 잡혀 강개 아니라 자수 현거로 혀서 가막소에 안 가고 남은 기간만 때우면 집에 올 수 있다 그거지라?"

"예, 그렇습니다. 월남 파병으로 군력이 부족해 특례를 적용 하는 겁니다."

"그란디 그 말을 어찌 믿는다요? 믿게 해준다면 나가 당

장이라도 데려올란디, 우짜요?"

"그런 조건이 아니라면 저희가 아니라 헌병들이 왔겠지요. 이렇게 복잡한 이야기도 할 필요 없고요. 아버님은 조금도 걱정 마세요."

원부 아버지는 우리가 포기하고 그냥 가거나 자수하면 감 옥엔 안 간다는 말을 믿어도 되는지를 두고 갈등을 겪고 있는 눈치다.

우리가 그냥 내려가면 원부는 구제받을 기회를 잃는 것이고 나중에 체포되면 영창 생활을 해야 하며 그로 인하여 사회생활도 영향을 미칠 것이란 말에 결정을 낸 듯 손가락으로 마루를 툭툭 두들기고 일어서며 며느리를 향해

"새아가! 이 사람들 말 들은 개 이참에 보내는 게 낫다 싶다. 마냥 미룰게 아니라 치룰 건 치러야 제, 백성이 다 지켜야 할 나랏법인디 사정이 있으니 나 좀 봐달라고 떼를 쓸 일도 아니고. 지금이 자수기간이란 개 이참에 만사 제치고 가야 한단 말이 시, 우선 본인 의견도 중하지만 내 생각엔 가는 게 맞을성싶다. 그라니 이 사람들 따라 보내삐자! 새아기 니 생각은 어떠냐? 개안 안 하냐? 어렵게 생각할 일이 아니랑게, 오메도 같은 생각이라고 원부에게 전할 텐 개, 이사 그렇게 결정하는 걸로 하고 너는 싸개 밥이나 혀 놔라, 먼 길 떠날 아를 빈속에 보낼 순 없제."

"네 아버님! 아버님 말씀이 지당하신게라, 저도 같은 생각이어라."

"나그 생각도 영감 생각이랑 같은 게 싸개 데려오시어잉."

노인은 앞치마로 연신 눈물을 찍어내는 며느리의 어깨를 두어 번 토닥여주고 사립문을 나갔다.

마을 사람들이 왔다.

"쪼까 실례 좀 하겠어라, 나가 여그 사태골 청년회장이요, 이 사람은 총무, 그라고 이분은 우리 마을 구장이지라."

열 가구 남짓, 한 마을에 있을 사람은 다 있는 것 같다.

"두 사람 멀리서 오느라 수고 많이 현는디 잘못 온 거 갑소. 알고 봉개 당신들이 겁도 없이 죄 없는 사람을 시방 끌구 갈란단디, 원부는 탈영병이 아니지라. 삼대독자는 군 면제자에 해당한다는 걸 알란가 몰라, 보아 항 개 헌병은 아닌 듯 싶고, 'DP'란 완장이 무슨 권한을 가진 건진 나가 알 수 없지만 쓰잘때기 없이 헛걸음 했어라, 그랑께 싸개 내려가소."

"……?"

청년회장이란 자가 시비성이 다분한 말투로 우리를 다그쳤다.

"으매, 잡것! 나가 환장하겠네. 아그들이 눈도 깜짝 안 혀야? 여그가 어딘지 모른 개 어리어리 허제? 여가 어떤 곳인지 나가 갤차줄랑 개 잘 들어 보드라고. 여는 구름이고 바람이고 들어오면 못나가야, 육이오 때는 여그에 공비가 들어왔다가 싸 그리 죽어 뻐 쨰, 무슨 말인지 알지라? 동구로 인 나가면 나갈 곳이 없당개, 너그들을 죽여가 뼈다구를 지리산에 버려뿔면 귀신도 모른다 그거제, 어찌까이 살고자푸면 어둡기 전에 싸게 가삐는 게 좋을 낀디. 안 그냐? 쫄따구 아그들아!"

"아! 그래요? 마을 책임자시라며 도와주진 못할망정 겁부터 줍니까? 우리는 공무집행 중이며 신원부 씨의 장래가 걸린 일인데 말을 함부로 하시네요, 좋습니다. 협조하기 싫으시면 마십시오. 우리야 도주했다고 보고하면 그만이니까 알아서 하세요. 이러다 지리산 귀신 될까 겁난다. 도망친 사람을 기다리는 우리도 한심하고, 마을 사람들은 협조는커녕 협박이나 하니… 그냥 출발하자! 아홉 시 기차를 타려면 서둘러야해!"

김 상병과 내가 자리에서 일어나자 구장이란 사람이 내 가랑이를 움켜잡았다.

"아이고 그게 아닌디 그라네, 이 사람 장난이 쪼까 심했어라, 이해하드라고 잉."

"성님은 참! 나가 한 말이 무신 뜻인지 모른다요? 이 아그들이 그냥 가삐면 그담은 우짜요? 차라리 이 아그들을 죽여뿔면 아무 탈도 안 날개라 이 말 인디, 사람 죽이는 건 달구새끼 목 따기보다 쉽지라이, 아직도 나의 손에서는 베트콩 피비린내가 나는디, 그라고 지금도 지리산 골때기마다 해골바가지가 지천인디 아무도 관심 없어라. 긍개 너그들이 죽어뻐도 쥐도 새도 모른다. 그거제, 자! 피 냄새 맛 좀 보드라고잉."

청년회장이 손바닥을 펴서 내 코앞에 들이댔다.

(베트콩 같은 소리 하고 자빠졌네, 파병은 이제 시작이구만…)

"아! 농담 좀 고만 혀! 좋은 야그도 두 번하면 싫은 게, 농담이 쪼까 징해서 미안혀요, 이 사람도 원부네 사정이 너무 딱하고 속이 상해서 한말이니 이해 좀 하셔잉."

구장이란 사람이 청년회장의 옆구리를 쥐어박으며 면박을 주고는 이내 우리들에게 급구 사과를 했다.

"다시 한 번 말씀드리자면 우리를 따라가면 처벌을 받지 않고 잔여기간만 복무하고 전역하는 것이니 마을 분들이 잘 설득해서 보내세요."

"여기선 입에 발린 말 혀고 데려가서는 유치장에 밀어 널지, 그걸 누가 믿는당가?"

"걱정하시는 것은 충분히 이해합니다만 믿어주십시오. 어르신도 공감하시고 아드님을 데려오겠다고 나가셨습니다."

"우리가 믿고 안 믿고는 중요치 안채, 원부는 어떤 방식이라도 한번은 때워야 항개, 그동안 이집이 걱정인디 워째야 좋을지, 여하간 원부를 안 보낼 순 없슨 게, 여그 문제는 나중에 청년회에서 검토 좀 하드라고. 그라고 원부가 가야 한다면 내일 아침에 가는 걸로 협조 좀 해줘야 쓰건는디, 우짜요 잉? 그라도 괘안치라이? 그라문 그리 결정하고 박수 한 번 칩시다. 박수~" (박수는 무슨, 원부가 올지 말지 알지도 못하는데)

원부가 내일 입대한다는 조건으로 가족과 하룻밤을 지내도록 배려하고 싶지만 우리가 이곳에서의 숙박도 어렵고 내일 다시 올 수도 없는 일이다.

"그게 그리 쉽게 결정할 일이 아닙니다. 우리가 숙박까지 해가면서…"

노인이 원부를 데리고 사립문을 들어섰다. 그는 도망부터 간 것이 미안해서인지 노인 뒤에서 미적거리며 머리를 긁적이고 우리 쪽을 향해 어설픈 웃음을 흘리고는 마을 사람들 사이에 끼여 앉았다. 분위기가 잠시 무겁게 흘렀다.

"엄니! 오늘 같은 날엔 원부 창시에 달구 지름이라도 밀어너 줘야 부대 가서 갱신할 긴디 으짜요? 질로 존 놈으로 비틀 깨라?"

총무가 어색한 분위기를 깼다.

"그라지, 그라네도 달구를 우짜야 잡을 란가 걱정 현는디 잘 됐네, 자네가 수고 좀 해주드라고 잉."

총무가 닭장에서 암탉 한 마리를 잡아 목을 비틀어 원부 처에게 넘겼다.

원부 처가 술상을 차려 왔다. 개다리 쪽상에 밥풀이 떠있는 탁주 한 주전자와 산나물 무침이랑 새우젓이 전부다. 모친이 사발에 술을 따르며

"시장하지라이? 괘기도 없고 남새 뿐이지만 우선 목 좀 추기드라고 잉, 달구는 쪼까 지둘러야 될 건게."

"아! 네, 저희는 공무 중이라 술을 마실 수 없으니 아버님과 마을 분들이나 드십시오."

"저 양반은 술 잡수면 안 되지라, 큰일 난당께."

구장은 서둘러 잔을 비우고 손등으로 입을 쓱 문지르고는

"이 저녁에 공무는 무슨… 탁배기 한잔 현다고 젊은 사람간에 기별이나 갈란디? 그냥 목구멍이 칼칼할 땐 이놈을 미러 너야 야그가 잘 풀릴 건 개 한잔 마셔 보드라고, 동상도 한잔 혀."

그가 원부에게 술 양재기를 넘겼다.

"동상네는 우리가 알아서 챙길겅개 이참에 마자 때우고

오는 걸로 결정혀! 그라고 오늘밤은 오매랑 각시랑 보내고 내일 아침에 이 사람들 따라 가란 말이시, 알제? 우린 내일 아침에 옴서 달구지 끌고 올랑개. 이자 우린 일어나제, 아저씨 아지매! 이잔 원부 걱정일랑 그만 혀고 맴 편히 주무셔도 될랑갑소, 알 것 지라?, 지수씨도 걱정 붙들어 매시고, 그라문 내일 베어라."

'…달구지?'

달구지를 왜 끌고 온다는 것인가? 나는 궁금하여 총무 얼굴을 보니 그는 한쪽 눈을 찡긋해 보이고는

"음, 그런 게 있제, 낼 보드라고."

원부는 형의 갑작스런 죽음에 이어 부친까지 충격을 받고 쓰러지는 바람에 귀대 일자를 놓쳤다. 결국 탈영병이란 딱지 때문에 혼인 신고도 못하고 태어날 아이에게도 영향이 미칠 걱정에 우울증까지 생겼지만 늙고 병든 부모와 갓 시집온 아내 앞에서 잡혀가는 꼴을 차마 보일 수가 없어 순간적으로 도망을 쳤다며 흐르는 눈물을 옷소매로 찍어내면서도 어설픈 웃음을 흘렸다. 우리는 원부의 안타까운 사정을 외면할 수가 없어 아침에 떠나기로 하였다.

"불편하게 해드려서 죄송합니다. 신세 좀 지겠습니다."

"신세라구라? 우리 땜시 쌩 고생을 현개 겁나게 미안 시럽구만이라. 앞으로 우리 원부 잘 좀 부탁드려라."

"원부가 외아들입니까?"

"아니지라, 원부가 막낸디 지금은 아예 독자가 됐어라, 첨엔 나가 사남매를 낳지라."

원부 모친(구산댁)은 희미한 등잔불 아래에서 무엇인가를 꿰매며 가슴에 꼭꼭 싸맨 응어리를 풀어냈다.

"지금 살았으면 서른 살이 됐을 첫 아가 이름도 없이 돌 전에 죽었지라. 그땐 돌림병 땜시 아그들이 돌 나기도 쉽지 않은 시절이지라. 저쪽 개굴 창 너머 미루나무서부터 아랫말로 가는 질에는 돌무덤 애총이 겁나게 만어라."

구산댁은 돌도 안 지난 첫 아이를 돌림병으로 보내고 세 살터울로 딸을, 이어 아들 둘을 더 낳았다. 큰딸 원자가 열일곱이던 해에 전쟁이 터졌고, 남편도 전쟁터로 나갔다. 사태골 사람들은 피난을 가지는 않았지만 대부분의 남자들이 전쟁터로 가고 여자와 노인들이 마을을 지키고 있었다.

국군이 밀리고 밀려 마지노선이던 낙동강 방어선까지 무너지면서 나라의 운명이 끝났다 싶었는데 천행으로 인천상륙작전이 성공하자 퇴로가 막힌 인민군들은 으슥한 산으로 숨어들었고 토벌대와 공방전이 끊이질 않던 구월 하순 저녁, 마침 저녁 식사 중이던 원부 네에 인민군들이 들이닥쳤다.

"손들엇! 움직이지 말라! 소리 내면 다 죽이 갔어! 우리는 남조선을 해방시키려 온 해방군으로서 보다 신속한 민족 해방을 위하여 동무의 적극적인 협조가 필요하오."

"야! 야! 그, 그러지라! 협조할 건 게, 우리 아그들 건들지만 마러라."

"실하고 바늘을 가져오고 먹을 수 있는 것도 뭐든지 다 가져오기요."

여자 인민군이 상 위에 있던 음식을 자루에 쓸어 담고 구산댁이 부엌에서 가져온 밥과 삶은 감자도 자루 속에 밀어 넣고는

"우리가 다녀간 것을 아무에게도 말하면 아니 되오, 우리의 해방 운동을 앞당기기 위해서 이 아이는 해방 전선 선봉에 직접 참여토록 할 것이니 그리 알기오. 아이의 안전을 위한다면 허튼수작 하는 일은 없길 바라오."

원자는 그들의 손에 잡혀 끌려 나가지 않으려고 발을 문지방에 대고 버티며 손을 뿌리치고 몸부림을 쳐보지만 그들을 이길 수도 없거니와 안 가면 식구를 다 죽이겠다는데 버틴다고 될 일이 아니다.

구산댁이 원자의 허리를 잡고 매달리자 인민군은 구산댁 가슴을 발로 차 방바닥에 쓰러트리고, 아이들은 쓰러진 구신 댁을 잡고 울부짖자 그들은 원자의 목에 칼을 대고 당장이라도 그어버릴 기세다.

"야! 이 간나새끼들 조용히 모하니? 죽고 싶어 환장을 했니? 또다시 울면 칼로 이년의 입을 찢어 줄거니 끼니 알아서 기라이 확! 그냥."

"우리 식구한테 손대지 말란 말이시. 나가 내 발로 갈랑개 우리 어매 때리지 말어라. 제발 우리 어매 건들지 말란 말이어라. 어매! 나 댕겨 올랑개 걱정 말구 기둘려!"

구산댁이 울부짖는 아이들 입을 손으로 틀어막으며

"제발 그러지 마요, 아이를 건드리지 말란 말이어라. 나가 뭐든지 시키는 대로 할랑개 그 칼 좀 당장 치우랑께요! 원자야! 원자야! 아이구, 야 야! 이를 우짠당가?"

구산댁이 그들을 뒤쫓아 나갔지만 이미 어둠 속으로 사라진 뒤였다. 산청 쪽에서 공비를 토벌 중이라며 산행을 금지하고 수상한 사람이 나타나면 즉시 신고하라는 말은 들었지만 공비가 이곳에도 들어올 줄은 꿈에도 몰랐다.

구산댁이 울며불며 뒷집 순기네로 달려가 보니 그 집도 초상집이 다름없었다. 인민군들은 순기 아버지 등에 지게까지 지워 솥이랑 부엌살림까지 빼앗아 간 것이다. 마을 입구에는 인질 한 명과 마을 사람으로 변장한 인민군들이 경비를 섰고 외부인에게 '마을에 돌림병이 창궐하여 들어올 수 없다'고 하면 대부분 그런 줄 알고 별다른 의심 없이 돌아갔다. 밤마다 인민군이 내려와 자기들이 필요한 물품을 강제로 가져갔고 비협조적인 사람을 끌고 가면 다시는 돌아오지 않았다. 그들이 이곳으로 잠입한지 일주일째, 경찰 소대 병력이 야간 수색작전을 폈으나 토벌대가 전멸하고 말았다. 공비들은 마을 사람들을 인질로 잡고 죽기 살기로 버티며 마을을 쑥대밭으로 만들었다. 2차 작전은 열흘 뒤에 각 지역에서 차출된 경찰과 민병대를 합친 대규모 병력을 투입하여 낮에는 공격하고 밤에는 방어하는 작전으로 일주일 만에 마무리 하였으나 안타깝게도 그들에게 끌려간 인질들이 모두 희생되었다. 마을은 줄초상을 치르며 기력을 소진했고 평생 살아온 터전을 버리고 떠나는 사람들이 늘어났다. 시신으로 돌아온 원자는 알아볼 수 없으리만큼 피골이 상접한데다 온몸에는 상처와 멍이 들어있었다. 원자의 시신 위에 앳된 인민군 소년병사가 엎드려있었고 그의 등은 벌집이 된 상태였다. 원자는 손바닥만 한 종이에 연필로 그린 태극기를 움켜쥐고 있었다.

구산댁은 이야기를 멈추고 한동안 호롱불만 주시했다. 그의 눈에 고인 그렁그렁한 눈물이 불빛에 반짝인다. 나는 이 순간에 위로의 말이 필요하다고 생각했지만 적당한 말이 떠오르지 않아 물 사발을 건넸다. 그러자 구산댁은 물을 단숨에 들이키고는 다시 이야기를 이어갔다.

"그땐 여그 사람들뿐 아니라 이 나라 백성 다가 몰악스레

졸갱이 질을 당할 때고, 집집마다 울고불고 할 일이 끊이지 않았지만 그런 건 배고픈 사람들에게는 사치나 다름없었어라. 그해 가뭄이 을매나 심했던지 알곡이라곤 가뭄에 콩 나듯 혀고 쭉장이가 단디, 겨우 털어서 양식을 만들어논게 그 놈들이 그나마 다 털어가삐고, 목구멍에 풀칠이라도 혀야 사는 디. 푸~ 보릿고개가 봄에만 온 개 아니랑께. 그땐 사람도 잡아먹을 판 이지라, 그래도 다들 용케 살아남아서 아 낳고, 또 죽고…. 거시기 그 뭐시냐? 형명인가가 난 뒤 시상도 조용혀고 우리 아 그들도 건강하게 잘 자라가 옛일을 잊고 상개, 귀신들은 그 꼴이 또 싫은 게라."

남편도 전장에서 무사히 돌아오고 아들 형제도 건강하게 의젓한 청년으로 성장하였다. 군에서 운전병으로 근무하다 제대한 원무는 곶감 장사를 시작하였는데 장사가 잘되어 남원에 가게도 내고 중고 삼발이 트럭도 장만하자 여기저기에서 중신이 들어와 가을엔 식을 올릴 참이었지만 여름 장마 때 산사태로 길이 무너지며 차가 계곡으로 떨어져 원무가 죽고 말았다. 이일로 충격을 받은 원부 아버지가 쓰러지며 풍까지 맞는 등 집안에 우환이 끊이질 않았다.

"원부가 저그성 초상 치른 뒤 복귀를 안 혀고 매일 술에 취해 울고 댕기다가 장개들고 겨우 맴을 잡고 사는 디. 푸~ 나가 죄를 겁나게 많이 진게라. 억장이 무너지는 천벌을 이러 코롬 받음시로 싸개 죽지도 안 혀고 징글징글혀게 오래 사는지…. 고단한 사람 붙잡고 늙은이가 죽을 때가 되 강게 주책을 부린감네, 미안시럽소잉."

원부 어머니는 옷소매로 눈물을 찍어내며 긴 한숨을 토해낸다. 그가 가슴을 도려내듯 쓰리고 아픈 상처를 여과 없이 드러내는 데는 원부가 이집에 마지막 희망이고 소중한 핏줄임을 우회적으로 강조하여 협조를 바라는 어머니의 간절함 일 것이다. 그의 마르고 굽은 등이 애처롭다.

"할매! 이자 푸념은 고만혀! 어찌까이, 지난일 캐내봐야 할매 창시만 아린디, 앙근가? 겨우 아문 상처 헤집어가 심신을 갈군개 자신만 피곤혀. 인명은 재천이라 혀는디 누가 감히 죽고 사는 거를 막을 수 이깐디? 임자는 가족을 위하여 신역을 다 혀쓴 게 자책 할 거 없어라. 그라고 시상 사람들 가심에 피멍 없는 사람 있간디? 여그 몇 안 사는 산골에서도 왜놈들한테 끌려가 죽고, 육이오 땐 빨갱이들 총에 죽어 삐고, 병들어 죽고, 사고로 죽고, 그라고 또 태어나고, 인간사가 다 그런 거지라. 인자 우리 원부 가막소 안 가도 된 단개 을매나 다행이당가. 봄에는 손주도 태어난다고 안 혀는가? 인생사가 새옹지마 제. 저 군인들 땀시 원부 일도 잘된 개 고맙게 생각하고 싸개 자드라고. 멀리서 와가 겁나게 피곤할 긍개 싸개 불 끄소잉."

"그라지라, 나가 이것저것 맺힌 개 하도 많아 주책을 부려 미안혀요, 이해하고 고단 한개 잘 자시어 잉, 불 끌라요."

"네! 원부 씨 때문에 걱정이 많으셨겠지만 오히려 잘된 일이니 마음 놓고 편히 주무세요."

호롱불을 끄고 자리에 눕자마자 김 상병은 코를 곤다.

갈 사람은 갈 사람대로 남아있는 사람은 남아있는 대로 이런 저런 생각에 잠 못 이루는 밤이다. 원부의 아내 순실이는 남편 원부가 언제 어떤 상황으로 법적 영향을 받게 될지, 또 그로 인해 호적에 지울 수 없는 기록이 남는다면 태어날 아이가 가여워 어쩌나 했는데 한시름 놓게 되었다.

"집 걱정은 할 거 없어라, 이잔 가실도 끝났고 낭구도 넉넉 하지라. 그란디 저 사람들 말 믿어도 될랑가 어찐가. 야그 들어 봉개 거짓부렁 같지는 안 혀던디."

"글씨, 첨엔 나도 쪼까 의심을 혀지만 야그를 들어 봉 개 월남 파병으로 부족한 병력 자원을 보충하려고 일시적으로 자수시킨단 말은 일이가 있더라고. 월남만 안 간다면 내 처지로서는 개안은 일이제, 그라서 이참에 때워 삐고 맴 편히 살고 잡어. 이래 결심 혀고 나니 맴도 편코, 그라니 당신은 내 걱정 말고 몸조리나 잘 하드라고. 그라고 오메한테는 친정에서 해산하게 해달라고 현 개, 그라마 했으니 때 맞춰 가야! 알제? 꼬부랑 시오매보다 친정 오메가 편체, 안 긍가?"

"아, 나면 지도 인자 오메가 된 개 어떤 일이 있어도 참고 견뎌야 되지라. 친정 오메도 그때는 엔간히 바쁠 땐 개 차라리 아랫집 고창 아짐씨(마을에 혼자 사는 아주머니) 더러 며칠 봐달라고 할라요. 접때 운을 띄었더니 그라마 했어라. 그랑게 지일은 지가 알아서 할 랑 개 아무 걱정 마시고 건강히 댕겨 오시랑 개요."

"음~매! 우리 각시가 철부진 줄 알았더니 요로코롬 착하고 현명한 줄은 진작 몰랐단 개. 그럼 나는 각시만 믿고 맘 편히 댕겨 올랑 개 아나 무탈하게 쑥쑥 나드라고, 알제?"

"쑥쑥 나면 쌍둥이를 나라, 그 말이어라?"

"쌍둥이? 좋지, 그때는 나가 연속사격을 했을긴디. 쌍둥이가 나올 만도 하제, 안 근가?"

"머라요? 워매! 나 못살 건네."

"하 하 하 하."

"호 호 호 호."

만약을 생각해서 총과 대검을 가랑이 사이에 끼고 잠을 자려니 무척 부자유스러워 몇 번이고 뒤척이며 잠을 설치고는 끝내 밖으로 나왔다. 눈썹 같은 초승달이 감나무에 걸려 흔들린다. 나무가 달을 흔드는 것 도 같고 달이 나무를 흔드는 듯도 하다. 세벽바람이 얼마 남지 않은 감나무 잎을 따내어 마당에 후루루 뿌리며 지나가고, 별들은 손끝에 닿을 듯 내려와 있었다.

원부의 이별식은 새벽부터 시작됐다. 마음에 준비도 없이 갑작스레 거동이 불편한 늙은 부모와 임신한 어린 각시를 남겨두고 낯선 군인들의 말만 믿고 집을 나서려니 두렵고 심란한 모양이다. 어느새 소죽 솥 아궁이에 불을 지피고 있었다. 누렁이는 주인의 심사를 알고나 있는 듯 푸~ 푸~ 한숨을 쉬며 자리에서 일어나 원부 앞에 다가선다. 원부가 김이 모락모락 나는 소죽 위에 쌀겨를 덤으로 넣어주고 소의 이마에 손가락 빗질을 해준다.

"누렁아! 나가 군대 댕겨 올랑 개, 그동안 많이 먹고 내 몫까지 일 좀 혀라 잉! 알제? 우리 각시말도 잘 듣고…"

여덟 시가 넘어서 마을 사람들과 청년들이 마차를 끌고 왔다. 마차는 우리를 찻길까지 태워다줄 자가용인 셈이다. 그의 가족들과 마을 사람들이 나와 배웅을 하고 원부의 아내는 이웃집 여자의 등 뒤에 얼굴을 묻었다.

골짜기가 깊어서인지 아직도 해는 보이지 않고 짙은 안개 띠가 마을과 나무와 숲을 감싸고 있었다. 마차는 안개 깔린 길을 삐거덕거리며 비탈길을 느릿느릿 내려갔다. 마차에 탄 사람들은 전통 전라도 원어(?)로 마을 일에 관한 이야기에 열중이다. 한동안 머리를 직수그리고 생각에 잠겨 있던 원부가 총무의 어깨를 감싸 안으며

"칠 원이니 우리 집 좀 잘 챙겨야 혀. 오구감서 자주 들여다보란 말이시. 그라고 우리 누렁이 쟁기질 좀 시켜줘야. 너만 믿을랑게, 알제? 칭구야!"

"원부 니 제일 아순 사람이 결국 나란 말이시? 암! 그라야제, 나가 사흘에 한 번씩 일수를 찍을 긍개 걱정 붙들어 매부려, 근디 나는 너그 형수 감당하기도 벅찬디 제수 씨까장 챙길라 문 쌍코피 안 터질 란가 몰라? 그라도 동상에 간절한 부탁인 개 거절 할 수는 없고, 좋다! 그라니 정조대 열시는 지금 주고 가거라! 단번에 열리는 걸로 달란 말이시."

"뭣 이라 했냐? 워매 잡것. 그걸 말이라고 씨 불어야? 이건 칭구가 아니라 순 도둑놈인가 부네. 차라리 고양이한테 생선을 맥기제, 나가 내년 오월이면 아베가 된 다는 거 알란가 몰라."

"머시야? 아베가 된 다라구야, 잇다! 지금까지 김칫국만 들이킨 갑네. 이자 나는 일수 찍는 거는 포기할 건 개. 다른 사람으로 알아봐라잉?"

"에라이 썩을놈! 맞고 잡어 환장하는갑네."

원부가 총무의 머리를 한 대 쥐어박는다.

"하 하 하 하." "하 하 하 하."

마치는 굽이굽이 산길을 돌아 가을 깊은 지리산을 남겨두고 삐거덕삐거덕 내려갔다.

22. 집으로 가는 길

-별똥이 떨어지던 밤

할아버지는 바깥마당 쇠말뚝에 새끼줄 한쪽을 묶고 반대쪽을 행랑채 기둥에 묶으셨다. 새끼줄에 매단 남포등이 마당을 밝게 비출 수 있도록 중간에 장대로 줄을 치켜세우고 제 몸보다 더 큰 건전지를 짊어진 라디오는 나무 궤짝 위에 올려놓으셨다.

오늘은 일감을 들고 나온 사람보다 빈손으로 나온 사람들이 더 많았다. 전쟁이 났다는 소문이 사실인지 확인하려는 것이다.

라디오 안테나를 이리저리 돌리고 손바닥으로 탁탁 쳐가며 가까스로 북한 괴뢰도당이 새벽에 탱크를 몰고 남침했다는 뉴스를 들을 수 있었다. 사람들은 한동안 말을 잃고 멍하니 하늘만 쳐다보더니 바구니고 뭐고 만들던 것들을 다 팽개쳤다. 어딘가로 뛰어가는 사람과 연신 담배를 피우는 사람, 주먹으로 멍석 바닥을 두드리는 사람, 어떤 이는 똥 마려운 강아지처럼 끙끙거리며 이리저리 어지럽게 마당을 돌아다녔다.

"김일성인지 뭔지 그놈 미친놈 아녀? 어디다 총부리를 들이 댄다는 거여! 왜놈들이나 치던지, 육시랄 놈 같으니, 쩝."

"이 박사 겁주려고 작정을 한 게지요."

"그러고 보니 김일성이는 재주도 좋아, 어떻게 탱크까지 만들었을까?"

"만들긴요, 소련 원조 없이는 제 놈들이 무슨 재주로 탱크란 걸 끌고 왔겠어요."

"소련 놈들이 김일성이 손에 무기를 줬다는 것은 한반도에 마르크스 레닌주의로 판을 깔겠다는 뜻인데…."

나는 하늘에서 별똥이 떨어지는 것을 보고 별똥이 나한테 떨이지면 똥 냄새가 엄청나고 뜨거울 것 같아 걱정도 되고 겁도 났다. 다음에 떨어지는 별똥은 '왕구' 자식한테 떨어졌으면 좋겠다. 그 자식은 공부도 못하면서 장난이 엄청 심해 툭하면 나까지 벌을 받게 하고, 글씨를 쓸 때면 내 팔꿈치를 툭툭 쳐서 공책이 찢어지거나 연필심이 부러지고 글씨도 엉망으로 만든다. 그보다 더 기분 나쁜 건 나보다 손톱만큼 더 크다고 우겨대며 내 뒤로만 서려고해 나의 자존심을 상하게 하는 것이다. '왕구' 같은 놈은 뜨거운 맛을 봐야한다. 그렇지만 두고두고 똥냄새가 나면 어쩌지? 다른 자리로 바꿔달라고 선생님한테 말해서 안 바꿔 주면 난 학교 안갈 테니까 뭐~.

나는 쪽배를 타고 은하수로 들어갔다. 반짝이는 작은 별들을 한 움큼씩 집어 하늘에 뿌려보기도 하고 이쪽 하늘에서 저쪽 하늘까지 별들의 사이를 제비처럼 빠르게 달렸다.

별들은 저마다 아름다운 색깔로 구슬처럼 반짝이며 노래하고 둥둥 떠다니며 춤을 추다가 내가 가까이 가면 옆으로 비켜서며 길을 열어줬다. 나는 손에 잡히는 대로 별들을 쪽배에 싣고 주머니에도 가득 가득 집어넣었다.

쪽배가 갑자기 엄청난 속도로 땅을 향해 곤두박질치며 떨어진다. 별을 너무 많이 실은 것 같다. 나는 죽을힘을 다해 쪽배에 매달렸지만 배에서 튕겨 나와 땅바닥에 떨어졌고 곧이어 쪽배가 내 배에 떨어지자 나는 오징어처럼 납작하게 되었다.

"으~악~ 사람 살려!"

할머니가 왕날 부채로 내 배를 탁 탁 치며

"아가! 방에 모기장 쳐놨으니 들어가 자거라!"

나는 벌떡 일어나 주머니에 손을 넣었다. 주머니에 가득했을 별은 하나도 없고 처참하게 뭉개진 앵두가 손에 잡혔다.

누가 건드렸는지 남포등이 그네를 뛰자 그림자도 사람들 얼굴을 오가며 일렁이고 날것들이 놀라 흩어졌다 모이고 흩어진다. 할아버지가 불 속에 쑥대를 한 무더기 던져 넣자 연기는 기세 좋게 마당을 가득 채웠다. 쑥 타는 냄새가 향긋했다. 영태 아버지가 매운 연기를 피해 일어서며

"아저씨! 아저씨네는 피란을 가실 거죠?"

"피란? 글쎄…. 가야할지 말아야 할지 걱정이네. 대식구를 끌고 어디 갈 곳이 있을까 싶고, 허~참! 왜놈들에게 난자당한 상처에서는 아직도 피가 흐르는데 거기다 아예 소금을 뿌리겠다. 쩝! 쩝! 자네넨 어쩔텐가?"

"저흰들 갈 곳이 있나요? 갈 수도 없고요, 집사람 몸 푼지 겨우 닷새째고 아버지는 해수咳嗽병이 도져 밖에 출입은 엄두도 못 내는걸요. 외지外地에서는 여길 산간오지山間奧地

로 알고 있으니 그냥 지나칠지도 모르고 설령 들어온다 해도 우리가 무기를 가진 것도 아니고 땅이나 파먹고 사는 농사꾼들인데 무조건 죽이기야 할라구요?"

할아버지는 돌부리에 담뱃대를 탁탁 두드리며,

"무조건? 조건 찾아 총질 하는 놈들이라면 아예 쳐들어오지도 않았을 걸세. 우리가 요행으로 목숨은 부지했다 한들 공산당인가 뭔가가 정권을 틀어쥐면 산목숨도 아닐 게고, 공산주의는 빈부 차도 없고 지배 계급도 없이 공평하게 살게 한다며 개인 소유를 인정하지 않는다고 하지 않던가? 모든 재산을 몰수하여 정부가 수용하고 배급을 준다는 게야. 그게 이 박사와 다른 게지, 토지 없는 일부는 혹시나 할지 모르지만…."

작은 할아버지가 만들던 삼태기를 주섬주섬 들고 일어서시며

"그 지경이 되면 납작 엎드려 죽는시늉이라도 하고 노예가 되라면 노예가 돼야지 별 수 있겠어요? 우리는 순사와 군인이 있는 집이니 놈들이 그냥 두진 않을 테고, 우선 목숨부터 부지하고 봅시다. 큰 조카를 불러서 의논 좀 해보세요. 전 내려갈렵니다. 안녕히 주무세요."

작은 할아버지가 만들던 삼태기를 모깃불 위에 휙 던지자 불꽃이 기다렸다는 듯이 날름 삼켜버렸다.

학교 운동장에서는 남자 어른들이 가짜 총(목총)을 들고 제식훈련을 받고 있었다. 옷도 가지각색, 신발도 가지가지, 모자도 없이 집에서 일하다 온 그대로의 모습이다. '앞으로 갓! 뒤로 돌아 갓!' 조교의 말이 끝나기도 전에 방향 전환을 하기나 좌우 분간을 못해 서로 부딪치고 넘어지고 한마디로 장난이 아니다. 더욱 웃기는 것은 까만 고무신 한 짝이 벗겨져 이사람 발, 저사람 발에 차여 굴러다니고 벗겨진 신을 주우려고 주춤거리는 사이 뒤에서 오는 수많은 발들에 밟히고 걸려 넘어지며 뒤범벅이 되었다. 조교가 총개머리를 휘두르며 겨우 정리를 해놓으면 방향 전환이 틀린 조가 마주보며 다가와 부딪치고 또 흩어지면 자기 위치를 못 찾아 우왕좌왕 하는 모습이 재미있어 아이들이 깔깔대고 웃었지만 광희 삼촌이 개머리판으로 등때기를 맞고 땅에 엎어지는 모습을 보고 우리들은 교실에 들어와 엉엉 소리를 내어 울었다.

담임 선생님이 교실에 뛰어 들어와 전쟁이 났으니 길에서 놀지 말고 곧바로 집으로 돌아가고 학교 오는 날은 따로 연락할 테니 그 때까지 오지 말라며 황급히 교실을 나가셨다.

사람들은 여기저기 모여 전쟁에 관한 이야기뿐이다. 김일성이 탱크를 몰고 남침하여 서울이 아비규환이고, 정부도 통제 불능의 마비 상태며 괴뢰들은 미처 피란 못간 사람들을 죽이거나 잡아간다는 말도 했다.

북괴가 빠르게 남하하고 있어 우리 집은 물론 마을 사람들도 피란을 가지 못했다.

인민 위원 간부라는 자와 흰 저고리에 검은색 짧은 치마를 입은 처녀들이 마을 사람들을 모아놓고 김일성 찬양 노래를 가르쳤고, 인민재판이 열리는 날엔 사람들은 죽을죄라도 지은 듯 고개를 숙이고 호명呼名이라도 당하면 지레 겁을 먹고 사시나무처럼 떨고 있다가 기계처럼 만세를 부르고 박수를 쳤다. 글방 할아버지네 머슴인 '똥파리'는 '김일성 장군 만세'와 '인민 해방 완수'라고 먹으로 삐뚤빼뚤 쓴 밤나무 작대기로 땅바닥을 쾅쾅 쳐가며 설치고 괘씸한 마음에 누가 타이르듯 한마디 하면 득달같이 몽둥이가 날아오는 바람에 사람들은 숨도 크게 쉬지 못했다. 그의 본명은 '최동필'이지만 어디서든 음식 냄새를 귀신같이 맡고 나타나 초청받은 사람보다 먼저 설치고 덥석거려 '똥파리'란 별명이 붙어 애나 어른이나 이름처럼 불러왔는데 요즘은 놈에게 미운털이 될까 두려워 면전面前에서는 별명 부르는 사람이 아무도 없다. 십여 년 전쯤 굶주리고 병들어 헛간에 쓰러져있던 떠돌이 아이를 글방 할아버지가 약 먹이고 원기를 회복시켜 장정壯丁이 되도록 함께 살아왔는데 그는 지금 빨갱이들의 개가 되어 은인이고 주인이고 없이 닥치는 대로 물어뜯는 패악悖惡을 저지르고 있는 것이다. 사람들은 배은망덕背恩忘德하고 짐승만도 못한 인간과 한 동네에서 살 수 없다고 성토를 했지만 막상 그를 만나면 '어디 가시는가?', '저녁 하셨는가?' 하며 어중띤 말로 인사치레를 하고 서둘러 자리를 피했다. 그는 아직도 글방 할아버지 집에서 잠자고 밥을 먹으면서도 '묵은 새경을 다시 계산해 내지 않으면 인민재판에 회부하고 가족들의 목숨 또한 자신의 말 한마디에 달렸다'고 겁박하는 등 천인공노할 만행蠻行을 저질렀다. 그의 행위가 구역질이 나고 알몸으로 개미집에 앉은 듯 몸서리쳐지지만 칼자루를 쥔 그의 비위를 건드리지 않으려고 상전 모시듯 했으나, 끝내 글방 할아버지를 인민재판에 세웠다. 칠순 노인을 맨땅에 무릎 꿇려놓고, 몽둥이로 땅을 쾅쾅 치고 을러가며 할아버지네 재산 압류를 박수 한 번 치고 일사천리로 통과시켰다. 아이들은 영문도 모르고 어른들을 따라 박수를 쳤고 '김일성 장군 만세'를 부르라면 따라 했지만 글방 할아버지가 그들에게 매를 맞을 때는 모두가 슬피 울었다. 글방 할아버지네 재산은 모두 조선인민 공화국에 양도한다는 각서를 썼고 사랑채도 그들의 사무실로 간판을 달았다.

구월 하순에 서울이 수복되자 괴뢰군은 북으로 후퇴하였고, 지역 빨갱이들도 귀신처럼 자취를 감췄다.

대통령은 '우리 국군이 연일 대승하고 있으며 며칠 내로 백두산 탈환을 완수하면 평화가 올 것이니 안심하고 생업에 열중하라'고 담화 방송을 하였고, 사람들은 이제 악몽에서 벗어났다며 서로 부둥켜안고 울고 웃으며 만세를 불렀다.

그러나 우리 집은 어두운 구름이 다시 덮쳤다. 수확철이지만 시답잖은 가을걷이로 이른 보릿고개 넘을 걱정이 태산 같은데 설상가상雪上加霜으로 아버지까지 민병대로 입대를 하셨기 때문이다.

1951년 1월 4일 밤, 늦은 시간에 큰아버지가 오셨다. 큰아버지는 순사 복장이 아니라 국방색 전투복을 입고 카빈소총과 가슴에 수류탄까지 매달고 오셨다. 할머니는 눈이 더덕더덕 얼어붙은 군화를 화롯불 옆에 걸쳐 놓으셨는데 김이 모락모락 피어나고 냄새가 심하게 났다. 어른들은 불빛이 새나가지 안 토록 담요로 창문을 가리고 말도 조용조용하게 했다.

"중공군이 쳐들어와 전세戰勢가 역전逆戰 됐어요, 수십만이 떼로 몰려오는 바람에 유엔군도 속수무책으로 후퇴한다니 우리도 피난을 가야할 것 같아요."

"피난을 가자고? 다 끝났다 싶었는데 무슨 일이 이렇게 돌아가나. 오랑캐가 그렇게 막강하다니."

"화력이 막강한 것이 아니라 이삼십만이나 되는 대군이

죽창에 피리불고 꽹가리 치며 벌 떼처럼 달려드는 통에 유엔군들이 혼비백산魂飛魄散해서 도망치고, 놈들이 지나간 자리는 완전 초토화가 된 다네요."

"오죽하면 오랑캐들을 떼놈들이라 안했겠나, 툭하면 국경을 넘나들며 조선을 먹지 못해 안달을 하던 차에 김일성이가 구원을 요청했으니 조중朝中연합군이 된 게고, 신무기를 든 유엔군도 겁을 먹고 줄행랑을 쳤다면 우리야 독안에든 쥐지, 갈 곳이 어디 있겠나?"

할아버지가 내뿜은 담배 연기가 호롱불 주위를 맴돈다.

"큰길보다는 사람 통행이 적은 길을 택하시고 가능하면 깊은 산골로 멀리 멀리가세요. 그리고 경찰 가족이란 내색을 절대로 하면 안돼요. 아는 사람을 만나도 아는 척을 마시고 가는 곳이 어떤 상태인지 미리 확인하고 들어가셔야 합니다. 큰애는 할아버지 따라가고, 어미와 딸애들은 죽산 외가에 있으니 걱정 마시고, 작은아버님도 함께 가셔야죠?"

"우린 못 가, 너희 작은 엄니 걸음으론 종일가야 십 리일게야, 형님댁이나 안전한 곳으로 피했다 오세요! 참! '경열'이나 형님이 데려가세요."

가족 회의를 끝내고 큰아버지는 할머니, 할아버지에게 큰절을 올리며

"부디 건강하게 잘 다녀오세요. 작은아버님이 안 가신다

니까 소식은 그리로 전하는 게 좋겠네요! 우리 가족 모두 무사히 지내다 건강한 모습으로 다시 만나 뵙기 바랍니다. 흑! 흑! 저는 이만 가야 해요! 아버지! 어머니! 몸조심하세요. 흑! 흑!"

할머니는 큰아버지 바짓가랑이를 붙잡고 하염없이 우셨다. 할아버지는 할머니를 떼어놓으시며

"걱정 말고 너나 몸 성히 지내다 오너라! 어서 가거라!"

큰아버지는 모자를 깊이 내려쓰고 칠흑 같은 어둠 속으로 모습을 감추셨다.

할아버지와 작은아버지가 외양간 한쪽에 쌓아둔 통나무와 멍석을 치우자 방공호로 통하는 입구가 나타났다. 그곳에 곡식을 포함하여 귀중품들과 병정놀이 할 때 차고 다니던 육혈포와 톱날이 있는 장검도 함께 넣고 전처럼 쇠똥 묻은 지푸라기를 덮어두었다

-집으로 가는 길

사람들이 깊은 잠에 들었을 새벽 한 시경에 우리는 각자 맡은 물건을 이고 지고 마당으로 모였다. 어른들은 이것저것 준비하느라 또는 집을 두고 출발하기 전, 작은아버지는 가족들을 일일이 확인하고 할머니와 고모는 마차 위 짐보따

리 사이에 타고 작은아버지도 아재도 등에 무언가를 짊어지고 남포등을 든 사촌형을 앞세워 목적지도, 미래도 불확실한 피난길을 나섰다. 엄마는 동생을 업고 내 손목을 꼭 잡고 갔으나 손을 위로 치켜세우다보니 손이 시리고 저려서 견딜 수가 없었다. 엄마는 끈으로 내 손목과 엄마 손을 묶었다. 나는 엄마 등에 업힌 동생이 그렇게 부러울 수가 없었다.

'삐거덕! 찌그덕! 삐거덕! 찌그덕!' 마차는 울퉁불퉁한 사실터 고개 넘기가 숨이 찬 모양이다. 소의 입에서 하얀 김이 쉴 새 없이 뿜어져 나오고 할아버지가 소의 엉덩이를 고삐로 후려칠 때만 조금 뛰는 척하다가 이내 느려졌다. 얼음 위로 마차가 지날 때는 얼음 깨지는 소리가 밤의 정적을 소름이 끼치도록 날카롭게 갈라놓았다.

우리는 음성에서 마차를 버려야 했다. 사실터 고개를 넘을 때 길이 너무 험해 바큇살이 부러지고 바퀴를 감싸고 있던 쇠붙이 테두리가 떨어져 나가 더는 마차의 기능을 할 수가 없게 된 것이다. 짐은 간추려서 각자 나누어지고 소먹이는 버렸다. 할아버지는 소를 마을로 끌고 가 보리쌀 한 말과 지게 두 개로 바꾸어 오셨다. 할아버지는 자식 같았던 소를 그냥 생면부지인 사람에게 주고 온 것이 너무나 억울하고 속상하여 자꾸 눈물을 훔치셨다. 할머니는 발이 몹시 불편하신지 걸음이 마냥 느려졌다.

음성에서 충주 쪽으로 내려가는 신작로는 피란민 행렬로 가득했다. 그들도 우리처럼 이고 지고 어딘가로 서둘러 가고 있었고 내 또래쯤 돼 보이는 남자 아이가 가족을 잃었는지 길에서 왔다 갔다 하며 울고 있었다. 군용 트럭들은 끝도 없이 이어지고 신작로는 트럭 바퀴에 밀린 진흙이 양 길가로 산처럼 부풀어 올라 통행도 어렵지만 트럭이 지날 때마다 흙탕물이 튀어 우리 가족들은 얼음판이 된 논바닥으로 들어갔다. 미군 트럭들이 길을 비키라고 울려대는 경적에 놀란 소가 길을 벗어나 논바닥으로 뛰어들자 소 주인은 고삐를 잡으려고 엎어지고 미끄러져 흙 범벅이 된 채 소를 따라 이리저리 뛰어다니는 모습을 연출했다. 그 모습을 보고 미군들이 박수를 치며 휘파람을 휙휙 불고 피난민들도 잠시지만 발을 멈추고 웃으며 소 주인을 향해 박수를 쳤다.

미군 트럭이 길을 비키라고 요란스레 경적을 울리면 사람들은 웅크리고 앉아 가랑이 사이에 머리를 처박고, 처음 보는 양코백이의 파란 눈과 노랑머리가 신기하고 무서워도 그들이 던져 주는 껌이나 초콜릿을 먼저 주우려고 몸싸움까지 했다. 그러나 깜둥이가 하얀 이를 드러내고 씩 웃으며 새카만 손을 내밀면 어른들도 질겁하며 도망을 쳤고 아이들도 자지러지게 울었다.

우리는 대낮에도 호랑이가 나오고 산적들이 득실거린다

는 문경 새재를 넘느라 이틀이나 걸렸다.

가족들이 짊어진 보따리는 가벼워졌으나 몸과 마음은 날이 갈수록 납덩이처럼 무거웠다. 하루하루 먹는 것은 부실해지고 잠 또한 제대로 잔 날이 없었다. 벽에 기댄 채거나 쪼그리고 앉아 머리를 두 무릎 사이에 파묻고 졸다가 날이 훤하면 무거운 발을 끌며 목적지 없는 여정을 계속하다 보니 모두들 지칠 대로 지쳐있었다. 누적된 피로와 영양실조로 얼굴은 푸석푸석하고 십 리는 들어간 눈은 모자란 잠을 떨어내느라 길을 더디게 했다. 엄마와 작은엄마는 지나는 곳 마을을 돌며 먹을 것을 구하러 다녔다. 시집온 지 일 년도 안 된 새색시가 바가지를 들고 마을을 돌며 먹을 것을 구걸하고 있으니 작은아버지 가슴이 얼마나 아플까? 보리밥이나 감자 몇 개를 얻어와 어른들에게 드리고 조금 여유가 있으면 나와 고모에게 주었다. 음식을 구하지 못하면 시래기로 된장국을 끓여 한 사발씩 마시고 잤다. 나는 배가 고파 잠을 못 자고 밤새 울기도 많이 울었는데 그때는 엄마도 같이 울었다. 가끔 작은아버지가 지서支署나 면사무소面事務所에서 쌀 한두 되를 얻어오면 보리쌀과 바꾸어 먹었다. 낮에는 걷고 해가 저물면 남의 집 헛간이나 추녀 아래에서 추위와 싸우며 밤을 지새웠다.

온 식구가 손발이 동상으로 통통 부어올랐고 발은 찢어

지고 부르튼 곳이 곪아 고름과 피가 범벅이 되었다. 할아버지는 담 밑에서 긁어온 황토 가루를 상처에 뿌려서 지혈을 시키고 마른 쑥을 비벼 솜처럼 만든 후 상처에 덮고 싸매주셨는데 이삼일 지나면 신기하게 상처가 아물고 새살이 돋았다. 고모는 발이 부어서 절름거리는데다 얼굴까지 시커먼 숯 검댕이 칠을 하여 거지 중에 상거지로 만들어 놓았다. 양키들이 예쁜 처녀만 보면 잡아간다는 말을 듣고 할머니가 고모를 미친 거지처럼 만들어 놓은 것이다. 심지어 양키들이 주둔하고 있는 곳에서 고모는 장독대의 빈 항아리 속으로 들어갔다. 형과 경열이 아재는 고모를 거지 공주라고 부르고 고모는 그때마다 서럽게 울었다. 나는 지금도 고모를 만나면 옛날 생각이 나서 혼자 피식 피식 웃곤 한다.

나는 배고픔이나 추운 것을 참는 것도 어렵지만 쉬지도 않고 계속 걷는 것이 너무 힘들어 울어도 보고 골질도 해봤다. 그러나 아무도 역성을 들어주지 않았다. 내 솜저고리 소매는 콧물과 눈물로 반들거렸다.

엄마는 나와 동생을 챙기느라 다른 사람보다 몇 곱절 힘들고 바빠 먹지 못하면서도 내색 한 번 하지 않으셨다. 엄마는 잠을 자면서 잠꼬대를 하거나 앓는 소리를 많이 하셨지만 어디가 아프냐고 묻는 사람도 없다. 어린 동생은 시도 때도 없이 울고, 울다 지쳐 잠이 들면 다시는 깨어나지 못할 것 같아 보였다. 배가 고파서 울고, 몸이 아파서 울고, 하루 종일 업혀있으니 다리가 저려서 울었다. 동생이 울면 어른들의 애간장이 다 탄다고 한다. 동생이 불덩이처럼 열이 나고 경기(놀라는 병)를 할라치면 영사와 금계랍(키니네)을 먹였는데 그나마도 떨어지고 없어 엄마는 애기가 아플까봐 불안해하셨다.

집을 떠나온 지 19일 째, 우리는 산을 넘고 물을 건너며 걷고 또 걸어 천 리 길을 헤매다가 경상도 선산 초등학교까지 왔다. 학교는 괴뢰군들이 들어와 모든 시설을 엉망으로 만들어 놓았다. 교실, 복도 할 것 없이 발 디딜 틈도 없었다. 똥 무더기가 얼어붙어있고 구석구석에 놈들이 버리고 간 쓰레기는 바람에 이리저리 날리고 화장실 바닥은 소변이 넘쳐 밖에까지 누리끼리한 얼음판이 되었다. 책상, 걸상을 다 부수어서 떼고 교실 문짝 뿐 아니라 화장실 문까지 땔감으로 뜯어냈는지 하나도 달려있는 곳이 없었다. 그나마 교장실은 괴뢰군 지휘소로 사용했었는지 좀 나은 편이라 우리는 짐을 풀고 청소도 하고 나무를 주워다 불을 피우며 물먹은 솜처럼 쳐지고 언 몸을 녹였다.

할아버지는 지칠 대로 지친 가족들의 손을 감싸 잡으시며

"고생들 했다. 여기는 선산이란 곳인데 전투가 치열했던

곳과 인접하여 걱정이 되긴 하지만 모두 힘들어하니 잠시 있어 보자! 다행히 내가 아는 사람을 찾으면 있을 곳을 마련해 줄 텐데 찾을 수 있을지 모르겠다. 작은애는 내일 아침에 나와 함께 갈 데가 있으니 그리 알거라."

"할아버지! 괴뢰군은 쫓겨서 북으로 올라간다는데 우리는 왜 자꾸 아래로 내려가나요?"

"우리는 남쪽으로 가는 것이 아니라 지금 집으로 가는 길이란다."

"…?"

"무슨 말인지 모르겠니? 국방군이 서울 턱밑까지 치고 올라가자 더 이상 물러설 곳이 없다고 판단한 인민군들은 양민을 닥치는 대로 학살하거나 인질로 방패 막이를 삼으려는 물귀신 작전을 쓰고 있다는데, 우리가 그곳에서 주춤거리고 있었다면 다시는 살아서 고향엔 가지 못했을 것이다. 그러니 여기까지 온 길은 곧 집으로 가는 길이라고 할 수 있지."

당시 북괴는 한강 도하가 어려워 후퇴 작전이 지연되자 수원, 오산, 이천, 광주 지역에서의 전투를 마지노선으로 정하고 결사 항전하면서 시간을 벌어보려 하였으나 유엔군의 후방포격으로 모든 전선에서 북괴군이 섬멸당하고 말았다. 우리군은 드디어 서울을 탈환했지만 국군과 일반인들의 희생도 이루 헤아릴 수 없을 정도였다고 한다.

우리는 오랜만에 난로불이 있는 데서 늦잠을 자고, 묵은 빨래도 하고, 머리도 감고, 관청에서 쌀까지 얻어와 늦은 아침을 해결했다. 나는 오랜만에 눈알이 튀어나오도록 원 없이 밥을 먹었다.

우리는 교실에서 사흘을 보내고 할아버지를 따라 양지바른 산 밑에 금방이라도 쓸어질 듯 한 초가집으로 들어갔다. 그야말로 초가삼간 집이다. 주인이 쓰는 안방과 부엌 하나에 마루도 없는 흙바닥 공간 옆에 작은 건넌방이 있고, 부뚜막도 없이 군불이나 때도록 아궁이 하나가 시커먼 입을 벌리고 있었다. 방은 흙바닥에 멍석을 깔아놓아 불기가 없는 데도 아주 냉골이 아니라 다행이다. 방에는 어른 셋이 겨우 누울 크기인데 잡동사니들이 반은 차지하고 있어 발 들여놓기도 엄두가 나지 않는다. 천장엔 반자도 없이 서까래 사이에 흙만 발라놓은 터라 웃풍이 심해 얼굴을 내놓고는 잠을 잘 수도 없었으며 방에 쌓아둔 가마니에서 쥐새끼가 나와 찍찍거리며 돌아다닐 때마다 고모는 비명을 지르곤 해서 온 식구의 잠을 설치게 했다. 우리 식구는 열 명이나 되니 차라리 학교로 되돌아가는 것이 나을 텐데….

봉당 흙바닥에 멍석을 깔고 멍석 하나를 커튼처럼 쳐서 바람마이를 하고 나니 안은 캄캄했지만 아늑하기도 했다. 여자들은 방에서, 남자들은 멍석 위에서 추운 겨우살이를 시작했다.

집주인은 우리와 종씨宗氏로 할아버지를 아저씨라고 불렀다. 전에 큰아버지가 그의 아들을 서울 광화문 우체국에 취직시켜준 인연이 있어 이 어려운 시기에 열 명이나 되는 식솔을 받아준 것이다. 그것이 고맙기는 하나 환경이 너무 열악하고 불편한 것이 이루 말할 수 없어 모두들 힘들어 했다. 특히 뒷간 사용이 어려웠는데 싸리문 옆에 볏짚으로 엮은 터주까리 보다 약간 큰 뒷간은 거적때기로 문을 만들어 달고 작은 항아리 위에 팔뚝만한 통나무 두 개를 엮어 발판을 만든 것이라 올라서면 아래로 출렁거리고 열흘쯤 되면 엉덩이에 똥이 묻을까봐 뒷간 가는 것이 겁이나 낮에는 뒷산 숲 속에서 볼일을 보았다. 야맹증이 생긴 후로는 밤똥 참느라 애를 먹기도 했다. 용변 후에는 거적때기에서 볏짚을 뽑아 사용하여 거적때기 문은 아래쪽만 남고 위쪽에는 씨줄 새끼만 앙상하게 남아 밖에서도 누구인지 다보일 정도이고 겨울철이라 인분 치우기도 어려워 주인의 얼굴은 매일 우거지상이다. 할아버지는 주인대신 똥통을 지고도 감지덕지해야 한다며 가족들의 투정을 단속하느라 애를 쓰시더니 우리가 그곳을 떠나올 무렵에 큰 콘크리트 관을 사다 묻고 뒷간건물도 새로 깨끗하게 지어주셨다.

주인은 꽁보리밥과 멀건 된장국에 시큼한 김치를 달랑

양푼 두 개에 담아 상도 없이 멍석 위에 내려놓고 우리 식구들에게 대면 인사를 했다.

"날씨도 이레 추분데 그 먼 길을 어찌 이리…. 여기까지 걸어서 오시느라 고생 억수로 하셨지예? 저는 '병순'이라카고 이 사람이 제 첩니더. 우리 애들은 하동지 외가로 갔고 우리 둘만 있씀더. 여긴 대처보다 좀 나은 편이 구예. 김천 왜관 대구 쪽엔 사람도 억수로 죽고 집이고 다리고 성한 게 하나 없다 카고, 하여간 김일성인가 뭔가 카는 놈 땜에 세상이 뒤집히고, 애, 어른 없이 수타게 죽어 삐고, 난리, 난리, 이런 난리가 어데 또 있는교? 우선 시장할 텐데 쭉~ 드시소."

그는 이곳에 실정을 장황하게 설명하며 집에서 만든 막걸리를 한 대접 따라 할아버지에게 권한다.

"아저씨, 아지매! 예, 우짜야 좋노, 으잉? 잠자리가 편 킬 한가, 먹을 게 있길 한가? 고생, 고생, 이런 쌩 고생이 세상에 또 어데 있는교? 낭팬기라, 쩝쩝, 한잔 드시소!"

"무턱대고 밀고 들어와 미안허이, 어쩌겠나? 우리 식솔 좀 살려주시게. 염치없지만 신세 좀 지세. 전세戰勢가 좀 나아진다니 오래있진 않을 걸세, 부탁하네."

"어데예, 모든 게 불편하시겠지만 그러려니 하고 서로 참고 살아야지 우야능교? 저희 살림이 보시다시피 이 모양이라 식량은 내놓지 못 하구예, 장은 쪼매 나눌 수 있을까만서두…. 하여간 비비구 살다보면 어떻게 안 되겠능교?"

여자가 남자의 말을 이어받는다.

"하문 예, 지금은 너나없이 살았소! 모 한다 카이, 죽고 사는 건 하늘에 매끼야지 어카 능교? 살 동안 맨 한 일이 생길 거구만서도 그러커니 하고 그냥 사시소, 도리가 없는 기라예. 그라문…. 솥은 두이 감나무 뿌럭찌 옆에 돌망 바쳐 걸고예, 물은 집 뒤 골때기로 쪼매감 요강 만 시루 생긴 소가 있는 기라예, 물맛은 괜찮심더, 우리 물은 고마 빙 아리 오줌 만 시루 찔끔거려 우리 쓰기도 부족한기라예, 그라카고 땔 나문 사던가 해오든가 하시구예, 참! 빈소는 우리 뒤에 쓰이소."

여자가 동거 수칙(?)을 발표하고 자리를 떴다. 동글동글한 얼굴에 눈꼬리가 내려앉아 수더분하고 선량해 보였지만 여자가 천사도 아니고 떼거리 군식구와의 불편한 동거를 기약도 없이 해야 하니 뒤집힌 속을 내색 못하는 그녀의 심정을 모른 척 얼굴에 철판을 깔고 버텼다.

고달픈 피란 생활에도 계절은 어김없이 변하고 있었다. 삼월이 되자 할아버지와 작은아버지는 마을 사람들의 농사일을 해주고 삯으로 보리쌀을 받아오고 여자들은 꽃다지, 냉이, 씀바귀, 쑥 같은 것들을 캐다 팔아 된장이나 간장 또는 소금을 사오고, 나는 경열이 아재와 사촌형을 따라 낙동강 다리 위에서 엿을 팔기 시작했다.

"엿 사세요! 엿 사세요! 맛 좋은 엿 사세요!"

3월 15일에 유엔군은 드디어 서울을 탈환하고 정부도 서울로 옮겼다는 소문과 함께, 민병대가 낙동강 다리를 지나갈 것이라며 지나는 사람들을 눈여겨보라는 할머니 말씀에 따라 나도 엿 파는 임무에 투입되었다.

다리 위를 지나는 사람들은 대부분 부상으로 붕대를 감고 절름거리며 지팡이에 의지한 사람과 다른 사람에게 부축받으며 질질 끌려가다시피 하거나 손수레에 실려 가는 사람뿐이고 엿을 사먹는 사람들은 없었다. 그러나 지나는 사람들을 하나도 빼놓지 않고 얼굴을 확인하여야 하므로 이리 뛰고 저리 뛰며 어둠이 내릴 때까지 낙동강 강바람을 마셨다. 우리 셋은 지루하고 심심하면 밀가루를 서로의 얼굴에 바르고는 깔깔대고 웃다가 이내 배고픔을 엿 한 토막으로 달래가며 해가 지고 어둠이 깔려야 집으로 돌아왔다. 할머니와 어머니는 엿을 얼마나 팔았는지보다 아버지 소식을 더 기다리고 계셨다.

다리 위로 거센 바람이 분다. 몸을 가눌 수가 없을 만큼 강한 바람이 등 뒤에서 나를 사납게 밀어재낀다. 나는 엿판을 꼭 잡고 안 넘어지려고 안간힘을 써보지만 작고 비쩍

마른 꼬맹이의 사정을 바람은 봐주지 않았다. 나는 몸을 가누지 못하고 엿판을 끌어안고 엎어지며 엿판에 얼굴을 처박았고 박살난 엿 토막들이 다리 위로 흩어졌다. 아재와 형은 일만 저지른 나를 원망하며 주먹으로 한 대씩 내 머리를 쥐어박았다. 아프지만 꾹 참고 흩어진 엿가락을 긁어모으느라 정신이 없는데 너덜너덜한 군화발이 내 손끝에 다가선다.

"아저씨! 엿 밟지 마세요."

땅에 떨어진 엿을 밟을까봐 그의 발을 몸으로 막고 엿을 모아 엿판에 쓸어 담고 일어서서 그의 얼굴을 보는 순간 어디서 본 듯, 낯이 익었다. 그러나 그는 아무 말 없이 내 앞을 지나갔다. 나는 아재에게

"저사람 우리 동네 사람 같은데 아재가 가서 다시 봐요."

아재는 그를 뒤따라가면서 '아저씨! 아저씨!'하고 불렀으나 그가 뒤도 안 돌아보고 계속 가자, 아재가 그의 팔을 낚아챘다. 그때서야 돌아본 그는 깜짝 놀라며 '총소리에 귀를 먹었으니 말을 크게 해달라'고 했다. 아재는 고래고래 소리를 지르며 그와 대화를 하는 데 꼭 싸우는 것 같았다.

"형님! 형님을 여기서 만나보다니, 참으로 반가워요. 추운데 우선 집에 가서 이야기하고…, 어서 갑시다."

그는 아재네 옆집에 사는 용태 작은아버지이고 우리 작

은아버지와 친구였다. 그는 한쪽은 다 찢어진 군화를 다른 한쪽은 발보다 큰 훈련화를 짝짝이로 신고 있었고, 오른발을 절름거렸다. 그를 집으로 데려오자 할머니는 아들을 만난 듯 반가워 하시면서도 거지 중에 상거지가 된 행색과 다리미지 저는 모습이 너무나 안쓰럽고 가여웠던지 자주 치맛자락으로 눈물을 찍어내신다. 그는 꽁보리밥 한 사발을 게 눈 감추듯 비우고 나서야 말문을 열었다. 금오산 토벌부대 탄약 운반조로 아버지는 음식 운반조로 근무했으며 작전이 끝나고 산을 내려와 보니 다른 조는 이미 귀가 하였고 자신은 다친 다리를 끌고 닷새 동안 겨우 여기까지 왔다며 우리 아버지는 건강했으므로 지금쯤 거의 집에 도착 했을지도 모르고, 자신은 다리가 불편하여 서둘러가도 언제 도착할지 모르니 먼저 가겠다며 길을 나섰다. 할머니는 주먹밥을 만들어 그의 주머니에 넣어 주셨다.

몸이 왜소하면 창자도 작아 밥도 적게 먹을 줄 알았는데 수저를 내려놓기 무섭게 속이 텅 빈 듯 허하고 춥다. 멀건 된장국에 꽁보리밥 몇 술로는 한참 크는 아이의 간까지는 기별도 안갔다. 항상 배고프고 속이 떨리며 까칠한 파란 소름이 닭살처럼 돋아 개나리 진달래가 피었어도 나는 발등까지 내려오는 국방색 담요로 만든 '오바'를 벗지 못했다. 멍석 깔린 음습한 봉당보다는 햇살이 따사로운 흙 담 아래서,

없인 동생이 자거나 울거나 아랑곳없이 온종일 엉덩이를 출석거리며 이웃에 사는 '점순이'라는 여자애와 돌치기, 술래잡기, 땅 따먹기 같은 여자애들 놀이만 했다.

뛰면 배가 쉬 꺼진다는 할머니의 잔소리를 귓등으로 흘리고 하루 종일 사방치기만 했다. 기온이 오르자 아재와 형을 따라 얼개미로 물고기도 잡고 산과 들로 쏘다녔다. 칡뿌리를 캐먹고 참꽃을 따 씹으며 허기를 삭히다보니 배고프고 고단한 피란살이도 야금야금 녹이며 정들어 갈 무렵, 이천경찰서에서 트럭을 보내 집주인의 시원섭섭한 배웅을 뒤로 춥고 배고프고 서러웠던 피란살이도 끝이 났다.

아버지가 동구까지 마중을 나오셨고 가족들과 부둥켜 안고 울고 웃으며 밤을 새워가며 이야기꽃을 피웠다.

집을 떠날 때는 문고리에 손이 쩍쩍 눌어붙던 한겨울이었는데 고향집은 4월이 먼저 와있었다. 주인이 없어도 흐드러지게 핀 살구꽃이랑 앵두꽃에는 벌들이 바쁘게 날고 우물가 돌 틈에 핀 난초는 보라색 스카프를 목에 두른 고모처럼 한껏 멋을 부렸다.

"아버지! 화분이 이상하게 생겼네요?"

"군인들이 쓰던 철모란다. 구멍이 나서 쓸모가 없을 줄 알았는데 꽃을 심어놓으니까 그런대로 어울리지 않니?"

철모 화분에는 노란 수선화 꽃이 피어있고 담 밑에도 붉은 '산당화' 꽃이 가지가 안 보일 정도로 다닥다닥 피었다. 꽃을 따려 손을 밀어넣자 산당화가 가시를 내민다. 손등에 핏물이 번진다. 나는 울음을 터트렸다. 오랜만에 아버지에게 응석을 부리고 싶었다. 아버지는 내 손등에 흐르는 피를 손으로 문질러 닦아주시며,

"어디보자! 이건 피가 아니고 꽃물이네. 천 리 길도 씩씩하게 다녀온 사내대장부가 피 좀 나온다고 눈물까지 흘리니? 저 철모를 썼던 군인은 머리에 큰 상처를 입었거나 전사했을 텐데 얼마나 많은 피를 흘리고 얼마나 아팠겠니? 그 덕분에 우리가 다시 집으로 올 수도 있었고."

오랜만에 흩어졌던 일가친척들이 다모여 서로 부둥켜안고 눈이 붓도록 울다가 웃고, 웃다가 울며 피란에서 겪은 이야기로 밤이 깊어가는 줄 모른다. 할머니는 떡시루를 들고 우물가로, 외양간으로, 부엌과 터주까리, 박살난 항아리 조각들이 널브러진 장독대와 뒷간까지 다니시며 무사히 돌아온 것을 감사하는 예를 올리셨다.

외양간 지하실 입구를 덮었던 멍석과 쇠똥 묻은 검불 더미는 누군가에 의해 치워져있고 지하실 입구가 입을 벌린 채 텅 비어 있었다. 할아버지는 안타까워 하시면서도 가족이 무사히 살아 돌아온 것을 천만다행으로 위안을 삼자고 하신다. 다행히도 할머니의 비밀 창고인 부엌 나뭇간 속에

묻어둔 쌀독은 온전하여 그것으로 밥을 짓고 미꾸라지 매운탕에 소주를 내어 마을 사람들을 대접했다.

우리가 피난 중 북쪽에서 피난 온 왕 씨 가족이 우리 집에 들어와 살면서 마당에 증류 시설을 해놓고 소주 장사를 하다가 우리가 도착하자 증류 시설과 소주 두 고리를 남기고 어딘가로 떠났다.

그들의 고향 해주는 해당화가 흐드러지게 피는 바닷가라는데 70년 전 떠나온 고향집을 꿈에서나 가려나.

23. 초설初雪

3·8선 이북을 관장하던 김일성이 소련을 배후로 두고 탱크를 몰고 내려와 남한을 순식간에 초토화시켰다.

그들은 남한을 공산주의 사회로 해방시킨다는 미명 아래 민족상잔의 피비린내 나는 전쟁을 도발한 것이다. 36년 만에 찾아온 해방의 기쁨을 한껏 누리는가 싶었는데 일장춘몽에 지나지 않았다. 하루아침에 남한은 바람 앞에 촛불이 되고 만 것이다. 젊은이들은 통탄할 의분으로 비처럼 쏟아지는 포화 속으로 뛰쳐나가 목숨을 초개같이 던졌지만 천둥이는 아직 어리기도하고 삼대독자라 군 면제대상이 되었다. 정희는 누구누구가 전사했다는 소릴 들을 때마다 남모르게 가슴을 쓸어내리곤 했다.

단골로 다니는 만물장수의 중신으로 산 너머 '은석골'에 사는 순임이를 며느리로 들였다. 순임이는 천둥이보다 두 살 위인 열아홉 처녀로, 중학교를 졸업한 뒤 일찍부터 집안일을 배워서인지 매사가 야무지고 음전하기까지 하여 천둥이 짝으로는 더 바랄게 없어 보였다. 천둥이는 나이도 어린 고등학생이 무슨 장가냐며 막무가내 반대를 했지만 '아버지도 없고 너무 적적하니 새 식구 들이고 아이 우는 소리 듣는 것이 어미의 소원이며, 세상이 어수선하여 내일을 예측 못하니 씨라도 받아 놓아야 죽어도 여한이 없겠다'며 협박도 하고 억지로 달래어 혼인을 시켰다.

순임이 시집 온 지 열흘 되는 날 저녁, 세 식구가 마루에서 저녁밥을 먹고 있는데 풀 더미로 위장을 한 트럭 한 대가 대문 앞에 멈추고 인민군 장교와 마을에 자주 오는 조청련 조직 부장이란 자가 들어왔다.

"실례하오! 여기가 서천둥 동무의 집이오?"

"그렇습니다만, 무슨 일로."

"나는 조선 인민 해방군 소좌 김철민이라 하오. 우리가 동무네 집을 방문한 이유는 성공적인 민족 해방을 위해 수고하는 인민들을 독려하기 위해 왔소. '서운보' 씨는 37년에 행방불명 된 것으로 되었던데 동무의 남편이 맞소?"

"그렇습니다."

"동경대 퇴학, 반일 운동으로 6개월간 구속이라. 그러고 보니 서운보 선생은 훌륭한 애국자시구만, 행방불명된 것도 왜놈들 짓이 틀림 없구, 매우 안타깝고 유감스러운 일이오. 그동안 가족들의 마음 고생도 매우 컸겠구만. 이번 민족 해방으로 모든 것을 보상 받을 것이니 너무 가슴 아파 마시오. 그리고 외아들인 천둥이 동무가 장가를 들었다니 축하하오. 정말 축하하오. 이 젊은 여성 동무가 천둥이 각시 아이오? 그러고 보니 각시가 아주 미인이시구만! 동무! 너무 과로하지 말기요, 과로하면 조국 해방 과업에 차질이 생길 수 있으니까니 말이요, 하하하하."

"축하해 주려고 일부러 오셨다니 감사합니다. 여기 좀 앉으세요. 저휜 내놀 게 이것뿐이라…"

정희가 삶은 감자가 담긴 소쿠리를 그들 앞으로 밀자,

"아! 아니요 우린 돼 띠오. 실은 동무들도 알다시피 우리 해방군이 김천까지 해방을 시켰소. 사나흘이면 남반부가 모두 해방이 될 거디요. 그러면 남조선 인민들은 불행 끝! 행복 시작 아이겠소? 하! 하! 하! 어떻소? 가슴이 벅차지 않소? 이런 감격적인 일은 그냥 얻어진 거이 아이고, 인민 모두가 협력해서리 이룬 결과디요. 그래서 말인데, 에~ 천둥이 동무! 내일부터 부대에 나와 사무일 좀 보시오. 할일이

태산입네다. 과업에 협조하면 훗날 동무는 영웅 칭호가 내려질게요. 좋은 기회니까니 위대한 수령 김일성 장군에게 감사하는 마음으로 내일 아침 일곱 시까지 나오시오, 알갔디오? 이거이 명령이오. 명령을 어기면, 탕! 탕! 탕! 이거디요. 기리고 천둥이 동무! 오늘밤 좋은 시간 보내시오. 죽어도 잊지 못할 그런 시간 말이오, 하! 하! 하! 내일 봅시다."

그들은 손가락을 천둥이 이마에 대고 탕! 탕! 탕! 총소리를 내며 죽기 싫으면 알아서 기라는 듯 겁을 준 뒤 뒤란으로 가 장독대 항아리를 열어보고 옆에 있는 터주가리를 발로 차 넘어뜨리고는 사라졌다.

"저~런 육시랄 놈들! 동티로 죽을 놈들 아닌가? 장독 뚜껑은 왜 제다 열어놓고, 터주가리는 왜 쓰러뜨리누?"

불길한 예감이 머릿속을 꽉 채운 채, 뜬눈으로 밤을 새우고 부엌으로 들어가니 순임이도 부뚜막에 걸터앉아 뭔가를 골똘히 생각하다가 점례를 보고

"어머니! 그이 괜찮을까요? 왠지 자꾸 불안한 생각이 들어서…"

"얘~ 는? 쓸데없는 걱정하지 말고 밥이나 차려! 천둥이 늦을라."

"어머니! 그게. 그게…"

"그게 뭐?"

“어제 낮에 아랫집에서 들었는데 국군이 충주까지 올라왔데요. 어제 그 사람들이 거짓말을 했어요.”

“거짓이든 사실이든 지금 우리가 뭘 어쩌겠니? 저녁에 천둥이 들어오면 무슨 대책을 세워보자꾸나. 그리고 너희 둘이 며칠간 지낼 간단한 짐이나 챙겨 두거라.”

천둥이는 사무 보는 일이란 것이 저들의 앞잡이가 되어 사람들을 괴롭히는 일이 될까봐 걱정을 하면서도, 저들에게 밉게 보여 화라도 당할지 모르니 협조하는 시늉이라도 하고 시간을 벌어두겠다며 집을 나섰으나 해가 지고 밤이 깊어도 돌아오지 않았다.

정희와 순임은 남포등을 들고 동구 밖까지 나와 기다리다 밤을 꼬박 새우다시피하고 아침을 먹는 둥 마는 둥 순임이를 데리고 인민군이 주둔하고 있는 국민학교로 달려갔다. 학교 정문에는 가시 철망을 두른 바리게이트가 앞을 막고 교문 양쪽은 모래 포대로 만든 벙커 안에서 기관총을 걸어놓아 여차하면 방아쇠를 당길 자세다. 철망이 엉킨 바리게이트 앞에는 두 명의 인민군이 지키고 있었다. 차량은 물론 마당에 싸인 짐 꾸러미와 인민군들 몸까지 새끼줄로 그물망을 만들어 덮어쓰고 풀이나 나뭇가지를 꽂아 풀 더미같이 보이도록 위장을 하였다. 운동장 한쪽에서는 인민군들이 트럭에 나무상자나 드럼통 같은 것들을 싣고, 한쪽에서는 일반 옷을 입은 젊은이들이 트럭을 타고 정문을 빠져나가고 있었다.

정희가 보초에게 전후 사정을 말하고 아들을 만나게 해 달라고 하자,

"사무원이요? 그런 사람 여긴 없디오. 지금 남조선 해방을 위해 자원입대한 영웅들이 전방 지원을 나가고 있단 말이요. 동무들은 길 건너에 서서 열렬히 박수로 환송하시오."

정희는 기가 막혀 말이 나오지 않아 한동안 보초의 얼굴을 노려보다가 돌아섰다.

"그놈들이 우릴 속이고 천둥이를 전쟁터로 끌고 갔어! 독사 같은 놈들이… 아이구, 이를 어찌해야 하냐? 천둥아! 천둥아! 흑흑흑."

정희와 순임이 서로 부여 앉고 목 놓아 통곡을 했다. 억장이 무너졌다. 다른 사람들도 같은 처지가 됐는지 울부짖었다.

끌고 간 대부분이 나이 어린 학생과 삼대독자 또는 신체 불구자들이라 징집에서 완전 제외된 사람들인데 이들을 방패막이로 전선에 세워두고 국군의 진격을 늦추려는 속셈이다. 인간의 탈을 쓰곤 도저히 해서는 안 될 악행을 저지르고 있는 중이다. 그야말로 천인공노할 범죄를 누가 심판하고 징벌할 것인가? 인민군 두 명이 달려와 사람들을 향해 총부

리를 마구 휘둘렀다.

"쌍 간나새끼들! 여기가 초상집인줄 아네? 왜 울고 지랄이야? 뒈지고 싶네? 당장 꺼지지 않으면 다 쏴 죽이가써! 죽기 싫으면 위대한 영웅들의 출정에 만세나 부르라우, 만세를!"

사람들이 총검에 찔리지 않으려고 몸을 피하려다 넘어지고, 어떤 노인의 무릎부위에서는 선혈이 낭자했다.

천둥이 끌려 간지 며칠 후 조 청년 조직부장 강양철이란 자가 지나는 길이라며 들어왔다. 그는 지난번에도 인민군 장교란 놈과 다니며 끌고 갈 대상을 찾아다니던 놈이다. 말상에 콧등이 심하게 불거진 매부리코를 연신 손으로 쓰다듬으며 자기가 온 이유를 어렵게 설명한다.

"내가 이집에 왜 왔냐 하면 말이시, 탄원서라도 써내고 사정하면 이집 아를 빼 낼 수 있을지 몰라서 생각 있으면 한번 해봐라 내말이 그 말이시."

"무슨 말인지? 그러니까 우리천둥일 보내주겠다. 그 말인가요?"

"그러티, 그러티, 내가 이말 해주는 건 아가 삼대독자고 아 아배도 쪽바리 새끼들이 죽였단 소리를 들으니 내 가슴이 찢이졌지. 사람들이 나를 애국자네 영웅이네 하는데 그건 내가 모두를 사랑하기 때문이지, 참! 천이를 인민군에 보낸 건 내가 아니야! 그 소좌 간나새끼가 했거지. 난 조청련 단장 직속이거 덩, 내가 단장 오른팔이야! 그래서 뭐 던지 내가 건의하는 건 단장이 득달같이 해 주거덩. 단장 끗발이 내 끗발이란 말이 시. 단장 발 밑에 인민군 대가리들이 설설 긴다구, 꼭괭이 앞에 쥐새끼 꼴이야, 찍. 찍. 찍. 찍. 하, 하, 하, 하, 내말 뭔 말인지 이해가 강가? 한번 찔러 보는 겨, 워뗘? 밑 갈 것 없을 겨, 이런 정보는 아무나 주는 게 아니란 말이지. 단장한테는 천둥이가 총명해 보여서 빼내가 청년단에 넣자고 할 겨. 생각 있걸랑 낼 저녁에 사무실로 와보라구. 이걸 알켜주고 내가 무슨 댓가를 바라서가 아니라 그냥 인정상 도와주고 싶어서지. 그러니 잘~ 생각해봐! 인사치레야 나중에 하면 되고. 알지? 우리 단장 화끈한 사람이거덩."

이놈이 도대체 무슨 속셈인가? 병 주고 약 주고 있다. 천둥이를 끌고 갈 때는 언제고 지금 빼내올 기회를 주겠다니, 참으로 헷갈리는 놈이다. 게다가 전라도 말에 경상도 말, 이북 말까지 뒤섞어가며 사람의 혼을 쏙 빼놓고 있다.

"고맙습니다. 정말 고마워요, 이렇게 먼 길까지 도와주러 오시고… 내가 내일 찾아 뵐 테니 잘 좀 부탁합니다."

"그라문 내일 저녁 때 사무실로 오란 말이시. 그리고 탄원서는 사무실에서 써야 할겨. 글씨는 잘 쓴가?"

“겨우 읽기는 해도 쓰는 건 좀…”

“그거이 자필로 써야 될 건디, 그람 새댁이 오면 되겠네. 새댁은 중핵교까지 댕겻담서? 잘됐네, 참! 그라고 이건 이미 끝난 일을 뒤엎는 거라 극비로 해야 되니까 아무도 눈치 안채게 혼자 오구. 에~또 우린 숫제 모르는 사인 거 알지? 내말 이해가 강가?”

놈의 행적을 보나 말 품새를 보나 사기성이 농후하고 뱁새눈으로 순임의 몸을 훑어보는 눈길도 음흉스러워 소름이 돋지만 지금 그런 것을 따지고 가리기에는 시간이 너무 촉박했다.

“흉측한 놈! 애국지사 좋아하네! 저 얍삽한 놈이 무슨 흉계를 꾸미는 건지… 네 생각은 어떠냐?”

“제 생각이 뭐 따로 있나요? 어머니가 하자시는 대로 따를 뿐이지요. 그런데 저들이 며칠 전에도 남조선 해방이 임박했다고 떠들고 다녔지만 지금은 거꾸로 전선마다 참패하여 쫓겨 올라온다는 소문인데, 소문이 사실이라면 발등에 불 떨어진 그들이 강제로 끌고 가 총알받이로 세워놓은 사람들을 탄원서 한 장으로 풀어주겠다니 앞뒤가 안 맞네요. 무슨 계략이 있을 것 같아요.”

“그렇지? 말도 안 되는 수작이지? 그래! 분명히 뭔가 흉계를 꾸미고 있어. 그게 뭐지? 돈? 죽이고 뺏어 간데도 어쩔 수 없는 현실인데 그건 좀 아니다. 잘못된 일이니 되돌려 놓겠다. 그건가? 그것도 어림없는 소리지. 빨갱이들이 그런 염치를 안다면 탱크 몰고 쳐내려오지도 않았겠지. 그놈 말마따나 밑져야 본전인 셈치고 한번 해볼까? 나중에 후회하는 일은 없어야지."

놈의 사기극에 걸려든 것 같기도 하고 그냥 지나치자니 나중에 후회하는 일이 생기면 천둥이를 어찌 보겠나 싶기도 하다. 지금 형편에 돈이고 쌀이고 간에 털어낼 형편이 아니다. 터주가리 쌀이래야 뫼 몇 그릇 지을 양에 지나지 않는다. 천둥이 인민군에 끌려간 후 마을 사람들은 점례를 쳐다보지도 않는데 쌀 좀 꿔달라면 누가 쉽게 내줄까 싶고, 주고 안 주고 이전에 우리 이야기를 들어줄 사람도 없을 것이다.

정희는 아랫말 사는 시숙 댁을 찾아갔다.

"네가 웬일이냐? 우리 집엘… 와서는 안 되는 줄 뻔히 알면서."

"네! 뵌 지도 오래고 드릴 말씀도 있고 해서요. 그간 별일 없으셨지요? 작은아버님은 계신가요?"

"뭔 일로 왔는지는 몰라도 남의 눈에 띄기 전에 얼른 가거라! 넌 서운하다 싶겠지만 우리 입장도 생각해야지! 너희 때문에 우리까지 죽을 수는 없다. 우리 집엔 드나들지 말라고 그렇게 일렀건만… 쯧쯧쯧, 빨리 안 나가고 뭘 그리 주춤거려? 누가 보면 어쩌라 구?"

시숙모는 쌩한 바람을 일으키며 방으로 들어가 버린다.

"네! 인사나 드리고 금방 갈 테니 염려 마세요."

방에서는 저녁 식사 중이였으나 그 누구도 밥 좀 같이 먹자는 사람이 없다. 우리 민족의 관습 중에 더부살이의 근본인 식자추반食者追飯을 공자는 예의지국 군자의 나라 백성들의 아름다운 풍습이라며 극찬했다는데 아무리 전쟁 중이라지만 남도 아니고 참으로 너무들 한다 싶다. 시숙은 숭늉으로 입을 가시며 점례는 쳐다보지도 않고

"왔니? 이 밤에 웬일이냐?"

정희가 낮에 있었던 이야기를 하며 쌀 닷 말을 꿔주면 가을에 한 가마니로 갚겠다고 하자 시숙모는 시숙의 입에서 수습하기 어려운 말이라도 나올까 싶었는지 선수를 쳤다.

"닷 말은 커녕 먹고 죽을 씨알도 없다. 없다마다, 요즘 같은 세상에 쌀을 꿔달라니 네가 제정신이니? 답답한 것 같으니, 우리도 추수까지 버티려면 보릿겨라도 쳐야 할 판인데 뭐? 쌀 좀 꿔달라고? 그것도 닷 말씩이나? 괜히 입 아프게 떠들지 말고 어서 다른 데나 가 알아보게." 하며 방문을 열어 놓는다. 어서 나가라는 뜻일 게다. 시숙은 꿀 먹은 벙어리처럼 입을 꽉 디물고 시숙모의 말에 그냥 고개만 끄덕인다. 큰 기대를 한 것은 아니지만 문전박대까지 당하는 처

지가 된 것이 너무나 억울하고 속이 상했다. 집으로 돌아오는 내내 서러움이 북받쳐 눈물을 펑펑 쏟았다. 시부모가 살아 계실 때는 사촌들이 일 년 내내 시도 때도 없이 드나들며 하루에 상을 대 여섯 번씩 차리게 만들고, 홀아시라는 핑계로 자기네 논밭에서 일하는 일꾼 점심까지 지어달래도 군말 없이 해 내갔는데, 어른들이 돌아가신 뒤에도 시숙은 과부 조카며느리를 챙긴다며 하루도 빠지지 않고 새벽같이 들러 해장을 하고 그 많은 농사를 다 지을 때까지 소를 부려먹어도 여물 한 번 먹여 보내는 일이 없었다. 하물며 머슴을 자기네 머슴인 양 부려 먹어 투덜대는 머슴을 달래느라 세경까지 올려주며 다독였지만 속이 뒤집힌 그는 해도 못 채우고 나가버렸다.

유엔군이 참전하면서 전황은 급변하고 있었다. 마을 사람들은 부역한 집이나 가족이 인민군으로 끌려간 집을 구분하여 서로 간 왕래를 피하고 품앗이는 커녕 마주치면 흘끔거리며 생판 모르는 사람 취급을 했다. 시국이 그러니 그럴 수도 있고 우리 때문에 피해 입지 않기를 바라며 마음에 두지 않았는데 남도 아닌 작은집 식구들이 한 술 더 뜨니 너무나 야속하고 서운한 마음이 든다. 순임은 힘없이 들어오는 시어머니가 안쓰러워 눈물이 울컥, 울컥 쏟아졌다.

"어머니! 제가 내일 가서 그 사람들에게 추수하면 넉넉하게 쌀을 보내겠다고 해 볼 테니 너무 염려 마세요. 이 나라 백성 모두가 힘든 시기를 보내고 있는 것을 그 사람들이 더 잘 알 텐데 당장 내놔야 한다고 억지를 부리기야 하겠어요? 제가 알아서 할 테니 너무 걱정 마시고 시장하신데 어서 진지나 드세요."

다음날인 9월 22일 오후에 순임은 면소재지에 있는 조청련 사무실을 찾아갔다. 사무실은 면사무소 뒤편에 일본인이 지은 적산 가옥으로 현관 추녀에는 붉은 글씨로 '민족 해방 만세! 김일성 장군 만세!'라고 쓴 현수막이 걸려있고, 사무실에는 '민족 해방과 계급 사회 말살' '공동 생산과 균등 분배로 함께 잘 살 수 있는 새로운 국가를 건설하자' 또는 '미국 놈과 그 추종 세력을 도살하자!'는 등, 붉은색 글씨로 벽을 가득 채웠고, 한쪽 벽에는 대한민국 전도에 붉은색으로 표기된 동그라미와 화살표가 모두 남쪽을 향한 것으로 보아 그들의 최근 전황을 기록한 것 같다. 사무실에서는 완장을 두른 청년들과 흰 저고리에 검은 치마를 입은 여성들이 있었으나 순임에게 관심을 두는 사람은 없었다. 강영철이 순임을 보고 주변을 살피며 따라오라는 눈짓을 하더니 앞장서서 뒤란을 돌아 부엌으로 통하는 쪽문으로 순임을 데리고 들어갔다.

"우리 일은 남이 알 일이 아닌 개 조용한 내실에서 탄원서를 쓰란 말이시, 안에 단장님이 계신데 잘~ 지도 해줄 텐개 걱정 말고, 자! 언능 들어와!"

강영철이 부엌에서 방으로 통하는 문을 노크하고 미닫이 문을 열자 깡마른 삼십대 중반 남자가 옷을 입던 중인지, 벗던 중인지 상의 단추를 풀어놓은 채 뱁새눈으로 강영철과 순임을 번갈아 보며

"어? 강 부장! 무시기 일임매?"

"네! 접때 보고 드린 천둥이란 동무 가족이 탄원서를 낸다고 해서리…"

강영철이 순임을 방에 밀어 넣고 문을 닫았다.

순임이 목례를 하며 문 앞에서 주춤거리자

"천둥이 동무 각시요? 반갑수다. 여성 동무! 여기 좀 안기오. 내래 강 부장을 통해 대략 들어 알고 있소. 천둥이란 동무는 겨우 고등학생이라고 들었는데 남조선 인민을 해방시키겠다고 자원입대 하였고, 각시는 해방군을 격려하겠다고 이곳까지 와주고… 애국심이 대단하오. 내래 크게 감동해서리 남조선 해방이 완료되는 대로 동무들에게 내릴 훈장 상 신을 할까 하오. 영웅 훈장 말이오. 하하하."

단장은 가늘게 치켜 찢어진 눈으로 순임을 아래위로 훑어보며 너스레를 떤다. 뱀이 몸에 감긴 듯 등골이 오싹하고 소름이 돋는다.

"동무 이름이?"

"네, 박순임입니다. 탄원서를 내면 남편을 보내준다고 해서… 잘 좀 부탁드립니다."

"탄원서요? 그거 이 누구나 써낼 수 있지만 아무에게나 그런 혜택이 주어지는 것은 아이오. 적어도 영웅 훈장쯤 있어야 하오. 그러고 지금은 해방 완수 일이 임박해서리 전선 지원 관련 건 외는 직결 처리는 없소. 그러나 동무가 민족 해방을 위하여 헌신하겠다는 호의를 내래 어캐 묵과 하겠소? 하하하. 오늘 우리가 소통만 원활해진다면 천둥이 동무 귀가는 일도 아니오. 대략 사나흘쯤이면 여성 동무 품에 안길 거요, 어떻소? 내 말에 만족하오? 자! 그럼 우리 원활한 소통을 위해서 축배나 한 잔 합세다."

단장이 무색 액체의 술병과 사기잔을 들고 와서 순임 앞에 따라놓는다. 알콜의 독기가 콧속으로 밀려들자 현기증이 일어난다.

"도와주신다니 정말 감사합니다. 이 은혜 잊지 않겠습니다. 그런데 제가 술을 못해서 죄송합니다. 탄원서도 먼저 써야…"

"아, 아~ 쓰는 거? 그거이 걱정 말기요. 내가 알아서 처리하겠소. 이제 동무도 민족 해방 전사가 됐으니까니 마음 편히 축하주나 한잔 하시구레. 한두 잔이야 모하겠소? 걱정

말고 들기요. 그런데 내래 궁금한 거이 하나 있소. 천둥이 동무 아직 솜털이 뽀숭한 아새낀데 뭐 알긴 알기요? 병원 놀이 같은 거 이 하지 않았소? 내래 오늘 순임이 동무를 아주 행복하게 해줄 테니까니 기대하시라요. 하하하. 자, 술잔을 들기요! 우리의 원활한 소통을 위해서 건~ 배!"

그는 술잔을 순임의 잔에 부딪히고는 자신의 술을 한입에 털어 넣었다.

"농담이 과하시네요. 전 그런 여자가 아닙니다. 사람 잘못 보셨어요."

"그런 여자가 아니라…, 그런 여자가 아니란 말이 디? 이것 봐! 순임 동무! 상황이 바뀌면 바뀐 대로 사는 거지. 무슨 개 뼈다구 같은 소리야? 지금 동무의 목숨이 파리 목숨보다 난 줄 알간? 그래서? 죽어도 소통은 못한다 그거가? 아~앙? 이 에미나이 상황 판단을 영 못 하는 구만. 민족 해방을 앞당기기 위해서는 몸과 마음을 다 바쳐도 될까 말까 한데, 어디서 반동분자 말까고 지랄이네? 아~앙? 죽고 싶어 환장했니? 그리고 천둥인지 망둥인지 빼달라며? 그거이 그냥 맨입으로 되는 거가 아니란 말이시, 알간? 그러니까니 앙탈 부리지 말고 모범적으로 협조하라우."

놈이 인면수심의 본성을 드러내며 자신의 옷을 하나씩 벗어 발끝으로 밀치고 알몸으로 순임에게 덤벼든다.

"단장님! 왜 이러세요? 이러지 마세요, 이러시면 안 됩니다. 제발, 제발."

몸을 피하려다 따라놓은 술잔을 발로 차서 술이 쏟아졌다. 놈의 얼굴 표정이 굳어진다.

"내 호의를 거부하겠다 그 말이네? 남편이고 영웅이고 다 필요 없다, 그거이가? 그리고 이거 이 쏘비에트제 보드칸데 남조선 아새끼들은 구경도 못하는 거이야, 알간? 내래 큰맘 먹고 준비한건 디 발루 차구 지랄이네? 이래가 서방을 죽이겠다, 그거가?"

"네! 네! 알았어요, 알았으니까 진정하세요. 술은 마시겠습니다."

그의 거칠고 위협적인 행동에 겁이 더럭 난 순임은 사시나무 떨듯하며 술을 입속에 털어 넣었다. 불덩이가 목구멍을 할퀴며 넘어갔다. 그는 육포를 찢어 순임이 입에 밀어 넣으며

"하하하, 그러티 그러티! 아주 좋소, 그렇게 잘 마시면 서리 무시기 내숭을 떠는기요? 하하하. 그라고 보니 천둥이 동무는 참 행복한 사나이요, 민족 해방을 위해 몸을 아끼지 않는 아름다운 여전사를 각시로 두었으니 내래 부럽다 못해 질투가 납네다. 하하하. 참! 천둥이 동무가 나오면 나와 함께 단에서 일하게 될 거요, 여성 동무도 여청에서 일하면

어떠시오? 내가 추천할테니 까니."

"그렇게 생각해 주시니 고맙습니다만 저는 어른도 계시고 해서…"

"그렇소? 그럼 그건 나중에 다시 토론 하고…. 이왕지사 이렇게 됐으니까네 동무도 편하게 앉아 한 잔씩 더 하자구래"

놈은 민족 해방의 승자임을 자처하며 자신의 의사에 반하는 모두를 인민재판에 세워 놓고 제 맘대로 농단을 일삼아 왔다. 그 대상에 순임이도 예외 일 수 없을 것 같다. 굴욕스럽고 치가 떨리는 일이지만 섣부른 언행으로 일을 그르쳐서는 안 된다. 정신을 차리려고 애를 써보지만 눈꺼풀이 내려오고, 현기증이 난다. 불이라도 삼킨 듯 목구멍이 화끈거리며 온몸에 힘이 쭉 빠져 나가는 듯 했다.

놈이 구리고 시큼한 입내를 순임의 입속에 토해낸다. 가슴이 답답했다. 구역질이 울컥 거린다.

"우, 우~욱 @#$%^~&."

순임이 끙끙거리며 몸부림을 쳐보지만 그를 당해 낼 수가 없다. 놈은 순임을 깔고 앉아 저고리를 갈기갈기 찢어 던져버리고 우악스럽게 가슴을 움켜잡고 발가락으로는 치마를 벗겼다.

"안돼요! 안 돼! 제발 이러지 마세요!"

지아비가 버젓이 있는 이상 절개만은 지켜야 나중에 그를 떳떳하게 만날 수 있고 이 위기를 넘으려면 죽기를 각오해야 한다. 순임은 얼결에 입언저리에 닿은 놈의 손가락을 물어뜯었다.

"아~얏! 이 쌍~ 간나 뒈질라고 환장을 했나? 아이고 아퍼! 아이구, 이 쌍년 콱 죽이 갔어."

놈이 순임의 얼굴을 주먹으로 후려쳤다. 눈에서 번갯불이 번쩍나며 순간 정신이 혼미해졌다.

놈은 다시 순임을 깔고 앉아 치마끈 풀기에 정신이 없다. 순임은 빠져나오려고 몸을 비틀며 허우적대다가 손에 잡힌 술병으로 놈의 뒤통수를 가격했다. '퍽' 소리와 동시에 '윽' 하고 외마디 소리를 지르며 순임의 발아래 얼굴을 쳐 박고 한참을 있더니 다시 일어나 순임 쪽으로 얼굴을 돌리는데 머리에서 뿜어져 나온 피가 낭자 하고, 한쪽 눈알이 빠져 힘줄에 매달린 채 대롱거린다. 순임은 너무 놀라 피가 머리로 솟는 듯 하고 온몸을 사시나무처럼 떨고 있는데 피가 흥건한 손을 뻗어 목을 조이려 달려든다.

"이, 이 쌍 간~ 나~ 네, 네, 네년이~ 윽, 푸~ 푸 #@%^~&*."

순임은 있는 힘을 다해 정수리를 다시 가격했다. 놈이 '으~윽' 소리와 함께 고꾸라지며 순임의 발목을 움켜잡았다. 원수 놈에게 몸을 더럽히느니 차라리 죽을 것이다. 그러나

나 혼자 죽을 수는 없다. 순임은 눈을 감고 놈의 머리에 술병을 마구 휘둘렀다. 날카로운 유리 조각들이 사방으로 흩어지고 피가 분수처럼 솟구치며 튀어나간다. 발목을 움켜잡은 손이 느슨해지며 패대기쳐진 개구리처럼 팔다리를 버둥대다가 털썩 떨어진다. 순임의 몸이 순간 굳어지고 맥이 풀려 움직일 수가 없다. 빨리 방을 나가려는 마음만 급하지 미닫이를 앞으로만 밀며 허둥대다가 겨우 방에서 용수철처럼 튕겨 나갔다. 놈에게 뒷덜미를 덥석 움켜잡힌 듯 뒤 꼭지가 댕긴다. 방을 나서니 찬 밤바람이 몸을 휙 감는다. 그때서야 알몸인 것을 알고 뒤돌아 방 쪽을 살피니 아무런 기척이 없다. 방바닥에는 놈이 흥건한 핏물 위에 엎어진 채 미동도 없다. 순임은 놈을 주시하며 옆걸음으로 들어가 벽에 걸려있던 인민복을 주워 입고 숲으로 뛰었다. 얼마나 달려왔는지 숨이 턱에 차고 다리가 풀려 주저앉았다. '산안골'이란 돌 이정표가 희미하게 눈에 들어왔다. 산모퉁이를 돌아서니 길 위쪽 비탈에 제비집 같은 초막 대여섯 채가 추녀를 맞대고 어스름한 달빛 속에 흉가처럼 서있다. 불빛도 인적도 없다. 겁이 더럭 난다. 귀신이라도 나올 것 같은 음산하고 적막한 분위기에 식은땀이 나고 등골이 오싹해 졌다. 순임은 눈에 띄는 허름한 헛간으로 들어갔다. 헛간에는 멍석, 가마니 낡은 농기구 따위가 먼지와 거미줄에 감겨있었다.

순임은 둘둘 말아 쌓아놓은 멍석 사이로 들어가 몸을 숨겼다.

심한 갈증과 공복감에 깨어 부엌을 찾아 들어갔으나 칠흑같이 어두워 손으로 더듬다가 항아리 뚜껑을 잘못 건드려 바닥에 떨어지며 깨지는 소리가 어둠 속을 찢어 갈랐다. 가슴이 덜컹 내려앉고 숨이 막혔다. 물먹기를 포기하고 뛰쳐나오는데 무엇인가가 등허리를 심하게 강타하였고 이내 의식을 잃었다.

어깨의 통증을 느끼고 눈을 떠보니 희미한 불빛에 반자도 없는 흙 천장을 받치고 있는 가늘고 구불구불한 서까래가 눈에 들어왔다. 매캐한 그으름내도 콧속으로 몰려들어왔다. 순임이 소스라치게 놀라며 일어나니 턱수염이 덥수룩한 사내가 순임을 내려다보다가 놀라며 주춤 물러앉는다. 그의 손에 들려 있던 붉게 물든 수건이 바닥에 떨어졌다. 순임은 옷을 여미며 뒤로 물러앉아 소리를 질렀다.

"누, 누구 세~ 요?" 남자는 한 손으로 순임의 입을 틀어막고 손가락을 입에 대며 조용하라는 표현을 했다. 그는 순임의 피 묻은 손과 얼굴을 닦고 있었던 것 같다.

그는 수건을 집어 들고 뒷걸음으로 주춤주춤 밖으로 나갔다. 그가 나간 방문은 문턱이 높고 중방이 낮아 키 작은 사람도 허리를 굽혀야 드나들 수 있고 얼기설기 엮은 창살

위에는 포대 같은 두터운 종이를 몇 년째 덧 바른 듯 보이고 반대편 벽에 삐뚤하게 붙어있는 작은 붙박이창이 훤한 것으로 보아 달이 떠 있음을 알 수 있었다. 아랫목에는 낡은 고리짝 위에 허름한 이불 한 채와 퇴침 하나가 올려져있다. 순임은 퇴침을 등 뒤에 감추고 몸을 고리짝에 바짝 기대앉았다.

그가 들어와 작은 소반을 순임 앞에 내려놓았다. 소반 위에는 감자와 옥수수를 섞은 보리밥 한 사발과 된장종지와 풋고추가 올려져있었다.

그가 물그릇을 건넸다. 순임의 눈은 그를 주시하며 물그릇을 두 손으로 받아들고 머리를 숙여 고맙다는 표시를 하고 물 한 그릇을 벌컥벌컥 다 들이키고는

"죄송합니다. 지나던 길에 목이 하도 말라서 그만… 놀라시게 해서 죄송하고 고맙습니다." 목례를 하고 일어서자 앉으라는 표시로 두 손을 아래위로 흔든다.

"혹시~ 말씀을 못 하시는지…?"

그가 머리를 끄덕였다.

"그럼 들으실 수는 있으신지요?" 그가 다시 머리를 끄덕였다.

그가 숟가락을 들어 순임에게 준다. 이 남자의 행동으로 보아 위험 인물은 아닌 듯싶다. 순임은 빠르게 밥을 입속으

로 밀어 넣었다. 옥수수 알이 오돌거리지만 씹을 사이도 없이 게 눈 감추듯 그릇을 비웠다.

"잘 먹었습니다. 밥까지 주셔서 정말 고맙습니다. 저는 산 넘어 서 씨 집안사람인데 면面에 볼일이 있어 갔다가 초행길이라 길을 잘못 들어 이렇게 신세를 지게 되었습니다. 죄송합니다."

그가 몇 번 고개를 끄덕이더니 양손가락 끝을 맞대고 세워 보이고는 고개를 옆으로 젓는다. 산을 넘을 수 없다는 표현이다. 하지만 이곳을 빨리 벗어나야 안심이 될 것 같아 순임이 일어서며 고맙다는 인사를 하자 그가 양팔을 벌려 막고 두 팔을 다시 교차시키며 고개를 가로 젓는다. 붙잡아 두고 날이 밝으면 인민군이나 국방군에게 넘기려는 것인지, 아니면 자기와 같이 살자는 것인지 알 수가 없다.

"왜 그러세요? 혹시 나를 누구에게 넘기려고 이러세요? 제가 인민복을 입고 있어 북쪽 사람인줄 아시나본데 저는…" 말이 끝나기도 전에 그는 잠자는 모습을 하며 자기는 밖으로 나갈 터이니 방에서 더 자라고 한다.

그러나 날이 밝으면 무슨 일이 일어날지 두렵고, 또 밤중에 험한 산을 넘는 일도 두렵기는 마찬가지다. 만약 이 남자가 위험인물이라면 그의 언저리에 있는 한 무사하긴 어려울 것이다.

총알받이로 사선에 서 있는 지아비를 살려야 한다는 일념으로 지푸라기라도 잡고 싶어 하는 애절하고 절박한 심정을 이용해 유린蹂躪하려 한 원수 놈이야 골백번 죽어도 싸지만 그것은 순임의 해석이고 순임의 입장일 뿐, 점령군 인민위원장이며 조 청련 서부 지부 단장이란 거물을 죽인 살인범이, 죽은 그의 옷까지 걸치고 살기를 바라는 것은 터무니없는 욕심일지 모른다. 그러나 죽기 전까지는 부끄럽지 않은 여자로 살다 가리라 각오를 다진다.

순임은 윗목 구석에 앉아 있다가 동이 트면 가겠노라고 하였으나 그는 자기 걱정은 말고 누워서 편히 자라며 불을 끄고 방을 나갔다.

그러나 잠을 이룰 수가 없다. 꿈에도 예측 못한 치 떨리는 사건의 중심에 서 있는 자신이 무섭고, 앞으로 다가 올 상황들은 불 보듯 하지만 속수무책束手無策이니 앞날을 운명에 맡길 수밖에 없다. 남자가 소리도 없이 들어와 순임을 툭툭 건드렸다. 놀란 순임이 자신도 모르게 그를 밀치고 일어서자 그가 손으로 입을 틀어막으며 손목을 움켜잡고 집 뒤로 끌고 가 산 쪽으로 등을 떠밀었다.

순임이 영문을 몰라 머뭇거리자 두 손을 휘저으며 빨리 숲속으로 가라고 손짓을 한다.

추석 앞이라 달빛은 대낮같이 밝지만 산속은 어둡고 음

산했다. 갑작스레 뛰어든 불청객으로 잠자던 산새들이 놀라 소리를 지르며 이리저리 어지럽게 날아다닌다. 순임이 막대기로 나무를 두드리며 숲속을 향해 한발 한발 들어섰다. 커다란 바위나 고목이 눈 앞을 가로 막을 땐 사람으로 착각하여 가슴이 터질듯 숨이 막히고 피가 거꾸로 솟는다. 나무 등걸이나 가시덤불이 옷깃을 당겨도 석고처럼 몸이 굳어 옴짝달싹 못하고 주저앉곤 했다. 탕! 탕! 탕! 세 발의 총소리가 뒤에서 났다. 순임이 고꾸라졌다.

가당치도 않은 빌미로 순임을 능욕하려던 원수 놈을 죽였으니 당장 죽어도 여한은 없지만 천둥이가 집에 돌아 왔을 때 어머니도 순임이도 없다면 혼자서 얼마나 외롭고 슬프겠는가? 천둥일 만날 때까지는 아무리 힘들어도 목숨은 부지하고 싶었는데 총을 맞다니, 원통하고 애통한 일이 아닐 수 없다. 이제 사랑했던 모든 사람들과의 인연도 다 내려놓고 고달픈 여정도 여기까지라고 생각했다.

다음날 새벽, 강영철은 본 단에서 내려온 긴급 지령문을 들고 단장 숙소를 찾았다가 단장의 사망을 확인하고 상황을 본부에 보고하였지만 한강 도하 시간을 엄수하라는 지령만 받는다. 새벽 5시, 청년단의 본거지인 적산 가옥은 화염에 휩싸이고 자욱한 연기 사이로 트럭 한 대가 황급히 빠져나갔다.

순임은 추석 성묘객에게 발견되어 민정대에 넘겨졌다. 발견당시 심한 탈수 상태에다 의식이 없었고 몸 여기저기에 상처는 많았지만 총상은 없었다. 조사 과정에 한국 부대에서도 몰랐던 천둥이 인민군에 부역중인 사실을 확인하자 수사관들은 심각한 딜레마에 빠졌다.

정희는 청년회장과 구장을 찾아가 사정하고 애원하여 확인서를 받아 제출하고 벙어리 남자의 사망과 불에 탄 단장의 시신을 확인 후에야 석방될 수 있었다.

정희는 처참한 몰골로 경찰서를 나오는 며느리를 부둥켜 안고 통곡을 했다.

"아가! 얼마나 고생이 심했니? 고맙구나, 고마워. 이렇게 살아와줘서 정말 고맙다."

"어머니! 걱정 끼쳐 드려 죄송해요. 그동안 마음고생이 크셨지요?"

사리분별 없는 시어미의 욕심 때문에 죄 없는 어린 며느리가 저승 문턱에서 가까스로 살아오긴 하였으나 그동안에 겪은 고초가 이만저만이 아닐 터 미안하고 안쓰러워 말문이 막혔다.

나라가 산산 조각이 나고 수많은 생명들이 이슬처럼 사라졌어도 3대독자나 불구자는 징집을 하지 않았는데 북괴들은 이들을 강제로 끌고 가 민족 해방을 위하여 자원 입대한 영웅들이라며 총알받이로 전선에 세워놓고, 학교에 주둔하고 있던 인민군과 빨갱이들은 새벽에 줄행랑을 쳤다. 다음날 국군은 파죽지세로 이천을 거쳐 수원까지 밀고 올라갔고, 세상이 온통 제 것인 냥 설치고 다니던 마을 빨갱이들은 대부분 붙잡혀가고 뼛속까지 물든 악질 빨갱이들은 인민군을 따라갔는지 자취를 감추었다.

마을 사람들은 만세를 부르며 서로 부둥켜안고 울고 웃으며 처참하게 찢겨진 몸과 마음을 추스르고 있었지만 정희와 순임은 울지도, 웃지도 못하는 상황이 됐다. 청년단에서는 인민군에 협조하였거나 유언비어를 퍼트리는 등 조금이라도 빨갱이 냄새가 나는 사람을 색출하여 경중을 가려 경찰서로 넘기거나 마을에서 추방, 또는 공동 체벌을 하자고 결정하였다. 정희가 문 쪽 구석자리에 서 있다가 앞으로 나서며

"제가 한 말씀 올리겠습니다. 우리 천둥이는 여러분이 아시는 대로 강제로 끌려가 죽었는지 살았는지 아직까지 생사를 모릅니다. 인민군에 끌려간 것도 당시엔 우리가 밀리고 있었던 터라 죽지 않으려면 끌려갈 수밖에요. 그러나 저는 여러분들이 결정하신 내용이 무엇이든 간에 피할 생각은 없습니다. 한 가지 부탁을 드리자면 우리 며느리는 시집 온지 아직 한 달여인데 지아비를 살리려 불구덩이까지 뛰어들었

고, 악질 단장 놈도 처단했으니 오명은 벗도록 해주시면 내일이라도 친정으로 보내겠습니다."

자신이야 어미로써 자식의 운명과 함께 할 수도 있다지만 순임이는 아직 혼인신고도 안 되어 있어 남이나 다름없고 앞날이 창창한 열아홉 살 애에게 빨갱이 처로 낙인찍어 시작부터 음지에서 살게 할 수는 없다는 게 정희의 생각이다. 정희는 터져 나오는 울음을 참느라 주먹으로 입을 틀어막고 회관을 뛰쳐나와 개울가 밤나무 밑에 쓰러져 하염없이 흐느껴 울었다.

청년단에서 부역자와 처벌 기준을 발표했다. 인민재판 때 몽둥이 들고 설치던 '똥파리'는 경찰서로 넘기고 피륙 집 아들 인태는 마을 사람들이 체형을, 천둥이네는 연말까지 천둥이가 돌아오지 않으면 마을을 떠나라는 결정이다. '똥파리'는 나이 서른이 넘은 총각이다. 전쟁 나기 전까지 수유나무 할아버지 댁에서 열다섯 살 때부터 머슴을 살며, 새경은 노름이나 계집질로 모두 탕진하고 대책 없이 사는 놈이었다. 그런 그를 인민위원장이 인민 위원이란 완장을 채우고 인공기를 쥐어주며 자본주의 사상을 말살시키고, 주종主從이란 악습의 고리를 끊고, 평등사회를 만드는 데 공로가 있는 민족 해방의 영웅이라며 추켜세웠다. 그러자 그는 그야말로 똥, 오줌 안 가리고 몽둥이를 들고 설치며 미물만도 못한 놈들의 앞잡이가 돼서 인두겁을 쓰고는 할 수 없는 짓거리를 해왔다. 피륙 집 아들 인태는 보따리 피륙 장사를 하는 어머니와 단둘이 사는 절름발이 청년인데 피난을 못가고 마을에 남다보니 그들에게 협조 안 할 수가 없었을 것이고 살기위해 시키는 대로 하다 보니 이런 곤욕을 치르는 것이다.

"아가! 이게 우리의 운명인가 보다. 천둥이가 살아온다 하더라도 이 상황을 비켜갈 수는 없을 것 같고, 마을 사람들이 이곳에서 계속 살라고 한데도, 부역자란 딱지를 달고 마을 사람들 대하기도 그렇고, 천둥이도 여기서 살고 싶지는 않을게다. 그래서 말인데, 아가! 너는 당분간 친정에 가 있어야겠다. 사돈 어르신이 매우 놀라시고 걱정하실 텐데 네가 가서 잘 말씀 드리고, 나중에 사람을 시켜 식량을 좀 보낼 테니 그리 알고 내일이라도 떠날 차비를 해라."

"그건 안 돼요 어머니! 전 여기서 살던 어디가 살던 어머니와 함께 살래요, 전 서 씨 가문의 가족이고, 죽어서도 이 집 귀신이 될 건데요, 뭘. 그리고 천둥 씨가 와서 제가 없는 걸 알고 얼마나 슬퍼하겠어요? 어머니는 제 걱정 마시고 식사나 잘하시고 건강 잘 챙기셔야 그이를 만날 수 있어요. 아셨죠?"

"그래! 네 말은 기특하고 고맙다만 젊은 것이 기약 없는 세월을 허송할까봐 그래서다. 국방군은 휴가나 외출도 있고 편지도 보내고 면회도 한다는데 인민군에게 끌려간 사람은 이름도 없고 주소도 없고 소속도 없단다. 전선에 말뚝처럼 총알받이로 세워놓은 이상 국방군이 죽이든 살리든 알아서 하라며 제 놈들은 모두 도망을 쳤는데 거기서 무슨 수로 살아 나오겠니? 그러니 너는 천둥이나 내 걱정일랑 말고 친정으로 돌아가 있으면 소식이 오는 대로 연락 하마."

"어머님 생각이 정 그러시다면 어머님이 사실 곳부터 정한 뒤에 떠날 테니 그리 아시고 제 걱정은 나중에 하세요!"

"나야 배개미 동생네서 당분간 머물면 되니 걱정할 것 없다."

회관 마당에 마을 사람들이 모두 참석한 가운데 부역자 체벌식이 열렸다. 인태는 전화선으로 손을 뒤로 묶이고 입에는 재갈이 물려진 채 마당 끝 도랑 턱에 세워졌고 그의 발 앞에 그의 어머니가 무릎을 꿇고 엎드려 있다. 청년단장은 떨리는 목소리지만 단호하고 냉철한 어조로 집행을 선언했다.

"지금부터 부역자 체형 집행을 하겠습니다. 지난번 회의 결과에 따라 체벌을 집행하려하니 여러분은 한 분도 빠짐없이 동참하시고, 혹 인정에 젖어 불참하거나 시늉만 낸다면 그 사람 역시 동조자로 보고 특단의 조치를 취할 것입니다.

그럼 먼저 인태 어머니부터 시작하세요."

부단장이 미루나무 몽둥이 다섯 개를 마을 사람들 앞에 내려놓고 그중 하나를 인태 어머니에게 쥐어주며 시작하라고 하자 인태 어머니는 몽둥이를 받아들고 비틀비틀 일어나

"인태야! 이 어미를 용서하지 말거라. 네가 다리를 저는 것도 지금 이 수모를 당하는 것도 모두 어미의 잘못이다. 그리고 남을 탓하고 원망도 말거라, 이것은 너의 업보라고 생각해라. 그럼, 종아리를 대고 이도 악물거라."

인태 어머니가 몽둥이를 들자 글방 할아버지가 황급히 끼어들었다.

"자, 자 잠깐, 잠깐! 내 말 좀 먼저 듣고 집행하시오. 단장 말마따나 태형은 이미 결정된 사안이라 실행은 해야겠지만 아시다시피 저놈의 다리깽이가 워낙 부실하여 심하게 다루면 아주 병신이 될 수 있고, 그나마 절룩거리며 다니는 걸 아주 주저앉히면 그땐 기어 다닐 수밖에 도리가 없는데 그 꼴을 보는 것도 보통 고역이 아닐 테니 감안해서 적당히 하는 게 좋을 성싶소만, 험! 험!"

약하게 때린다고는 했지만 오십 여명이 한 곳을 집중하여 몽둥이질을 하니 살이 터져 피가 범벅이 되어 기태는 기절하고 말았다. 그의 얼굴에 물을 퍼부으며 체형을 끝냈으나 마을 사람들도 함께 울고 여자 몇 사람이 기절하여

집행부를 놀라게 했다. 정희와 순임이도 회의에는 참석했지만 징벌 자격이 없다며 제외시켰다. 순임이는 인태가 가엽고 안쓰러워 얼굴을 무릎 사이에 처박은 채 흐느끼고 있었으나 정희는 담담하게 현장을 지켜보고 있었다.

이튿날 순임의 친정 오라비가 소식을 듣고 달려왔다.

그는 정희를 위로하면서 순임이를 데려가겠다고 하였으나 순임이는 자기 일은 자신이 알아서 할 테니 친정에서 왈가불가 하지 말라며 오라비를 내쫓듯 보냈다.

마을을 떠나라고 청년 회의에서 지정한 날이 사흘 앞으로 다가오자, 정희는 순임을 친정으로 보내면서 사돈 앞으로 편지 한통을 보냈다.

천둥이가 돌아오면 그때 가서 합치기로 순임이와 약속은 했지만, 그때가 언제쯤 일지 그런 날이 오기나 할지 막연한 상황에서 혼인신고도 안 된 순임이를 내 식구라며 족쇄를 채우기에는 너무나 가혹한 일이라 늦기 전에 순임이가 새로운 삶을 찾도록 돕겠다는 내용이었다.

사람들은 전쟁이 끝난 줄 알고 찢겨지고 허물어진 삶을 추스리려 서둘러 일상으로 돌아가려 하였지만 포성은 더욱 잦아졌고 비행기가 지붕을 스치듯 낮게 날아다녔다. 워낙 오지마을이라 세상이 어떻게 돌아가는지 모르지만 분명한 건 아직 전쟁이 끝나지 않았고 오히려 멀지 않은 곳에서 전투가 이어지고 있는 듯 했다.

요즘 들어 신작로에는 군 트럭들이 빈번하게 오가는 것도 심상찮은 일이다.

정희는 집을 떠나기 전에 고별제祭를 올리기로 했다. 터주항아리를 열어 뫼를 짓고 음식을 장만 하느라 온종일 바쁘게 움직였다.

"터주님과 조상님들께 삼가 아뢰옵니다.

효손이 부덕하여 서 씨 가문을 끝까지 지키지 못하고 고별제를 올리는 망극함을 용서하시옵소서!

터주님과 조상들께 가문의 돌보심이 허술하다고 감히 원망하고 탓할 주제는 아니지만 서 씨 가문의 대주 운보는 왜구들에 의해, 천둥이는 오랑캐들에게 잡혀가 아직까지 생사도 가늠할 수 없고 가문의 형세는 풍전등화에 이르렀는데 효손의 능력은 가당치도 않아 방책 없이 터주님과 조상님들 곁을 떠나게 되었나이다. 이 난감하고 기막힌 현실을 터주님과 조상님, 그리고 천지신명께서 마냥 구경만 하지 마시고 굽어 살피시어 멸문지화를 막아 주시기 간절히 비나이다.

비나이다. 비나이다. 터주님께 비나이다.

비나이다. 비나이다. 조상님께 비나이다.

비나이다. 비나이다. 천지신명님께 비나이다.

서 씨 가문의 멸문지화를 막아 주옵소서!

대주 운보와 천둥이를 속히 돌아오게 하옵소서!

대주 운보와 천둥이로 하여금 위기에 직면한 가문을 일으켜 세우고 부귀와 영화가 천세만세 이어지게 하소서. 또한 효손과 천둥이 처 순임이 성심을 다해 터주님과 조상님들을 모실 수 있게 해 주시기를 바라오며 소찬을 정성껏 마련하였으니 흠향하소서!

단기 4283년 12월 30일 효손 손정희 상향"

밤새 뒤척이다 잠을 설치고 나와 보니 눈이 내려 온 세상이 하얗게 변해 있었다. 첫눈이 온 것이다.

대문 앞에 인기척이 나서 나가보니 옆집 한 씨 내외가 눈을 쓸다가 정희를 보고

"이웃에 살면서 아무런 도움도 못되고 미안하이. 한 동네 사람들끼리 이래돼선 안 되는데, 쩝. 이건 개인 누구 탓이 아니라 모두 나라가 허약해서 겪는 일이니 어디다 대고 한풀이도 할 수 없는 일이고. 우리 간에는 조상 대대로 핏줄처럼 지내 왔건만 이렇게 참담한 일을 당해도 맥 놓고 구경이나 하다니, 뭐라고 할 말이 없네. 입이 열이라도 할 말이 없어."

"그동안 여러 가지로 고마웠어요. 전쟁이 끝나면 돌아와서 신세를 갚으며 살아야지요."

"강제로 떠나야 하는 심정이 오죽하겠나마는 어딜 가서든 건강하고 행복하게 잘 살게나. 동상네로 간다니 설지는 않겠네만"

"네, 감사합니다. 형님도 건강하세요."

설렁설렁 작별 인사를 나누고 대문 안으로 들어서는데 등 뒤에서 삐~익 하고 자전거 브레이크 소리에 이어

"여기가 손정희 씨 댁 인가요?"

남자의 목소리에 대문을 열어보니 모자와 어깨에 흰 눈을 덮어쓴 우편배달부가 편지 한 통을 내밀었다.

정희의 심장이 쿵쾅거리며 숨이 멎을 듯 했다. 결국 올 것이 왔구나 싶어 손이 사시나무처럼 후들거렸다.

반으로 접힌 종이를 펴자 여덟 개의 글자가 네모진 칸 속에 찍혀있었다.

'서천동 학도병 입대'

정희는 하얀 눈이 덮인 터주가리를 끌어안고 흐느끼며 소리를 질렀다.

"터주님, 고맙습니다. 조상님들도 고맙습니다."

24. 신神과의 게임

비눗방울 같은 투명한 풍선들이 드넓은 광장廣場을 가득 메웠다.

죽은 자의 영혼靈魂이 들어있는 풍선이다.

스피커에서는 세계 각국의 언어로 게이트 번호 안내 방송이 끊임없이 쏟아져 나오고 풍선들은 지정된 게이트를 찾아가느라 서로밀치고 떠밀리다 공중으로 튕겨 다른 줄 쪽으로 밀려나고 또 넘어오면 헤딩을 하듯 치받아 다른 줄로 또 밀어내는가 하면 온갖 욕설과 고함소리, 울음까지 더해 광장은 그야말로 아수라장인데 설상가상으로 그들에게서 나는 냄새 또한 창자까지 넘어올 만큼 지독했다.

영혼들은 공항에 설치된 소지품 검사대와 유사한 빔 루트를 통과하면서 풍선에서 나와 죽기 전의 육신으로 바뀐다. 그다음 생체 인식 바코드 리드에 따라 지옥으로 판정난 30만은 계단을 이용해 걷거나 혹은 구르고 기어서 지하 3천 층 아래로 내려가고 나머지 20만은 두 번째 게이트를 통과하면서 불편했던 육신이 정상적이고 건강한 인간 상태로 바뀌어 그들은 엉엉 울거나 덩실덩실 춤을 추며 기뻐했다.

두 번째 게이트를 통과한 이들은 클린룸으로 들어가 이승에서 지녔던 기억은 물론 지구 생활에서 사용했던 감성 기능과 습성까지 모두 지운 뒤 천당으로 들어갈 20여 명만을 남기고 모두 연옥으로 들어갔다.

모산이 천당행 승강기에 오르자 귀청이 찢어질 듯 요란한 경고음이 울리고 이어 도깨비처럼 생긴 거대한 몸집의 사자使者가 달려와 뒷덜미를 틀어잡고 천국 궁전 마당에 내동댕이쳤다.

모산은 한참 뒤 정신을 차리고 일어서려다 기겁을 하고 다시 주저앉았다. 사찰 입구 일주문에 그려진 사천왕 모습의 괴물이 전봇대만한 장검을 머리 위로 휘두르고 있었다. 조선시대나 있었던 부관참시剖棺斬屍란 형벌이 천국에도 있단 말인가? 창이 머리를 스칠 때마다 목을 웅크리며 머리를 숙였는데 생각지도 못한 올가미가 날아와 목에 걸렸다. 이젠 올가미로? 죽이는 방법도 가지가지다. 죽여라! 죽여, 칼로 목을 자르던 올가미로 목을 조르던 이래 죽으나 저래 죽으나 죽는 건 마찬가지고 한번 죽은 놈이 두 번은 못 죽으랴. 천당행 승강기에 오른 죄가 이처럼 가혹하다니.

"으하하하하, 으하하하하."

지옥의 신神 염라대왕은 붉은 얼굴에 붉은 망토를 걸치고 거대한 외눈을 희번덕거리며 천상천하天上天下에 자기의 올가미를 피할 자가 있으면 나와 보라는 듯, 중국 무낙종리산武落 鍾离山에 붉은 동굴 같이 시뻘건 목구멍을 드러내고 영화에 나오는 킹콩처럼 두 주먹으로 가슴을 두드리며 고함을 지르는데 그 소리가 얼마나 큰지 귀청이 찢어질 듯 했다. 주위에 있는 천국인들은 미동도 없고 옥황상제 역시 눈을 지그시 감고 옥구슬이나 굴리는 모습이 염라대왕의 올가미 놀이 따위에는 관심조차 없어 보였다.

"하느님 등청이오."

창을 휘 두르던 괴물이 모산의 목에서 올가미를 벗기고 머리를 누르며 엎드리라 하였다.

궁전에 모인 모든 신료들이 부복俯伏을 했다.

모산이 머리를 들고 하느님을 보려 했으나 용상을 감싸고 오색 빛깔의 구름이 뭉개 뭉개 피어오르는 사이로 거대한 불기둥 같기도 하고 하늘 끝까지 이어진 구름 같기도 한 형태만 비칠 뿐 눈이 부셔 자세히 바라볼 수가 없었다.

부드럽고 따뜻하면서도 맑은 소리가 공명共鳴을 일으키며 광장에 울려 퍼졌다.

"보아하니 연옥으로 가야할 녀석 같은데 무슨 연유로 천당행 승강기에 올랐는고?"

"하느님이 물으시니 답하라!" 사자가 모산의 어깨를 툭 쳤다.

"넷, 네, 네! 천당 구경 좀 하고 내려갈까 해서 그만…, 죄송합니다."

"천당을 구경하고 내려간다? 하하하하! 그놈 꿈 한번 야무지구나. 헌데 너는 어찌하여 아직도 우주복 차림이지?"

"저는 대한민국에서 온 모산이란 사람으로 토양을 채취하려 화성에 들어갔다가 괴물체에 공격을 받고 우주선이 파괴되는 바람에 지구로 돌아가지 못하고 우주에서 죽게 되어 우주복을 입고 있습니다."

"토양은 왜 채취하려 했느냐?"

"네, 화성의 역사를 알고 싶었기 때문입니다."

"화성의 역사? 괜한 짓거리를 하는구나. 헌데 네가 타고 온 우주선은 어느 나라에서 만든 것이냐?"

"한국에서 만든 것입니다."

“한국에서? 한국이 IT 강국인 줄은 진작 알고 있었다만, 유인 우주선까지 만들다니 놀랍구나. 그러고 보니 네놈들이 우주선을 만든 것도 이런저런 구실로 화성을 드나들다가 아예 주저앉을 속셈이 아니더냐? 인간이나 생물들이 가장 살기 좋고 아름다운 지구를 망쳐놓고 이젠 화성까지 더럽힐 작정이렷다.”

“하느님! 화성은 인간이 살기엔 매우 부적절한 환경이라 걱정하시는 일은 절대 일어나지 않을 것이니 염려마시고 저나 좀 살려 보내 주시면 안 되겠는지요?”

“음~ 그거야 모르지. 화성 환경에 적응할 수 있는 변종이 되거나 지구와 유사한 환경을 만들어 살 런지도…. 그리고 인간들이 살려달라는 말을 입에 달고 살던데 이젠 혼령이 된 네놈까지 그 타령이냐? 난 그 소리가 귀에 못이 박혀 넌더리가 난단 말이다. 네 놈들이 땅이고 하늘이고 할 것 없이 독한 매연을 밤낮없이 뿜어대는 바람에 천국에서도 마스크 없인 한순간도 못살 지경인데 날더러 살려 달라? 그러고서도 네놈들이 만물의 영장이냐? 양심이라곤 쥐꼬리만큼도 없는 인간들 같으니. 그리고 네놈은 보름 전에 이미 명을 다 소진했음에도 불구하고 구경이나 하고 내려가겠다니, 인간의 생사生死여탈이 내 맘대로 죽고 싶으면 죽고, 살고 싶으면 사는 짓고땡 판 인줄 아는 모양인데 허튼소리 말고 정해진 곳으로 가거라!"

"죄송합니다. 인간들의 삶의 질을 향상시키려는 욕구만큼 늘어나는 부작용을 감당하지 못해 하느님께 늘 걱정을 끼쳐드리고 있으나 앞으로는 염려 안 하시게 될 겁니다. 현재 지구의 모든 나라들이 온난화를 막으려 해결책을 강구하고 있고 이미 실천 중인 것도 있어 점점 좋아지리라 봅니다. 저는 분야가 달라 구체적으로 말씀드릴 수는 없으나 한국에서도 도쿄 의정서에 이어 파리 협정과 2050년까지 탄소배출 제로에 도전중이고 쓰레기의 주범인 플라스틱 대신 바이오 유전자로 결합한 대체 물질을 생산 실험 중이며 수년 내로 화석 연료 차는 모두 교체 된다고 하니 조금만 더 기다려주시고 인간들이 감당하기 어려운 것들은 하느님이 좀 도와주셨으면 합니다."

"저놈이 주둥아리만 살아가지고 말은 청산유수구나. 지구를 더럽힌 주범들이 거의가 선진국들이니 앞장서야 하는 건 당연한 게고, 인구 밀도가 높고 탄소를 가장 많이 쏟아내는 인도나 중국을 비롯해 저성장 국가들은 강 건너 불구경이던데 어찌 걱정을 안 할 수 있겠느냐 말이다. 내가 심혈을 기울여 창조한 지구는 언제 폭발할지도 모르고 하늘까지 오염되어 절치부심切齒腐心 중인데 청정 지역인 화성까지 더럽혀? 괘씸한 놈 같으니."

"하느님! 그건 아니라고 봅니다. 전 화성에다는 침 한 방울 뱉지 않았는데 더럽혔다니 말이 됩니까? 괜한 트집 마시고 저를 죽인 살인범이나 잡아 공정과 정의로 심판해주십시오."

"트집이라니? 이런 한심한 놈 봤나. 네가 타고 온 우주선을 박살내고 너를 죽게 한 범인이 바로 네놈들이 쓰고 버린 인공위성인 줄 몰랐더냐? 네놈이 타고 왔다는 우주선을 포함해 하늘에는 1억 개도 넘는 쓰레기들이 떠다니는데 그것들이 지구에 떨어지거나 별과 충돌하면 어떻게 될지 생각이나 해 봤고? 이게 바로 자업자득自業自得이고 사필귀정事必歸正이지. 이래도 살려달라는 말이 나오느냐? 여봐라! 이놈을 광장 기둥에 묶어놓고 내일까지 물 한 모금 주지마라."

사자들이 모산의 손발을 묶어 광장 한복판에 던져놓고 떠나자 햇볕들이 달려들어 육즙을 짜내기 시작했다.

입안이 나무껍데기처럼 껄끄럽고 모래 씹은 듯 버석 거리더니 아예 입술이 눌러 붙어 버렸다. 정신을 잃지 않으려고 이런 저런 일들을 떠올려 보지만 지난 일들이 안개 속처럼 희미하게 어른거리다 이내 사라지곤 했다. 이제 드넓은 우주 공간을 바람 따라 이리저리 날다가 먼지처럼 사라지겠지, 짧은 인생이지만 후회는 없다. 촌놈이 운 좋게 명문대를 나와 박사학위를 따고 우주여행에 하느님까지 만났으니 이

보다 더 큰 행운(?)이 또 어디 있겠나. 군郡에서 처음으로 S대 출신이 나왔다며 국회의원과 면장까지 찾아와 마을 입구에 현수막을 걸어주자 부모님은 돼지 잡아 마을 잔치까지 열고 좋아하셨으니 조금은 효를 한 셈이고…. 으흐흐흐흑. '아버지, 어머니! 이 불효자식을 용서하세요. 저는 영원히 집으로 갈 수가 없답니다. 저를 잊으시고 부디 만수무강 하세요! 소희야! 오빠가 너무 미안하다. 정말 미안하다. 나중에 천국에서 만나자! 안녕! 사장님과 동료들에게도 미안하고, 또 미안합니다. 이렇게 될 줄은 정말 몰랐는데… 으흑흑흑.'

다음날 아침 말라비틀어진 호박 꼬지가 된 모산을 사자가 질질 끌어다 궁전 마당에 내동댕이쳤다.

"이런 한심한 놈 봤나! 네놈은 죽은 지도 벌써 보름이 지났거늘 아직도 살아서 돌아갈 생각을 하는 게냐? 지구의 시간으로는 2년이 다 됐으니 네 주변 사람들은 이름조차 잊었으련만…. 쯧즛, 저놈 꼬락서니를 보니 탈수가 어지간히 된 모양이니 물 한바가지 씌워서 지옥으로 데려가라."

"네? 지옥엘 가라고요?"

천국에 와 있는 한 자신의 의지대로 할 수 있는 것은 하나도 없다는 것을 모르는 바 아니지만 지옥만은 절대로 가서는 안 되는데, 하느님도 참 너무하신다. 승강기 한번 무단

탑승했다고 지옥까지 보내다니. 맥없이 주저앉는 모산에게 천사가 다가와 눈을 찡긋하며 지옥 탐방을 가자고 한다. 꽉 막힌 가슴이 뻥 뚫리는 기분이다. 몸은 극도로 피곤했지만 천국 구경에 나서는 발길이 유난히 가볍다. 더구나 아름다운 천사와 동행이라니 이보다 좋을 수가 없다.

지옥행 엘리베이터는 삼천 층이나 되는 지하 수직 터널을 소리 없이 미끄러지듯 내려갔다. 이렇게 편하고 빠른 이동 장치를 두고 계단으로 걸어서 또는 기거나 굴러 내려갔을 죄인들의 모습을 생각하니 지옥에서의 죗값이 얼마나 엄중할지 상상만 해도 온 몸이 오그라들었다.

천국은 하느님 휘하에 천계, 지계, 인계를 통치하는 옥황상제(Jade Emperor)와 인간의 생사와 지옥을 통치하는 염라대왕(Yama Raja)이 있다고 한다.

하느님은 생물 중에 유일하게 영혼이 존재하는 인간의 유전적 변화와 진화 과정을 분석하고, 수명이 끝난 영혼을 데려와 지옥과 천당이라는 이분법적 환경에 분류시켜 지구에 생존 중인 인간들의 반응을 연구하며, 영혼만 데려오는 이유는 쓰레기를 줄이고 전염성 유해물질도 차단하려는 것이라 한다.

개체 수의 증감은 지구라는 별에 존재하는 생물의 균형 유지와 그 지역에 필요 요건을 충족시키는 수단으로서 조정

폭이 정해지면 환경을 변화시켜 개체수를 조정하지만 천국은 인간수명을 일일이 간섭하지는 않는다고도 했다.

폐기 대상 선정은 천국의 관리들이 책상 머리에서 연필을 굴리거나 대충 찍어 정한 것이 아니냐는 질문에 천사는 어이가 없다는 듯 손가락으로 모산의 이마를 툭 치며

“그런건 너 같은 인간들이나 하는 짓이지.”

“그게 아니면, 막 태어난 어린 아이부터 열심히 일하는 근로자, 국민의 의무를 다하고 국가에 충성했던 애국자, 법 없이도 사는 나 같이 착한 사람과 미래를 위하여 헌신했던 사람들을 무작위로 끌어가는 이유가 뭡니까? 살생을 하고 학대하거나 남의 영토와 재산을 갈취하고 사기나 치던 날강도 같은 인간들과 제 잇속만 챙기는 무능한 관리들을 버젓이 살려두는 이유를 말해보세요.”

“사람을 비롯해 모든 생명체들은 소중하고 존중받아야 하며 새로이 탄생하는 것 또한 경이롭고 위대한 일이다. 증식增殖을 억제하거나 문제가 있다고 곧바로 소멸시킨다면 지구상에 어떠한 생명체도 남아있지 않을 것이다. 하느님은 인간을 포함한 동물들의 과도한 증식으로 인한 공존 질서 파괴가 우려되어 육식 동물과 같은 강자를 만들어 자연스런 균형을 유지하려 했지만 영악스럽고 약삭빠른 인간들이 우세종이 되는 바람에 실효성이 떨어졌지.”

"그러니까 악이 됐던 공존 질서 파괴자가 됐던 제대로 구분해서 데려가란 말입니다."

"틀린 말은 아니다. 하지만 세상사를 한쪽으로 치우쳐 경영한다면 얼마 못가 지겨워하고 나태해지다가 점점 난폭해지고 결국엔 선線을 넘어 서로 싸우고 죽이겠지. 그래서 얼마동안은 선과 악이 서로 공존하도록 내버려 두는 것이다. '악에 접근 중'이라고 예시된 인간이 본성으로 되돌아가는데 필요한 실험에서 악惡과 선善을 분리시켜보니 약弱과 강強이란 파생 효과가 나타났고, 이어 유有와 무無라는 차등적 현상에 의해 경쟁심을 유발시켜보니 '선과 악의 공존은 인간의 삶을 발전시킨다.'라는 결론을 내리게 되었다. 한마디로 개인이나 무리들이 모든 수단을 동원해 지금보다 더 나은 미래를 만들도록 유도하는 프로그램이었는데 가진 자와 못 가진 자가 서로의 욕구를 충족시키려고 경쟁하고 싸우다 보면 발전도 되고 자연스럽게 균형을 이룬다는 사실을 알았으며 인간이 욕구가 강한 생물이라 실험도 쉽게 성공할 수 있었지. 너무 신경 쓰지 마라. 순리에 반하는 인간들은 이곳에서 적절한 대가를 치르게 되니까."

"어렵네요. 어떻든 공존 질서 파괴자는 지옥행이다. 그거군요. 참! 여기서 지구 소식도 알 수 있나요?"

"당연하지, 지구뿐만 아니라 우주 전체의 실시간 정보를 이 부채 하나로 검색이 가능하단다. 요즘 지구는 코로나19라는 팬데믹 때문에 지구 전체가 공황恐惶상태에 빠져있다. 중국에서 발생한 바이러스가 전 세계로 퍼져나가 국가 간에 문을 걸어 잠그는 바람에 경제 패턴이 바뀌고 사망자도 계속 증가 추세라는 구나. 또 너희 나라가 선진국에 들었다는 내용도 있다마는 너희 나라 국민들의 행복지수는 최하위라는데 이는 욕심과 조급증이 부富와 화禍를 같이 키운 것이 아닌가 싶다."

"그건 그러네요. 그놈의 욕심 때문에…. 참 코로나19라는 전염병엔 치료제가 없나요?"

"숙주를 아직 못 찾아 치료제 개발이 어렵고 예방 백신의 효과도 불확실해서 어쩌면 언더미크로가 이어질지도 모르고."

"천국에서 치료제 좀 줄 수 없을까요?"

"천국인들은 아프거나 죽지도 않으니 약도, 병원도 없단다."

"그러네요. 참, 천사님은 십대로 보이는데 이곳엔 몇 살 때 올라오셨나요?"

"호호호, 호호호. 이제 보니 반말 듣기가 어지간히 섭섭했던 모양이구나. 하기야 너희 나라 관습상 그럴 만도 하겠지. 나는 천국에 올라 온지 삼천 칠백년이나 됐다. 이해가

가느냐? 그래도 반말이 아니꼽냐?"

"그, 그렇게나 오래…. 천국이 좋기는 좋네요. 천년만년을 살아도 아프거나 늙지도 죽지도 않고 아름다움을 유지할 수 있다니…. 결혼은 하셨나요?"

"호호호, 결혼? 천국에선 결혼을 하지 않으며 아름답다거나 밉다는 표현도 쓰지 않는다."

"천사님도 예쁘다니까 싫지는 않으신가 보네요. 그럼 이승에 있을 때 남자를 사랑해본 적은 있었나요?"

"여기서는 과거나 미래를 모두 지운다고 하지 않았느냐? 명심하라!"

"툭하면 조심해라, 명심해라, 묻지 마라 하는데 세상에 과거 없이 현재가 어떻게 존재합니까? 혹시 과거를 숨겨야 할 피치 못할 사연이라도 있는 것은 아닙니까?"

"허튼 소리 말고 내 이야기나 마저 들어라. 인간은 처음부터 악惡하게 태어나지 않는다. 악한 짓을 하는 인간은 어느 순간 뇌에서 인간 본성 기능이 약화弱化되기 때문이고 약화되면 될수록 욕구라는 기능이 생성生成되지. 그런 증상이 나타나면 즉시 본성으로 돌아가려는 노력이 필요한데 그걸 못해. 오히려 고도의 지능을 동원하여 악을 활성화시키기 때문에 하느님은 제자들로 하여금 공존 질서를 지키면 인간답게 살 수 있다는 것을 가르치라 하셨다. 안타깝게도 많은 인간들은 그들의 사상과 철학의 이해와 실천은 뒷전이고 그들을 신격화하는데 열을 올리고 있더구나."

"사실 지구에서는 예수나 석가모니를 신봉하느라 성전이나 사찰을 많이 세웠고 그로 하여금 문명의 발전과 삶의 질을 향상시기는데도 크게 기여했다고 보는데, 천사님은 어떻게 생각하세요?"

"그게 바로 하느님의 창조 이념이기도 하지. 하느님이 인간 한 쌍을 창조하신 후 어느덧 개체수도 거의 팔십억 가까이 늘었다만 그중에 예수나 석가모니 그리고 공자와 소크라테스 같은 인물은 인류사에 다시는 만나기 어려운 위대한 철학자이고 사상가다. 그들은 공존 질서의 기준을 제시했고 더불어 삶에 질을 향상 시켰으며 꿈과 희망을 준 그야말로 하느님의 제자로서의 역할과 공과는 지대至大하지만 그들은 신神이 아니다. 인간들이 누구를 또는 무엇을 신으로 믿고 받들지는 자유지만 지나치게 확대 해석하고 맹신하다보면 미래지향적이지 못하고 공존에서도 뒤쳐지기 십상이다. 중동을 비롯한 여러 나라들이 종교 갈등으로 전쟁이 끊이지 않는 것 또한 무관치 않고, 다 왔다. 내리자."

지옥문 앞에 다다르자 이마에 뿔이 솟은 거대한 괴물 수문장이 시뻘건 눈알을 희번덕거리며 우리 앞을 가로막았다. 그의 입에서 뿜어져 나오는 지독한 유황 냄새에 정신을 잃고 넘어지면서 옆에 서 있던 천사를 덮쳤다.

정신을 차리고 눈을 떠보니 천사 역시 모산의 배 위에 쓰러져 있었다. 그녀는 목화솜 같이 가볍고 부드러웠으며 몸에서 나는 향내로 숨이 막힐 지경이다. 모산은 그녀의 허리에 감긴 팔에 더욱 힘을 주었다. 천사를 가슴에 안았다는 사실이 꿈만 같다. 아무리 하느님의 사자(angel)이고 천국의 수호자로서 시공간時空間을 지배한다지만 모산의 품에는 오직 아름다운 여자가 있을 뿐이다.

"숨 막힌다. 손 좀 풀어라!"

"아! 네 죄송합니다. 다치신 데는 없으신지?"

"괜찮다. 들어가자."

"천사님! 이곳에 시스템이 엄청난 데 언제 만든 것이지요?"

"여기의 모든 장치는 수억만 년도 더된 구닥다리 같지만 인간들이 자랑하는 인공지능 시스템이나 슈퍼컴도 이 시스템을 따라올 수 없을 것이다. 지구가 멸망할 때까지 연구한다 하더라도 말이다."

"어떻게 그런 설비를 만들 수 있었나요?"

"그것은 속도의 결정이다. 열과 빛의 결합 에너지라고 할 수 있지."

"어렵네요, 그냥 모르고 살랍니다. 안에 들어가 구경이나 하겠습니다."

"출입구는 죄수 전용 한 곳 뿐이고 들어가면 먼지가 되어 쓰레기장으로 나가기 전엔 다시는 못나온다. 들어가겠느냐?"

"아, 아닙니다. 로비에서 스크린으로 보겠습니다."

천장과 벽면이 모두 대형 스크린으로 되어있는데, 크기가 어림잡아 축구장 다섯 배 크기로 지옥 전 구역을 한 자리에서 동시에 볼 수 있는 CCTV장치다. 천사가 부채로 스크린을 터치하면 줌(zoom)으로 화면을 조정하거나 색상, 음향, 정지, 이동은 물론 죄수의 정신 상태와 신체의 변화까지도 실시간 확인이 가능하단다. 구역마다 죄수에게 주어진 형별은 다르지만 고통스러워 울부짖는 것은 어디나 똑같았다. 죄수들이 죗값을 받을 때 일어나는 심리적 상태와 신체적 조건에 따라 죗값이 그때그때 바뀌기도 하는데 도둑놈은 손가락을 씨아에 밀어 넣어야 하고 사기꾼은 몸통이 한 아름이나 되는 구렁이에게 몸이 감기는가하면 사통한 여자의 사타구니로 들어간 뱀의 혀가 눈앞에서 날름거리고 어떤 사건의 공범들도 서로 마주보고 밤낮없이 상대를 바늘로 찌르고 따귀를 때리거나 '시소' 양쪽 끝에 매달려 기울어질 때마다 펄펄 끓는 물속에 잠겼다 나오기를 반복하고 활활 타는 불덩어리가 몸을 스쳐 지나가며 살을 지글지글 태웠다. 약탈

범의 몸에는 작은 곤충들이 새카맣게 덤벼들어 끈적끈적한 분비물로 집을 짓고 그곳에 알을 낳아 계속 부화시키며 살을 갉아 먹고, 살인범의 팔과 다리를 끈으로 묶어 자동으로 조금씩 조금씩 당겨서 사지를 찢는 고통을 주기도 하고 바늘이 촘촘히 박힌 널빤지 위를 죽을 때까지 걸어야 하는 끔찍하고 참혹함에 차마 눈 뜨고는 볼 수가 없었다. 천사의 말에 의하면 죄수들은 수명이 끝나는 날까지 고통을 받다가 뱀이나 곤충 같은 생물들의 먹잇감이 된다고 한다.

썩고 타는 냄새와 연기가 로비까지 진동하여 숨쉬기도 어렵거니와 죄수들이 울부짖는 소리에 속이 뒤집혀 밖으로 뛰쳐나왔다. 이승에서 대수롭지 않게 여기며 욕심을 부렸던 인간들이 지옥에 들어와 상상을 초월한 고통으로 죗값을 치르고 있으니 고소하기도 하지만 지옥에 올 인간이 처음부터 정해진 것도 아니라서 정신 바짝 차리고 살아야겠다는 생각이 든다.

모산과 천사가 엘리베이터에서 내려 두 개의 게이트를 지나 연옥으로 들어갔다. 건물도 거리도 온통 꽃으로 덮여 있고 그윽한 꽃향기가 가슴 속까지 밀려들어왔다. 연옥의 사람들은 지구의 인간들처럼 젊은이는 일터로, 아이들은 공부를 하고 노인들은 취미 생활로 일상을 보내고 있었다. 인간들처럼 의식주에 매달릴 필요가 없으니 일상은 여유롭고 안정적이지만 주어진 일에는 최선을 다하고 있으며 에너지가 소진되면 길가에 있는 충전소에 가서 에너지를 충전 한다고 한다. 이곳에서는 인간관계로 인한 갈등도, 욕구도, 분노도, 없고 계급이나 권력도 없으며 탄생도, 혼인도, 죽음도 없다고 한다. 연옥에 들어온 사람들은 이승에서 원칙原則과 정도正道를 잃지 않고 인간 본성人間本性을 유지하며 살아왔거나 죗값을 생전에 모두 청산하고 베풀며 살아온 자들로 들어올 때 인간으로서의 잠재적 기능은 모두 삭제되어 누구나 차등 없이 평등한 대우를 받는다고 한다. 재미있는 사실은 연옥에 들어올 때의 나이를 계속 유지하여 아이는 영원한 아이로 노인은 영원한 노인이라는 것이다.

"천사님! 연옥은 대략 봤으니 이제 천당으로 가시지요."

"천당은 심사에 합격한자 외에는 아무도 못 올라간다고 하지 않았느냐? 그러니 궁금한 것이 있으면 말하라."

"그곳에서 살 수 있는 자격 기준이나 현재 구성 상태, 그리고 생활은 어떻게 하는지 알려 주세요."

"앞서 이야기 했듯이 하루 입국자 오십만 중 천당으로 가는 영혼은 겨우 이십여 명뿐이니 심사의 정도를 가늠할 수 있을 것이다."

"우리나라 속담에 '신선노름에 도끼자루 썩는 줄 모른다.'는 말이 있는데 선계仙界사람들은 허구 헌 날 주유천하周遊

天下나 다니겠네요?"

"착하게 살아온 대가가 없다면 지옥이나 다름없겠지. 하지만 신선들은 수시로 지계地界나 생물들이 존재하는 별을 찾아다니며 생명의 존엄을 일깨워주고 생태계가 교란되지 않도록 힘쓰고 있단다. 다 왔구나, 안으로 들어가자."

둘은 하느님의 집무실로 들어갔다.

"지옥을 본 느낌이 어떠하더냐?"

"죄 값이 그렇게 무서운 줄 몰랐습니다. 너무 끔찍하네요."

"허허허 그래! 욕심과 분노의 대가를 치르는 곳이니 당연히 무섭지. 너도 지옥에서 한번 살아보겠느냐?"

"네? 아, 전 지옥도 천당도 싫습니다. 지구로만 보내주십시오."

"허허, 네놈은 지구도 천국의 어디도 선택권이 없다. 헌데 네가 굳이 고달픈 지구의 삶을 다시 이어가려는 이유가 무엇인고?"

"부모님에게 자식 앞세운 슬픔을 드릴 수 없고, 대가 끊어지면 죽어서 조상님들 뵐 면목이 없으며, 회사가 막대한 손실을 입었으니 뭘 해서라도 갚아야지요."

"그래! 그 말은 맘에 드는구나."

"고맙습니다. 감사합니다."

"네가 내게 원하는 것이 있다면?"

"…, 천재지변을 막아주십시오."

"뜻밖이구나, 천재지변을 막아달라니. 나는 지구에 각종 생물들이 생존 가능한 조건을 갖추고 환경 변화에 어떻게 적응 하는지를 창세기부터 연구해왔다. 결국 가장 우수한 생명체인 인간을 창조하는데 성공했지. 그러나 예상치 못한 문제가 생겼다. 인간들은 뛰어난 지능을 앞세워 자칭 만물의 영장이라며 오만傲慢을 부리고 자연을 속박束縛하며 난도질은 예사요, 생물들 위에 군림하며 살생을 밥 먹듯 하고, 약자를 노예처럼 부리며 갑甲질을 하는 등 만용蠻勇을 부려 어쩔 수 없이 지옥地獄이란 곳까지 만들었다. 하지만 감당이 안 되어 다시 벌罰의 강도强度를 높이려 하는데 너는 천재지변이나 막아 달라?"

"지진이나 홍수, 태풍, 가뭄, 화산폭발 등 천재天災가 끊이질 않는데 또 무엇을 더 하시려 구요. 제발 좀 적당히 하시면 안돼요?"

"허허 그놈, 말본새 하고는. 그게 무슨 천재냐? 열받은 지구의 화禍풀이지, 두고 보라. 더 큰 재앙이 내릴 테니."

"저를 보내 주시면 하느님의 걱정을 조금은 덜어 드릴 수 있을 듯합니다만."

"어떻게 말이냐?"

"제가 환생하여 지구로 내려가는 것은 천명이 아니면 불가한 일이니 전 인류가 놀라고 두려워하겠지요."

"하지만 인간의 생사여탈은 염라대왕의 권한이다. 단 그와의 게임에서 이긴다면 모르지만."

"게임이 무엇인지는 모르지만 밑져야 본전입니다. 결과야 어찌 됐든 한 번 도전해 보겠습니다."

"좋다! 그 배짱을 믿고 기회를 주마. 게임은 염라대왕의 올가미를 피하는 게임이다. 그래도 해보겠느냐? 도전하겠다면 게임은 내일 정오에 열겠다."

"네? 올가미를…."

염라대왕의 올가미는 귀신도 피할 수 없다는데, 차라리 연옥으로 간다고나 할 걸 괜한 욕심을 부려 망신만 당하지 않을까? 하기야 밑져야 본전이고 도 아니면 모지. 혹시 아나? 염라대왕이 실수를 할 수도….

게임의 규칙이 발표 되었다.

궁전 광장에서 백 리 떨어진 곳에 두 발만 들어갈 원을 그려 모산을 세우고 종이 울리는 동시에 눈을 가린 염라대왕이 올가미를 던져 모산의 목에 거는 게임이다.

궁전에 모든 신료들은 이 게임에 무관심했다. 인간들이 날아다니는 파리를 파리채로 휘둘러 잡듯 사소한 일에 불과해 구경거리도 흥행거리도 못 되었다. 솔직히 이 게임은 그의 졸개들이나 그의 힘이 필요한 부류들이 대왕의 능력이 신기神技에 이르렀다며 입에 발린 소리로 아부하는 정해놓은 게임에 지나지 않기 때문이다.

천사가 작별 인사 겸 찾아왔다. 환생하지 못해 아쉽지만 연옥에서라도 후생後生을 행복하게 살라며 하느님이 용상에 앉으면 그 뒤에서 무지개가 뜨는데 보라색이 마지막으로 뜰 때 종이 울리고 올가미가 날아올 것이란 말을 남기고 떠났다.

다음날 사자들이 작은 동그라미 안에 모산을 세워놓고 갔다. 사방을 둘러보아도 염라대왕을 비롯한 그 누구도 시야에 들어오지 않는다. 천사의 말로는 용상 쪽에서 보라색 무지개가 뜰 것이라 했지만 그쪽이 어느 방향인지도 분간할 수 없거니와 언제쯤 종이 울릴지도 모른다. 이글거리는 태양이 몸속에 수분을 짜내고 있다. 불덩이를 삼킨 듯 속이 화끈거리고 아파왔다. 죽음의 공포보다 당장 갈증의 고통을 견딜 수가 없다. 발밑에 물방울 같은 것이 눈에 어른거렸다. 발밑에 물이 있다. 하지만 엎드리거나 앉을 수 없는 조건이니 물이 있은 들 무슨 소용이랴. 급한 김에 물구나무를 서서 혀를 물방울에 대는 순간 종이 울리고 올가미가 모산에 발을 낚워챘다.

"걸린 게냐?"

"네, 걸렸습니다."

"그럼 줄을 당겨라!"

올가미에 걸린 모산이 궁전 뜰아래로 질질 끌려왔다.

"느낌이 좀 이상한데 목에 걸린 게 맞느냐?"

"목이 아니라 발에 걸렸습니다."

"발이라니? 그게 무슨 소리냐?" 놀란 염라대왕이 그때서야 눈가리개를 풀며 소리를 질렀다.

"틀림없습니다."

"이게 도대체 어떻게 된 일인지…. 저놈이 무슨 수작을 부렸는지 알아보라."

염라대왕이 부하들을 다그쳤다.

"올가미가 목에 걸리지 않았으므로 인간이 승자가 됐다."

하느님이 게임 결과를 선포하자 염라대왕이 몹시 황당한 표정으로 발에 걸린 올가미를 다시 한 번 잡아당겨 보다가 이럴 수가 없다는 듯 올가미 끝을 내동댕이치고 의자에 털썩 주저앉았다.

모두가 아연질색하고 입을 다물지 못했다. 이제 대왕의 능력도 한물갔다며 수군대는 쪽도 있지만 아부하는 측근들은 바닥에 닿은 발 사이로 올가미가 들어갔다면 지금까지 보지 못한 신기술이라며 대왕을 추켜세우기도 했다.

대왕이 흥분된 어조로 하느님에게 건의를 했다.

"저놈의 수명을 10년 더 연장시키는 조건으로 한판 더 붙고자 하니 허락하여 주소서."

"10년 더 연장시키는 조건? 좋다! 이번엔 인간이 문제를 내고 대왕이 푸는 조건으로 하면 되겠구나. 도전하겠느냐?"

인간의 생사는 물론, 머릿속을 거울처럼 볼 수 있다는 염라대왕이 하찮은 인간이 내는 문제를 푼다는 것에 자존심이 상했지만 분풀이를 하려면 하느님의 제안을 받아들여야 한다.

"네가 문제를 내거라!"

대왕의 분풀이도 받아 줄 겸 게임에 도전하겠다고 하였으나 막상 문제를 내려니 대왕을 속일만한 문제가 생각나지 않는다. 한참을 궁리하다가

"노인과 아들이 들에서 일을 하는데 며느리가 2대 독자인 어린 손자와 함께 점심을 내왔습니다. 누가 제일 먼저 밥을 먹게 될까요?"

"그게 문제냐? 그거야, 너의 나라는 동방예의지국이니까 당연히 어른이 먼저 먹게, 아니지 네놈이 그렇게 뻔한 문제를 낼 리가 없지. 2대 독자인 귀여운 손자가? 노동을 하는 아들이? 요즘은 여성 상위 시대라니 며느리가? 그래도 어른 먼저지, 정답! 노인이 먼저 먹는다."

"땡, 정답은 고 씨입니다."

"뭐 고 씨? 고 씨가 누군데? 고 씨가 있다는 말은 안 했잖느냐?"

"우리나라는 들밥을 먹기 전에 밥을 한 수저 떠서 들판에 던지며 '고 씨네(고수레)~' 하고 먹습니다. 옛날에 고 씨라는 여인이 배가 고파 들판에 쓰러져 있는 것을 보고 제일 먼저 밥을 먹였다는 전설이 관습적으로 이어져 내려온 것입니다. 이는 배고픈 사람을 외면하지 않는 한국인의 아름다운 심성心性때문이지요."

대왕은 말도 안 되는 문제를 냈다며 불 같이 화를 냈으나 하느님은 크게 웃으시며 모산의 손을 들어주셨다.

궁전에 모든 신료들이 박수를 쳤고 천사도 손을 흔들어 축하를 했다.

"약속대로 수명을 모두 소진한 이 인간을 환생還生시켜 지구로 돌려보내노니 축복해 주기 바란다. 그리고 이 인간에게 선택권을 주려한다. 선택한 유전자로 새로 태어나거나 현재의 나이대로 내려가는 조건 중에 하나를 선택할 수 있느니라."

"선택된 유전자란 무엇인지요?"

"인간들은 권력이나 재력을 위해서라면 목숨을 걸던데 원한다면 너에게도 기회를 주겠다. 즉 최고의 권력자 또는 재력가의 후세로 태어나거나 성장하여 본인이 그 힘을 쟁취

하는 것이다.”

“아닙니다. 저는 지금상태로 내려가 살다가 언제든지 부르시면 오겠습니다.”

“잘 생각했다. 그럼 너를 전생前生의 상태로 환생시켜 줄 디이니 내려가 인간들을 선도善道하라.”

하느님이 모산의 머리에 생명수를 뿌린 다음 계수나무가지로 머리를 세 번 토닥였다.

“됐다! 너는 지구 괘도를 지나야만 환생이 가능하니 그때까지는 천사의 지시에 따라야한다.”

“하느님! 고맙습니다. 정말 감사합니다. 이 은혜 죽는 날까지 잊지 않겠습니다.”

모산이 세 번 절하고 일어나니 용좌를 감싸고 있던 오색구름이 흩어지면서 하느님도 궁전도 사라졌다.

“천명을 받들겠습니다.”

모산이 다시 세 번 절했다.

천사가 다가와 어깨를 두드리며

“환생을 축하한다. 염라대왕을 이겼으니 앞으로의 모든 일도 잘 풀릴 것이다. 그럼 이제 출발하여야 하는데 내 말을 명심하라. 앞으로 두 시간 후에 미 항공 우주국(Nasa)소속 화물우주신이 우주 정기장에 도착하는데 본선이 화물을 받으려면 들어오는 중량만큼 본선 중량을 줄여야하므로 쓰레기 배출을 할 것이다. 그때 지체 없이 배출구로 들어가 화물 이송 트랙 쪽에 대기하고 있다가, 우주선에서 마지막 화물이 정거장 트랙부스로 넘어오는 순간 신속하게 우주선으로 들어가라. 거기서부터는 네가 알아서 하고."

"그곳까지는 어떻게 가야 하는지…. 여기서는 얼마나 먼 가요?"

"여기서 정거장까지는 지구까지를 세 번 오갈 거리지만 내가 알아서 보내줄 터이니 걱정 말고 내려가서 좋은 일 많이 하고 행복하게 살다오너라. 그동안 고생 많이 했다. 지체할 시간이 없으니 지금 출발하라. 무사귀환을 빈다. 잘 가거라."

"천사님도 안내하고 설명해 주시느라 수고 많으셨습니다. 감사합니다. 천사님이 많이 그리울 것 같네요. 언제 한 번 내려오세요. 오시면 빅 보이의 헤드 스핀 춤 보여드릴게요. 한국말로는 물구나무서서 머리 돌리기 춤인데, 요즘 한참 유행하고 있어요. 그럼 안녕히 계세요."

"헤드 스핀? 물구나무 춤?"

천사가 모산의 등을 부채 끝으로 밀자 우주 정거장을 향해 광속으로 두 시간가량 날아 정거장까지 도착했다. 화물 우주선은 이미 본선 앞에 도착하여 도킹중이고, 본선 배출구에서는 쓰레기들이 쏟아져 나오고 있었다. 쓰레기들은 배출구 바로 앞에서 무중력 상태로 둥둥 떠다니며 진입을 방해했다. 실험용 동물들의 시체, 우주인들이 일 년간 쏟아 낸 오물이나 고장 난 실험 장비와 음식 찌꺼기들이 몸과 고글에 달라붙었다. 달려드는 쓰레기를 밀어내며 가까스로 진입은 하였으나 화물 이동이 완료되기까지 한참을 기다려야했다. 본선에 상주하는 근무자들이 화물 이동 과정을 모니터링하고 있을 텐데 아무런 반응이 없는 것으로 보아 영상에 잡히지 않는 모양이다. 종이 박스로 포장된 열 개의 화물 중 아홉 개가 천장에 달린 레일 갈고리에 끌려 본선으로 넘어오고 마지막 열 번째 화물이 우주선 트랙을 떠나는 순간 재빠르게 우주선으로 몸을 날렸다. 본선과 우주선의 문이 동시에 닫히는 소리가 들리고 우주선은 감겼던 스프링에서 풀려나가듯이 고속으로 회전하며 칠흑같이 어두운 우주공간으로 빨려 들어갔다.

그리운 사람들이 사는 지구를 향해.

25. 호암지연가

며칠째 찬바람이 불고 수은주가 영하로 떨어지자 호암지는 분수대 앞에 오리 궁둥이만큼 남기고 모두 얼어버렸다. 오리들은 옷깃을 세우고 팔짱을 낀 채 어깨를 잔뜩 움츠리고 넘어지지 않으려고 종종 걸음으로 물 언저리로 모였다. 물속에서 평생을 살면서도 발 시린 줄 모르고 살았지만 얼음판 위에서는 너무 발이 시려 쉴 새 없이 발을 동동거리고, 입이 얼어 어눌한 소리를 내면서도 아침부터 시끌벅적 소란스럽다.

대장이 손을 둥글게 말아 입에 대고 후후 불고 입으로 똑! 똑! 소리를 내어 손 마이크를 시험 하고는,

"아, 아~ 다들 오셨지라이! 아직 안 오신 분 있으면 손 좀 들어 보랑께요잉? '노랑'이가 안보인 감네, '노랑'이 왔으면 손들어 봐야! 없제? 내 그럴 줄 알제, 썩을놈! 여태 자빠져 자는 감네. '다롱'이 니 싸개 가서 노랑이 좀 끌고 오니라잉."

다롱이가 배드민턴장 아래 숙소를 향해 꽥꽥 소리를 지르자 그때서야 노랑이가 북덕이 같은 머리에 푸시시한 얼굴로 두 손을 바지춤에 구겨 넣고 어기적거리며 나타나자 열불이 난 대장이 고함을 지른다.

"저~ 저~ 꼴딱서니 좀 보랑께, 매생이 없이 저러 코룸 느려 터져서 원행이나 제대로 할랑 가 몰라. 싸게 안 오냐?"

"월래~, 새벽 댓바람부터 무신 일이랴? 남 잠도 못 자게끔."

"뭐 시야! 무신일이냐 구라고라. 음매, 저놈에 대글빡은 왜 달구 댕긴 다냐? 그라고 남 잘 때 뭔 짓거리 해 싸다 해가 중천인디 여태껏 자빠져 잣당가잉? 밤새 담 넘어 댕긴 건 아니제?"

"담을 넘다니유? 남 사정도 모름시로 농담이 지나치네유. 어딜 봐서 나 같은 품격에 흉악한 이미지를 올려유. 그리고 이왕 말이 났으니께 말인데유. 이참에 주거 환경이나 개선해 줘유. 지금 내가 노숙자나 뭐가 다른 감유? 이런 환경에서 한신들 맴편히 잠을 잘 수나 있간유? 내말이 틀려유? 달빛이 위아래서 비치니 눈이 부셔 도대체 잠을 잘 수나 있나, 눈비가 내리니 피할 지붕이 있나, 밤새 뒤척이다 나무에서 떨어져 도깨비 대가리가 됐단 말이어유. 각설혀고 어쨌꺼나 나 땜시 회의가 늦었다니 미안혀유."

노랑이는 주제 파악도 잊은 듯 맘 놓고 속에 든 말을 쏟아 놓는다.

"썩을놈, 그걸 말이라고 하고 자빠졌냐? 거그서 너만 잤다 구야? 그라구 지붕 있는 집에서 살고 잡으면 나가 만사 제쳐놓고 지붕부터 만들어 줄랑개 노랑이 니 여그 혼자 남아 살아보드라구. 우리는 오늘밤 모두 여길 떠날 랑개."

"혼자 남으라니유. 그건 아니지유. 장가도 아직 못 갖는디 유."

"장개는 한번 가고 잡다, 그거제? 그란디 그러코롬 느려터져가 어떤 지집이 시집을 온당가, 잉? 괜한 변명 늘어놓지 말고 저기 달록이 뒤에 앙거서 야그나 잘 듣고 떠날 준비나 하드라고. 장개도 지집이 있어야 등개, 안 긍가? 에~ 지금부터 국민의례를 할랑 개 모두 일어나 국기를 향해 서시어잉. 국기에 대한 경례는 오른손을 왼쪽 젓가슴에 대는 거 알지라이? 국기에 대하여 경례!"

오리들은 국기가 어느 쪽에 있는 지 몰라 두리번거리며

우왕좌왕하고 한발을 가슴에 대려다가 벌러덩 나자빠지는 둥 꽥꽥 거리며 장내는 웃음바다가 됐다.

궁금한 게 많은 함흥댁이 주 선생에게 묻는다.

"주 동무, 아니 주 선생 동무! 국기가 무엇임매?"

"아주매! 저기 저 길 건너 둥구수리한 건물 보이능교? 그 앞에 긴~ 장대 꼭대기에 펄럭거리는 것도 보이지예? 인간들 국기라카는데 우리도 거에 대고 갱례해도 개안타 카데예."

"왜 국기란걸 만들어 게따 대구 경례를 함매?"

"모든 나라가 다 국기를 가지고 있고예. 그라고 국기는 그 나라를 상징 하는 표상이라 카데예. 국기를 향해 경례를 하는 건 국민이 국가에 대한 예의 표시이기도 하며 국민의 결속과 애국심을 진작시키고 국가위상을 제고시킨다, 카는 대 어떤 인간은 찢고 태우고 어떤 높다 카는 사람도 땅바닥에 깔아놓고 발로 뭉개고 댕기다가 그래가 수타개 욕먹었다 카데예."

"그들이 이 나라 사람임매?"

"하문예, 한국사람 맞다 카다예."

"그, 경례라는 걸 할 때는 무시기말이 필요함매?"

"사람들은 자기 나라가 정한 애국 강령을 모든 국민이 함께 생각하고 실천히고 그렇게 되기를 소원하는데, '국민으로서 나라에 충성하고 국민의 의무나 책임을 성실히 이행하고 나라의 안녕과 무궁한 발전을 기원한다.' 뭐 그렇게 안하겐능교? 이 나라 국민들은 뭐라 카드라 '나는 자랑스러운 태극기 앞에 자유롭고 정의로운 대한민국의 무궁한 영광을 위하여 충성을 다할 것을 굳게 다짐합니다.' 카는 거 갑데예. 우리도 이참에 경례 요강을 정해야 할긴데 우짤란지…. 그란디 아주매도 이 나라에서 안태여 낳는교? 어캐서 그거를 모르지예?"

"왜 아님 매, 내래 함흥에서 나서리 오가며 2년 가까이 살았지만 북쪽에선 기 딴 거이 하나도 필요 없음매. 그저이 인민들이건 동물들이건 위대한 지도자 동지 그늘에서 살수만 있다면 산수 갑산을 갈 망정 그거이 최고의 영광이고 행복이라 하지 안 씀매"

"그라문 그 지도잔가 카는 사람이 우리 같은 동물들도 잘 보살펴 주는교?"

"일 없음 매. 사실 북쪽은 동물들이 살기가 아주 힘든 곳이 아님매? 물이래야 새 웅지 한 마리 못 사는 감탕만 드문드문 너질러 있고 저수지나 늪이 없으니까니 우리 같은 물닭들이 살 곳도 마땅치 않고. 낭구나 풀이 없는 민둥산에서 아무리 동물이지만 남사시리 어캐 새끼를 낳고 키우게 씀매? 두러 에도 날곡이라고는 씨 알갱이 하나 없는 땅에 주저앉았다가는 사흘도 못살고 죽디요. 그뿐만이 아니고 논밭,

두렁할 것 없이 간나새끼들이 싸이나나 독초를 뿌려놔서리 아차하면 저승행 아님매."

"허기야 인민들 살기도 고달픈데 우리 같은 동물들이야 안중에 있겠는교? 거가 지상낙원이라 카더니 그게 다 헛소문 감 네에?"

"낙원이 뭐 말라비틀어진 것임매? 동토凍土라요, 동토! 내래 거서 아이 죽고 살아온 거는 크나큰 행운이디요."

함흥댁은 다시는 가고 싶지 않은 곳이라며 머리를 절레절레 흔든다.

"다음은 애국가 제창 인개 우렁찬 소리로 부르더라고 잉, 하나! 둘! 셋! 넷!!"

"꽥 꽥 끽끽 꽥 꽥 끽 끽 꾹 꾸 꾹 꾸 꽤 액~꽥 꽤 액~꽥."

가사도 음도 제각각이지만 모두들 목청을 높혀 열심히 애국가를 제창했다.

"다음은 우리의 조상과 먼저 떠난 모든 오리들에 대한 묵념 잉 게 눈을 꼭~ 감고 머리를 숙이면 되지라이, 묵념~ 바로! 모두 자리에 앙거서 촌장님 말씀을 경청하셔잉."

"에~ 주민 여러분! 밤새 안녕들 하셨지요? 이렇게 여러분과 한자리에서 만나니 매우 반갑습니다. 아침부터 여러분을 모이시라 힌긴 디름 아니라 우리가 남쪽으로 출발하기 전 최종 점검과 유의 사항을 알려 드리고자 함이니 유념하시어 긴 여로에 어려움이 없으시기 바랍니다. 우리는 오늘 저녁에 이곳 광장에 모여 아홉씩 3개 조로 나누어 출발하고 대장이 선두에서 여러분을 안전하고 편하게 목적지까지 안내 할 것입니다. 각 조에는 경험자가 배치되었고 나이와 체력을 고려하여 조 편성을 하였으니 회의가 끝난 후 게시된 편성표를 확인하시기 바랍니다."

촌장이 물로 입술을 적시는 사이 기다렸다는 듯 오리들이 꽥꽥거리며 목적지가 어딘지, 자기는 누구와 같은 조가 돼야 한다며 자리에서 일어나 웅성거리자 대장이 고함을 지른다.

"좀 조용히 좀 하시어잉! 당체 씨끄러 촌장님이 말씀을 못하신 당께요. 지금부터 떠드는 자는 가차없이 입을 자봉틀로 주르르륵 박아버릴 랑게 조용히 앙거서 묻는 말이나 대답 하시어잉, 알겠지라이?"

장내가 조용해지자 촌장이 다시 말을 이어

"우리가 작년까지 갔던 부산 사하구에 있는 을숙도는 갈매기 패가 어지간히 텃세를 부리는지 우리를 비롯해 모든 철새들과 패싸움이 끊이질 않고 사상자가 속출 하는 등 전쟁터나 다름없는 살벌한 곳이라 올해는 창원시에 있는 주남저수지로 정했습니다. 주남 저수지는 먹고 자기는 여 보단 좀 나으나 그곳도 어중이떠중이 다 모이는 곳이지요. 시베리아나 북중국. 그리고 캄차카(러시아 극동 동북쪽) 등에서 온 철새들로 북새통을 이루는데 특히 한 그룹이 수천씩 떼로 몰려오면 발 디딜 틈도 없이 복잡하고, 그곳에서도 좀 나은 곳을 선점하려고 주도권 싸움도 심하여 종족끼리 단합이 안 되면 살아남기 어려운 곳입니다. 특히 고니나 쇠기러기 같은 놈들은 덩치가 크다보니 우리가 견제하기엔 매우 벅찬 상대인 만큼 되도록이면 그들과 마찰을 피하는 게 상책입니다. 참! 주 선생이 주남지 출신이지요? 주남지에 대하여 궁금한 게 있으면 나중에 주 선생한테 별도로 물어 보세요."

"월매나 가남유?"

"거그까지 대충 300키로 가량은 되는데 50키로에 한 번씩 쉴 거고, 그라고 우리가 누구당가. 시베리아에서 여기까지 왔는데 주남 저수지까지야 식은 죽 먹기지. 걱정들 붙들어 매부러라."

대장 말에 모두들 깔깔대며 웃느라 장내가 한바탕 소란스러웠다.

"그럼 지금부터 원행에 문제가 없는지 대장이 점검 좀 해 보세요."

"그러지라, 에~ 먼 길 갈라면 몸땡이가 성해야 쓰는디 어디 아프기나 고장 난 분은 없지라이? '알록'이 너그는 괜안코? 너그 동상 달록이가 아프다고 안 했냐? 아무 문제없는 거지라?"

"달록인 몸이 아픈 게 아니라 맘이 아프다네요."

"맴이 아프다고라? 뭣 땀시 맴이 아픈지는 모르지만 원행하는 데는 별 지장 없는 병이제, 안 긍가? 그 짝엔 넘어가고, 도리는 어깨 아픈 게 좀 낭가? 어찐가?"

"저는 아직…, 이번 원행은 어려울 것 같아요."

"뭐시라 고야, 아직도 덜 나부렸어? 그라문 어찌까이. 힘들어도 가야 혀는디. 큰일이랑께. 호수가 다 얼어 뿔면 새뱅이는 커녕 물 한 방울 못 먹을 긴데, 시방 논바닥마다 허연 덩어리 보이제? 그거이 다 쇠밥으로 판다는디, 인간들 인간성이 우리 발바닥 때만도 못 하당개. 말이 났으니 말인데 아니~ 우리를 환영하고 보호해 주겠다며 뚝방에 초상화 그려 세우고 생색을 내더니 볏짚은 비니루로 싸가 몽땅 팔아 처먹고, 씨 알갱이 하나 안 냉겨 놓게 말이 된 당가? 어딜 가나 사람들은 돈에 환장을 해분 당개. 여기 있다가는 창시가 꼬여 꼼짝없이 죽을낀디 어찌까이. '쩜백'이 너가 도리 애인이란개 책임지고 데려가거라잉?"

"대장님! 점백이와 도리는 그냥 친구사일 뿐이니 괜한 헛소문 퍼트리지 마세요."

"허 헛소문이라고 라고라? 나 환장하다 못해 죽어 삐겠네. 이들 관계는 세상이 다 아는 일인데. 달록이 너가 뭘 제대로 알기나 하고 떠드는가?"

대장뿐만이 아니라 대다수가 그렇게 알고 있었는데 달록이가 사실무근이라며 발끈하고 나서자 모두가 어리둥절하고 의아해하면서 진실을 규명하자고 야단들이다. 당사자들은 부정도 긍정도 않은 채 입을 다물고 있는데 달록이가 나선 것은 '점백이 애인은 자신이라고 못을 박은 것'이라며 쑥덕거린다. 촌장이 어수선한 분위기를 바꾼다.

"본인이 원행을 못하면 가족뿐만이 아니라 우리 모두가 힘을 합친데도 별수 없지요. 안타깝지만 도리는 여기서 겨울을 보내는 수밖에 없겠습니다. 또 다른 문제는 없는지 말씀하세요."

점백이가 손을 들며 일어섰다.

모두들 점백이가 도리와의 관계를 토설하지 않을까 기대하며 침을 꼴깍 삼킨다.

"좀 전에 대장이 말한 초상화에 대해서는 우리가 잘못 알고 있습니다. 그림은 촌장님 초상화가 아니라 오리 전문 음식점 광고판인데 지금은 철거하고 없어요. 그리고 참, 대장! 그 쩜 소리나 고쳐요. 쩜이 뭡니까? 쩜이. 그건 고스톱 판에서나 쓰라구요."

"쩜 아니, 쩜, 쩌~음 백이! 난 그 거시기 점 소리가 너 그치 룸 안 돼야. 너가 쪼까 이해 좀 하드라고. 그라고 그~

그거 이 촌장님 초상화가 아니고 오리 요리 음식점 안내판이라 그 야그여?"

대부분 그 그림이 촌장의 초상화로 알고 있고 호암지에 온 것을 환영 한다는 이곳 시민들의 아름다운 마음이라고 모두들 기뻐하고 감사하게 생각했는데, 사실을 알고 나니 식당 주인이 괘씸하기도 하고 그림의 의미도 모르고 놀아난 자신들이 한심하다는 생각이 들었다.

"음매, 알고 봉께 여기 인간들 싸가지가 하나도 없구만이라. 이래가 자연보호니 뭐니 한다고 지랄들 해 싼 다냐?"

사태 파악이 안 된 오리들은 지금까지 속고 살아온 게 억울하고 화가 난다며 당장이라도 시장이 언론을 통해 공개사과는 물론 동물 보호 대책도 세우도록 압력을 넣자고 입을 모았다.

점백이는 괜한 말을 꺼내 주민들이 가슴 아파 하는 것이 미안했다.

"여러분! 걱정 안하셔도 됩니다. 제 말을 좀 더 들어보시고 시장이던 면장이건 만나세요. 광고판은 요식업자가 승인 없이 임의대로 설치했다가 자진 철거한 사안인데 이만한 일로 이곳사람들이 어떠니 저떠니 하는 것은 옳지 않습니다. 이곳 사람들은 전국 어느 지역 사람들보다 성품이 순후하고 예의가 바른 그야말로 충청도 양반들입니다."

"충청도 양반이라는 거이 무시기 뜻임메?"

"조선시대 반상에 오른 관료들 중 무관과 문관을 양반이라 하는데 충청도 출신이 제일 많았다고 합니다. 1910년 5월에 실시한 국세조사國勢調査 통계를 보면 총 가구수 290만호 중 7만 3천 가구가 양반집이며 그중 51%에 해당하는 3만 7천 가구가 충청도에 살았다니 충청도 사람들의 긍지와 자존감이 대단했겠지요. 충청도 사람들이 지금까지 그 영광을 지키기 위하여 노력한 결과, 전국에서 가장 안전하고 살기 좋은 고장으로 인정받고 있다고 하니 우리가 이곳에 머무는 동안은 불안해 할 필요가 없을 것 같습니다. 특히 삼국시대의 명필가 김생의 후학들이 많아 묵향의 고장이기도 하고 유엔 사무총장을 역임한 분이 이곳 출신이라서 자부심과 긍지가 대단해요. 애향심 또한 높아서 자연 환경도 잘 보존하고 있으니 우리가 여기 인간들한테 살해되거나 오염물질 때문에 병사할 걱정은 없어요. 다만 먹을거리가 좀 부족하고 잠자리가 배드민턴장 아래 한 곳뿐인 것만 빼면 살만한 곳이랍니다."

"그라고 보니 쩜백이 니 고향이 여기제? 썩을놈! 춥고 배고파 떠나는 마당에 고향사람 두던 하냐?"

"두둔 하는 게 아니라 사실이 그래요. 그리고 한 말씀 더 드리자면 광고판에 그려진 오리는 날지 못하는 집오리로 우리하고는 혈통부터 달라요. 한마디로 우리는 귀족 중에서도 가장 우수한 성골이고 집오리는 아주 먼 옛날부터 인간들의 식용으로 정해졌지요. 평생 꼬질꼬질한 흰옷 한 벌에 수영은 고사하고 목욕탕 한번 못가보고 방부제나 항생제가 범벅인 고칼로리 사료만 먹어 엉덩이가 땅에 축 처질 정도로 살이 쪄 죽는 날 까지 어기적거리며 울 안이나 빙빙 도는 게 유일한 운동이고, 우리는 야생동물 보호법에 의해 보호받는 특권층으로, 안젤리나 졸리보다 더 아름다운 입술에 알랭드롱이나 클라크 게이블 같이 핸섬하고 중국 황족들이나 입는 화려한 비단옷에 세계 어느 나라건 비자 없이 입출국이 가능하며 기호에 따라 언제든지 뷔페식 요리를 즐길 수도 있지요. 또한 세계자연보호총회(word conservation congress)가 2012년에 이 나라 제주도에서 동아시아 최초로 열렸고요."

점백이 말에 답답하고 우울했던 기분이 풀렸는지 모두들 꽥꽥 소리를 지르고 박수를 치며 휘파람도 불고 춤을 춘다.

"쩜백이! 너 가치로 배운 게 많고 말도 허벌나게 잘 하문서 조정(鳥情)머리는 쥐뿔도 없어야? 집오리나 청둥오리나 오리는 매양 가지제, 깜둥이나 흰둥이나 때깔만 다르지 같은 인간들이 아니당가? 미국의 16대 대통령인 링컨은 인종 차별 없애려고 전쟁까지 했다는디. 안 그냐?"

대장 말에 일리는 있지만 청둥오리들은 집오리와 같은 취급을 받는 것은 달갑지 않게 생각한다. 같은 조류로서 연민을 느끼는 정도로 거리를 두고 싶은 것이다.

"자! 자! 이제 본론으로 들어갑시다. 그러면 낙오자는 도리 뿐인데, 당사자는 우리가 뭘 도와주면 좋겠나?"

촌장이 걱정이 되어 묻는다.

"네, 제 걱정은 마시고 다들 먼저 떠나세요."

"걱정을 안 하게 됐나? 먹는 것도 그렇고, 엄동설한에 도리 혼자 두고 가려니 마음이 영 편치 않네. 무슨 좋은 방법이 없을지 생각들 좀 해보세요."

여러 의견이 분분했지만 모두가 어려워 이곳을 떠나는 마당에 뾰족한 수가 있을 리 없다. 요즘은 거의가 먹은 것이 부실하여 영양실조 걸렸다고 야단들이고 장거리 여행을 하려면 체력관리가 필수인데 그나마 먹은걸 꺼내 줄 수도 없는 일이다.

"저, 제 생각을 말씀 드리겠습니다. 호암지에서 가장 아늑한 곳은 배수관 뿐인데 대부분 수면보다 높아 도리가 들어가기 어렵고 큰길 쪽에 접한 배수관 한곳이 수면과 같아 드나들기는 쉬우나 얼음 위에서 살아야하니 우리가 가랑잎이니 지푸라기를 깔아주는 것이 어떨런지요?"

"그거 좋은 생각인데…. 여러분들 생각은 어떠시오? 찬성

하면 시간이 얼마 없으니 지금 바로 시작합시다."

오리들은 점백이의 제안을 받아들여 모두가 합심하여 가랑잎과 지푸라기를 가져와 도리가 누울만한 자리를 만들었다.

점백이는 도리 어깨를 감싸며,

"도리야! 너무 걱정 마! 입춘 지나면 해빙이 되니 두 달 동안 어떻게든 살아 있어야 해! 그리고 오늘 오후부터 눈이 오니까 목마르면 눈이라도 먹고, 감기 걸리지 않도록 조심하고, 우리 꼭 살아서 다시 만나자! 알았지?"

"음, 오빠 고마워! 오빠도 몸조심하고, 봄 되면 올라갈 때 들려서 나랑 함께 갈 거지? 꼭 오겠다고 약속해. 흑흑."

"알았어! 약속할게, 울지마!"

떠날 시간이 됐지만 점백이와 도리는 서로를 껴안은 채 떨어질 줄 모르고 입술을 부비며 이별을 슬퍼했다. 모두들 그들의 슬픈 이별장면을 더 이상 보기 힘든지 서둘러 호수를 떠났다.

"촌장님! 대장님! 그리고 사랑하는 여러분! 부디 건강하고 행복하시기를 빕니다. 안녕히들 가세요. 오빠도 잘 가~!"

도리는 그들이 눈에서 안 보일 때까지 손을 흔들었다.

호암지를 떠나 온지 한 달이 지났다. 점백이는 종일 자맥질을 하며 닥치는 대로 입속에 밀어 넣었다.

"야! 찜백이 니 뱃속에 거지라도 있는겨? 매일같이 게걸나게 먹어댕개 탈날까 겁난당개!"

"대장! 실은 나 오늘 호암지에 가요. 도리가 걱정이 돼서 안 되겠어요."

"호호, 도리가 애인 맞네. 그람시루 여태껏 내숭을 떤 겨? 에끼! 이 능구렁 같은 친구야! 그란디 왜 해필 오늘 간당가? 오늘 날씨도 영 안존디."

옆에 섰던 노랑이가 펄쩍뛴다.

"야! 너 미쳤냐? 오늘 일기예보 안 본겨? 충북 지방에 눈 엄청 온단디. 가도 담에 가란 말여. 또 도리가 어떻게 됐을런지도 모르잖혀, 괜시리 갔다가 마음만 상하고…." 대장이 노랑이 뒤통수를 쥐어박자 노랑이는 주먹으로 자신의 입을 틀어막으며 점백이 눈치를 본다.

"오후에 떠날 것이니 둘이만 알고 있어요. 그리고 혹시 내가 안 돌아 오더라도 걱정 마세요. 해빙될 때까지 그곳에서 도리를 보살펴야 할지도 몰라요."

"으메 잡것! 너도 참 엔간히 징하다. 난 그놈에 사랑땜시 목심까지 건게 도통 이해가 안간 당개! 그려~ 이왕 결정 혀땅개 몸조심 혀서 싸개 댕겨 오니라. 도리한테 안부나 전하고, 욕봐라잉."

대장과 노랑이가 점백이 고집에 손을 들고 가버린다.

대장에게는 신신당부를 하였건만 알록이 동생 달록이 가 어디서 들었는지 화가 잔뜩 나서 달려왔다. 술을 마셨는지 비틀거리며 생전 안 하던 막말을 퍼붓는다.

"점백아! 너 나를 뭘로 보니? 너 내가 수컷으로 보이니? 아니면 숫제 안보이니?"

"…?, 무슨 소리야?"

"너 지금 도리한테 간다며? 아직도 그 계집엘 못 잊는 거야?"

그녀의 머리 위에 보라색 털이 아양처럼 파르르 떨린다.

"너 왜 이래? 내가 어딜 가건 말건 네가 무슨 상관이라고."

"무슨 상관? 그래! 상관있다. 내 입으로 꼭 찍어 말해야 하니? 이 벽창호 같은 놈아! 내 자존심 다 버리고 말하는데 내가 그 계집애 보다 못한 게 뭐니? 얼굴? S라인? 아니면 성격? 말해봐, 뭐가 빠지나? 뭐가 부족해? 뭐가 부족하냐구?"

"달록아! 우린 친구사이잖아? 내가 제일 좋아하는 친~구"

"친구? 웃기고 있네, 그래, 우린 친구였지! 그런데 지금은 아냐, 우린 연인사이라구. 난 널 사랑하고 너도 날 사랑하잖아?도리? 도리는 이제 네 곁에 없어! 넌 내꺼야! 나 말고는 아무도 사랑해선 안 돼."

달록이는 점백이 가슴을 주먹으로 치며 매달린다.

"야, 야, 난 널 좋아는 하지만 사랑은 아니야. 혼동하지 말고 취했으면 가서 잠이나 자라. 난 네 술주정 받아줄 시간이 없다 구."

점백이가 달록이를 밀어 떼어내자

"술주정? 내가 주정 하는 거로 보이니? 그래 나 속 터져서 술 좀 마셨다. 그래서 뭐? 네가 도리를 생각하는 것은 사랑이 아니라 연민인거야. 착각하지 말라구. 네 곁엔 내가 있잖아. 너를 사랑하는 건 나야 나, 이 멍청아! 멍청아! 멍~청…"

"달록아! 너 왜 이래? 너답지 않게, 너 이런 모습 정말 낯설다."

"너답지 않게? 나다운 게 뭔데? 그래! 가고 싶으면 가봐! 그런데 너 나 버리면 후회할거야! 이 나쁜 놈아! 내 눈에 흙 들어가기 전엔 너희들 결혼 못하니까 알아서 해."

달록이는 콧물 눈물을 짜내며 한참을 퍼붓더니 풀린 다리로 비틀거리며 땅바닥에 주저앉는다.

술 마신 달록이가 걱정되어 뒤 따라온 알록이가 점백이 멱살을 움켜잡고 흔들며

"너 뭐야? 네놈이 뭔데 달록일 울리고 지랄이야? 엉?"

"혀, 혀 형님! 이, 이, 이 손 좀 놓고 말씀 하, 하세요."

"야! 임마, 너 나한테 뜨거운 맛 좀 볼래? 허구한 날 붙어 다니며 고운 정 미운 정 다 들여놓고 겁도 없이 한눈을 팔고 다녀? 이 못된 놈!"

"형님! 저하고 달록이와는 친구 사이지 더 이상은 아닙니다. 달록이가 오해를 한 것 같아요."

"그럼 오해가 안 생기도록 처신을 똑바로 하고 다녀야 할 것 아녀, 임마!"

"오해 소지를 만든 건 제 잘못이지만 우린 아무 일도 없었다니까요."

"뭘 잘했다고 말대꾸를 하고 지랄이야! 네놈이 내 동생 가슴에 대못 박은 건 사실이잖아?"

"형님이 뭐라시든 우린 친굽니다. 형님이 생각하는 그런 일은 절대 없었으니 안심하세요. 그리고 다녀와서 달록이 마음을 풀어줄 겁니다. 너무 걱정 마세요."

"좋아! 또다시 달록이 눈에서 눈물나게 하면 네놈 그냥 안 둘 거야! 알았지? 처신 똑바로 하고 다녀 새끼야! 비켜!"

달록이와는 어릴 때부터 냇가에서 미역을 감으며 자란 이물 없는 소꿉친구였다. 지금 자신이 암컷이란 걸 강조하며 점백이를 사랑하고 있으며, 자신을 사랑하지 않으면 죽겠다고 눈물로 협박을 퍼붓는 것이다. 그런 달록이가 측은하고 미안하기도 하지만 다녀와서 기분을 풀어 주리라 생각하고 서둘러 길을 나섰다.

왔던 길이니 낯설지는 않지만 혼자 가려니 외롭고 두려웠다. 금오산을 넘자 어둠이 내리고 강한 북서풍 맞바람에 눈보라까지 쳐 앞도 안보이고 피곤이 몰려와 습관적인 날갯짓만으로 가다보니 자주 방향을 잃고 한참이나 엉뚱한 쪽으로 가다가 되돌아가곤 하였다. 땀과 눈에 젖은 날개는 천근만근 무겁고 뻿뻿하게 굳어와 금방이라도 땅으로 곤두박질칠 것만 같아 잠시 쉬고 싶어도 눈 위에 잘못 내리면 발이 묻혀 비상飛上을 못할지도 모른다. 온 천지가 눈에 파묻혀 어디가 어딘지 분간도 안 되고 얼마나 가야하는지도 짐작이 안 간다. 겁이 더럭 났다. 고도를 높이면 대략 위치를 분간하겠지만 너무나 강한 눈보라 때문에 낮게 산자락을 끼고 날다보니 시야가 좁아지고 자장감을 느낄 수가 없다. 대구에 이르자 공장 굴뚝에서 나오는 수증기가 올라와 시야는 더욱 흐릿하고, 보석처럼 반짝이던 도시의 불빛도 눈보라에 가려져 희미하게 보인다. 황금색 줄을 늘어놓은 듯 끊임없이 이어지던 자동차 불빛이 자주 끊어지는 것으로 보아 문경새재의 터널을 지나는 중인 듯싶다. 높은 산들이 눈앞을 막는다. 눈 덮인 바위를 허공으로 착각하여 머리를 부딪치고 추락하다가 간신이 몸을 바루잡아 산을 넘었다. '철거덕, 철거덕, 드르륵, 철거덕' 멀리서 기차 소리가 들린다. 산으로 둘러싸여진 작은 도시는 하얀 이불을 덮고 잠이 들었다. 점백이는 안도의 숨을 내쉬며 고도를 낮추고 눈 덮인 호암지를 가로질러 배수관 앞에 내렸다. 배수관 입구가 눈에 막혀 안으로 들어갈 수가 없다. 안으로 들어가려면 눈을 치워야 하므로 부리로 눈을 밀어내 보지만 그야말로 계란으로 바위치기다. 발로 갈퀴질을 해도 눈 속에 발이 빠져 몸 가누기도 어렵다. 꼼짝없이 눈 속에 파묻혀 죽을 것만 같다. 점백이는 날개를 펴서 몸이 더이상 빠지지 않도록 버티고 부리로 눈을 옆으로 헤쳐 가며 도리를 불러보았으나 소리는 목구멍에서 웅얼거린다.

종일 내린 눈이 배수관 입구를 막아버리자 숨이 턱까지 올라온다. 도리는 밖으로 눈을 밀어내보지만 두터운 눈덩이는 꼼짝도 하지 않는다. 입구가 막혔다고 생각하니 더욱 무섭고 불안했다. 어릴 때부터 혼자 사는데 이골이 난 도리지만 이렇게 두렵고 외로워 울기는 처음이다.

도리네 사 남매가 태어나기 전 아버지는 집을 나갔고 사 남매 중 동생 셋이 AI 조류 독감으로 한꺼번에 죽자 눈물로 지내던 엄마도 그해 가을, 물질하러 나간 뒤 소식이 없다. 소문에는 누군가를 따라 북쪽으로 가더라고 했다. 홀로 남은 도리가 오갈 때 없이 방황할 무렵 그곳을 지나던 한국 국적의 토종 오리 단체를 만나 그들의 보호를 받으며 자랐다. 그들 중에는 점백이란 청년이 도리를 누이처럼 대해주었고 도리는 점백이를 친오빠처럼 의지하며 지내왔다.

지난 시월 일행이 시베리아를 떠나 함경북도 어느 농촌 마을 앞 밭고랑에서 잠시 머물 때 도리가 고무줄 새총에 날개를 맞는 부상을 입고 간신히 충주까지 오긴 하였으나 낫는가 싶던 상처가 도져 비행은커녕 물질도 어렵게 됐다. 그러나 이곳에 온 후로 행복했고 희망도 생겼다. 사랑하는 점백이가 있기에 외로움도 아픔도 잊을 수 있었다. 그러나 지금 그는 떠났다.

도리는 춥고 어두운 배수관 속에서 깊어가는 겨울밤을 눈물로 지새워야 했다.

배수관 밖에서 기척이 났다. 혹여 침입자가 아닐까 잔뜩 긴장하며 한발 물러나 밖을 주시하고 있는데 두툼한 입술이 쑥 밀고 들어왔다. 입술에서 점백이 체취가 물신 풍긴다.

"오빠야? 오빠구나, 이게 꿈이야 생시야? 오빠가 오다니, 세상에, 이 눈길에 오빠가 왔어! 그러잖아도 난 지금 오빠 생각하며 노래를 부르고 있었는데 우리 텔레파시가 통했나 봐. 하느님, 용궁님 감사합니다. 정말 고맙습니다."

둘이는 입술을 부딪치며 너무나 기뻐서 어쩔 줄 몰라 한다.

그러나 몸이 들어오려면 눈을 다 치워야 한다. 안에서는 도리가, 밖에서는 점백이가 눈을 치우느라 밤을 꼬박 새웠다.

해가 중천에 떠서야 점백이가 들어왔다. 점백이는 들어오자마자 음식을 도리 앞에 토해내고는 쓰러졌다. 그의 아름다운 무지개 목도리 털은 다 빠지고 피가 범벅인 채 한쪽 어깨를 늘어트리고 있었다. 점백이는 이틀이나 지나서 깨어났다. 둘은 서로 부둥켜 앉고 한없이 울었다.

눈에 막혔던 입구가 찬바람을 빨아들이며 배수관 온도를 낮췄지만 둘은 서로를 감싸 안고 재회의 기쁨에 세월 가는 줄 몰랐다.

"오빠!"

"응?"

"나 임신한 것 같아."

"뭐? 임신? 그게 정말이야? 내가 아빠가 되는 거야? 야호! 나도 아빠가 된다. ㅋㅋㅋㅋㅋㅋ, 얼씨구 좋다! 지화자 좋다! 우리가 드디어 엄마, 아빠가 된단 말이지?"

점백이는 자신의 목을 도리 목에 감고 입을 맞추고 엉덩이를 흔들며 좋아서 어쩔 줄을 모른다.

"오빤 참! 그렇게 좋아? 부화를 시켜야 아빠가 되는데? 알을 품는 일도 쉬운 일이 아니래. 일정한 온도를 유지하려면 한 달 가까이 꼼짝도 못하고 밤낮없이 품어야 할 걸."

"그게 부모이기 때문에 감당해야할 운명이고 부모만이 할 수 있는 특권이며 행복이기도 하지. 자신을 태워 주위를 밝히는 촛불처럼 말야. 이 세상에 모든 부모들이 자식을 나서 먹이고 입히고 가르치느라 살이며 털이며 다 빼주고 자식 뒷바라지하느라 자신은 앙상한 가슴에 손발이 물러터지고 허리가 꼬부라지도록 고단한 삶을 살지만 그것이 행복이라고 생각하며 자기를 위한 모든 것을 포기하거든. 까치와 구렁이가 싸우는 영상물을 봤는데 서로가 목숨을 건 사투 끝에 까치가 구렁이를 죽였어. 죽은 구렁이의 뱃속에는 까치의 새끼가 있더라고. 이게 동물이나 인간이나 같은 부모의 심정이고 자식을 위해서는 죽음도 불사하는 위대한 사랑이지. 어떤이는 하늘에서 뚝 떨어진 별종처럼 오만방자하게 굴며 부모를 거추장스런 짐으로 생각하는 부류도 있는데, 그건 인간들이 말하는 '인성 교육'이 안돼서 그래. 다들 새끼들이 귀엽다고 오냐오냐하며 버르장머리 없이 기르다 나중엔 자식들한테 '토사구팽'을 당하거든, 중국 진나라 때 '이밀'이란 사람에게 높은 관직을 내렸지만 늙으신 할머니를 봉양하기 위해 사양했다는 고사를 '반포지효' 라고 하는데 부모 곁을 떠나는 까마귀도 부모의 은혜에 보답하기 위해 삼 일간 먹이를 가져다준다고 해서 의미를 같이하지. 무자란 기억력 때문에 홀대받는 까마귀지만 아름다운 효심은 사람이나 동물 모두가 본받아야 할 거야. 가르치지도 않고 인성이 바르기를 바랄 수는 없어. 앞으로 태어날 새끼들이 남을 사랑할 줄 모르고 더불어 사는 걸 모른다면 결국 사회에서도 도태 될지 몰라."

"그러니까 부모 책임이 막중하다 그 말씀이시군요. 걱정 마세요! 우리 새끼들은 오빠의 유전자를 받았으니 착한 심성을 지니고 태어날거니까, 난 생각만 해도 가슴이 벅차고 설렌다. 오빠! 음~ 모래쯤 알을 낳을 것이거든. 그러면 26일 후인 2월 4일엔 새끼들 얼굴을 볼 수 있어. 기대하라구."

"날씨도 찬데 걱정이구나. 이런 환경에서 출산을 해야 하니…. 몇 남매나 낳으실 건가요?"

"여덟 마리는 낳아야지요, 정확한 거야 낳아봐야겠지만."

"이~ 야! 우리 자식들이 여덟이나 나온다니 시끌벅적하겠군. 이왕이면 셋을 더 낳아 축구팀을 만들 걸 그랬나?"

"오빤 욕심도 많으셔요. 여덟도 많지 요즘 같은 시절에 새끼 여덟 키우려면 허리가 휠 거야. 내 청춘은 이제 쫑이야."

"무슨 소리야, 쫑이라니? 헤엄만 가르치면 다 키운 거나 마찬가지야. 우리도 그렇게 컸고 걱정하지 마. 그런데 이름을 뭐라고 짓지? 일이삼사로? 아니면 가나다라?"

"참, 성급하시긴, 천천히 생각하세요. 오빠 몸이나 빨리 추 수리시고."

점백이가 무릎을 탁 치며

"그래 그거야, 도리야! 2월 4일 입춘 날 새끼들이 태어나면 이름을 '입춘대길 건양다경'으로 짓자, 만약에 여덟이 넘거나 안 되면 가나다라로 하고, 어때? 좋은 생각이지? 그지?"

"좋은 생각이야. 그래 오빠! 우리 새끼들 키우며 오손도손 행복하게 살자! 응? 관습이고 전통이고 따지지 말고, 무슨 말 인지 알지?"

"응? 그럼! 그럼, 행복하게 살아야지. 그렇지만 관습을 몰라라 할 순 없지."

"아냐, 골치 아픈 얘기는 담에 하자! 우선 오빠 몸이 성치 않으니 빨리 낫기나 해."

아빠 오리는 새끼가 부화되기 전 둥지를 떠나야 하는 것이 관습이고 전통이여서 점백이도 떠나야 하지만 차마 이 말을 입에 올리지 못하는 것이다. 그들은 새끼들이 누구를 닮아야하고, 성격은 어때야 한다는 등 태어날 새끼들에 관한 이야기로 밤새는 줄 모른다. 이튿 날 도리는 진통을 시작했고 예상대로 여덟 개의 알을 낳았다. 점백이는 산모나 알이 춥지 않도록 가슴의 털을 뽑아 따듯한 이불을 만들었다. 점백이는 자신이 할 수 있는 일이라곤 그것 밖에 없다는 것에 안타깝고 속이 상했다. 점백이는 온종일 종종거리며 산실 청소를 하고 가슴에 남은 털도 모두 뽑아 알을 덥고 나니 마음이 한결 가벼워졌다. 그리고 결심한 생각을 조심스럽게 꺼냈다.

"도리야! 수고했어! 정말 고마워. 그런데, 그런데 말이지. 우리가 헤어지는 건 안타깝지만 아무래도 관습을 무시해서는 안 될 것 같아. 그래서 말인데 나 오늘 여길 떠나려구."

"떠나다니? 떠나긴 어딜 떠나? 오빠! 우리에게 두 번 다시 이별은 없어. 그까짓 전통이든 관습이든 뭐가 그리 중요해? 우리만 행복하면 됐지, 안 그래? 괜한 소리 하지마."

"하지만 지켜야 할 건 지켜야지, 관습을 지키는 건 불문율이야. 그러니 너도 내가 떠나는 것을 당연하게 받아들이라구."

"하지만 오빠는 정상이 아니잖아? 그 몸으로 어딜 간다는 거야! 응? 한 달은 있어야 해빙이 될 텐데, 당장 갈 데도 없으면서."

"내 걱정은 말고 너나 아프지 말고 부화 잘 시켜. 새끼들 키우려면 고생이 이만저만이 아닐 텐데…. 그리고 다시 말하자면 내가 떠나는 건 우리 종족이 지켜 내려온 오랜 관습이니만큼 내가 지키고 계승해야해. 나중에 새끼들에게도 그렇게 가르쳐야 하고, 알겠지?"

“워래 4월이나 돼야 임신을 하는 건데 그새를 못 참은 내가 결국 이 추운 엄동설한에 몸도 성치 않은 오빠를 사지로 내몰게 됐으니 내가 죽일 년이야. 정말 미안해 오빠 미안해, 흑흑흑.”

“사지는 무슨, 내가 여길 나간다고 죽나? 걱정 마! 미안한 건 나지, 괜히 올라와서 이 추위에 너만 힘들게 하네. 이제 한 달만 지나면 입춘이야. 정확하게는 스물엿 새, 그땐 새끼들이 태어날 거고 봄도 오겠지. 나도 빨리 회복해서 새끼들을 만나야지. 내가 하늘을 나는 방법도, 고기 잡는 법도 가르칠 거야. 그리고 노래도 가르쳐서 가족 음악회도 열고, 그때까지 우리는 잠시 별거한다고 생각해. 그동안 보고 싶어도 참자!”

“오빠! 나 사랑한다며? 그런데 나 두고 가는 게 사랑하는 거야? 우리가 다시 만난 게 얼마나 됐다고 또 헤어지냐구?”

“도리야! 우리가 헤어진다고만 생각하지 마! 회자정리란 말처럼 만나면 반드시 헤어지고, 그리고 다시 만나는 거야. 입춘 날엔 꼭 온다니깐. 울지 말고 기다려, 알았지?”

울며 매달리는 도리에게 마지막 포옹을 하고 호숫가로 향하는 점백이의 축 처진 날개위로 하얀 눈이 내린다.

“날지도 못히면서 어쩌러구, 오빤 나를 정말 슬프게 한다. 엉엉엉.”

도리는 다시 혼자가 됐다.

그리움도 연민도 호수에 내린 눈처럼 쌓이며 녹으며 정월이 지나갔다. 그리고 입춘 날 아침, 밝은 햇살이 쏟아지는 호숫가에 새 생명들의 우렁찬 울음이 울려 퍼졌다.

■ 글을 마치며

누구나 인생길을 가다보면 수많은 사람들을 만나게 된다. 그리고 상호 간 직·간접적으로 '영향'을 주고받게 마련이다.

영향 자체도 각양각색의 형태에 불안정하고 불확실한 조건들까지 잠재하고 있어 즉시 확인도 결과도 알 수 없고 언제 어떻게 어떤 형태로 작용할지 예측이 거의 불가능 한데다 경우에 따라 득得과 실失을 넘어 목숨을 걸어야 하는 악성惡性이 될 수도 있다. 어떨 때는 우연偶然 하고 단순한 조건에서 영향을 받게 되는 특별한 경우도 있겠지만 대부분의 인연은 상호 간의 감성과 에너지를 어떻게 배합하고 어느 정도로 숙성시키느냐에 따라 귀인貴人이 되거나 웬수怨讐가 될 수도 있으니 참으로 알 수 없는 것이 인간관계다.

불가에서는 사람의 만남을 인연因緣이라 하고 피차 간에 해害가 된 관계를 악연惡緣이라 했다. 누구나 만나는 사람들이 자신에게는 아름다운 인연이 되고 귀인貴人이기를 바라겠지만 이 또한 인과응보因果應報이고 사필귀정事必歸正일 것이다.

나는 그동안 어떤 사람들을 만났고 어떤 '영향'을 주고받았을까?

결론은 한 마디로 "참! 인생 잘못 살았다."다.

나를 도운 귀인은 많았지만 내가 귀인 노릇 해본 적은 한 건도 없기 때문이다.

참으로 죄송하고 미안하고 부끄러운 일이다.

초등학교 3학년 여름 방학 중이었다. 갑자기 내린 폭우로 아침에 건너온 섶다리가 떠내려가고 집엔 가야 하겠기에 어쩔 수 없이 개울로 들어갔다가 급류에 휘말려 하류로 떠내려가는 나를 우연히 발견한 이웃 마을 점박이 아저씨(일 년 뒤 작고) 덕분에 지금까지 살아서 이 글도 쓰고 있으니 참으로 고마운 생명의 은인이다.

나는 학창시절 '소월'이나 '박목월' 같은 시인이 되는 것이 꿈이었다. 선생님이 '소월'의 '진달래꽃'을 낭송하면 숨이 막힐 듯 가슴이 저려와 눈물까지 글썽이며 '나도 열심히 공부하여 훌륭한 시인이 되어야지'라고 다짐했으나 학교는 휴학계를 내야했고 이도저도 되는 일이 없어 한동안 방황하다가 군에 입대하였다.

30개월의 군복무를 마치고 나와 보니 세상은 어지러울 정도로 변하고 있었으나 집안 형편은 예나 지금이나 별반 달라진 게 없었다. 나는 마음이 점점 조급해지고 당장 뭐라도 해야 할 것 같아 신문에 모집 공고를 훑어가며 동서남북을 헤매고 다녔지만 그 시절에 내 적성에 맞는 직장을 구하기란 그야말로 '하늘에서 별 따기'보다 어려웠다. 전역 후 1년여 동안 할 일 없이 빈둥대다가 숙부의 친구 김 씨라는 분의 소개로 D제약 계열사에 입사하였고 '우선 급한 대로 밥벌이를 하면서 적성에 맞는 직장을 구하자' 마음먹은 것이 어처구니없게도 그 분야에서 아예 붙박이가 되고 말았다.

나는 이 회사 입사를 시작으로 동종 업계에서 공장장, 상무를 거쳐 기술 컨설턴트 운영자로서 40여 년간 세라믹 가공 생산에 필요한 모든 시스템의 기획과 설치 운용 관련 전문가가 되었다. 공장 자동화 설비 도입을 위해 해외를 돌아다니며 선진국의 기술과 설비를 도입하는 등 기술 혁신에 앞장 서 65세까지 일을 할 수 있었던 것은 숙부의 친구 김 씨를 만난 덕분이라 하겠다.

내가 퇴임하고 충주로 터전을 옮긴다고 하자 지인들은 다들 펄쩍 뛰었다.

교육 문화 환경과 좋은 의료 시스템, 다양한 직업군과 편리한 교통망을 빌미삼아 지방 사람들은 서울로 꾸역꾸역 올라오는데 살기 좋은 아파트를 팔고 자식들과도 떨어져 별다른 대책도 없이 지방으로 간다니 좀 무모한 결정이 아니냐며 우려했다.

그러나 아내의 고향이기도 한 충주가 낯설지 않았고 무엇인가 좋은 일이 생길 것만 같아 서둘러 아파트를 전세 주고 곧바로 충주로 내려왔다.

충주 향교에서 주관한 고전 문학 강좌에 참여했다가 인성 교육에 호기심이 생겨 한국의 마지막 예학자이며 한국전례문화원韓國典禮文化院 원장이기도 한 고故 화원 김득중 선생의 제자로 입문하여 반년간이나 서울을 오르내린 끝에 국가 공인 지도자 자격증을 취득함과 동시에 「한국인의 정신」이란 한국 최초의 영상 교재를 직접 제작하여 학생들을 지도하고 봉사활동도 할 수 있어 모처럼 새로운 삶의 보람을 느낄 수 있었다. 이로인해 화원 선생 또한 나의 소중한 귀인이 되었다.

팔순을 앞둔 노인네가 등단 작가가 되었으니 대기 만성했다고 자평해도 과언은 아닐 듯싶다.

수필 문학의 대가이며 충주 문인협 고문이신 '김애자' 선생을 만나 늦게나마 작가의 반열에 오르게 되었으니 말이다. 김 선생은 내 단편 소설이 중원문학 최우수상 수상작이 된 것을 보고, 나에게 등단에 도전하라며 지도에 적극 나서 주셨다. 그 덕분에 2019년에는 《수필과비평사》에서 신인상 수상과 함께 등단까지 하게 되었고 충주문인협회 회원이 되어 훌륭한 문인들도 만날 수 있었으니 김 선생이야말로 내 생애에 최고의 아름다운 귀인이시다.

또한 충북에서 최고의 서예가로 명성 높은 '현사 서동형' 선생도 만나 서예 대전에 수상자로 이름 석 자도 올릴 수 있었고 화가이며 충북 미술협회 충주 지회장인 '운정 윤은옥' 선생에게서 사군자와 한국화를 배워 전시장에 작품을 걸기도 했으니 이 정도면 문화의 도시 충주로 이사 오기를 백번 잘했고 최고의 귀인들을 만났다고 해야 할 것이다.

사람이라면 누구나 남녀 간의 인연을 가장 아름답고 소중하게 생각한다.

충주에서 만난 아내도 52년간 나의 인생길에 동반자로서 자신보다 나를 더 사랑해준 소중한 귀인이다. 영국에서는 아내를 '평화를 짜는 사람'이라 했고 피천득 선생은 '아내는 행복의 제조자이고 인도자引導者'라 했듯이 내 곁에 아내가 있었기에 험한 세상을 이기며 살아올 수 있었다. 고사에 빈천지교불가망, 조강지처불하당貧賤之交不可忘, 糟糠之妻不下堂이란 말이 있다. 어려울 때 만난 친구나 고락을 함께했던 아내를 잊지 말라는 뜻일 것이다.

나는 운 좋게도 충주에서 훌륭하고 아름다운 귀인들을 많이 만난 행운아幸運兒다. 이제 내가 가는 길의 종점도 얼마 남지 않았고 앞으로 남은 길에서 또 어떤 사람들을 만나고 그들과 어떤 인연이 이루어질지 알 수 없는 일이지만 오늘은 지금 나와 동행하고 있는 귀인들이 고맙고 감사하다. "덕분에 행복하게 살고 있습니다! 사랑합니다."

안길웅 수필집

길에서 만난 사람들

초판인쇄 | 2024년 4월 10일
초판발행 | 2024년 4월 15일

지은이 | 안 길 웅
펴낸이 | 서 정 환
펴낸곳 | 수필과비평사

주　소 | 서울시 종로구 삼일대로 32길 36
운현신화타워 305호
전　화 | 02)3675-3885 · 5635
등　록 | 제300-2013-133호
홈페이지 | http://www.shinapub. co. kr
e-mail | essay321@hanmail.net

값 15,000원

ISBN 979-11-5933-527-3　03810

* 저자와 협의하여 인지는 생략합니다.
* 잘못된 책은 바꿔 드립니다.

Printed in KOREA

* 본지는 충주시, 충주문화관광재단의 후원을 받아
충주문화예술지원사업의 일환으로 발간되었습니다.